全国普通高等院校人力资源管理专业主干课程“十二五”规划系列教材

编委会

全国普通高等院校人力资源管理专业主干课程
“十二五”规划系列教材

COMPENSATION MANAGEMENT

薪酬管理

张广科　黄瑞芹｜主编

华中科技大学出版社
http://www.hustp.com
中国·武汉

图书在版编目(CIP)数据

薪酬管理/张广科,黄瑞芹主编.—武汉:华中科技大学出版社,2013.1(2019.9重印)
ISBN 978-7-5609-8512-1

Ⅰ.①薪… Ⅱ.①张… ②黄… Ⅲ.①企业管理-工资管理-高等学校-教材
Ⅳ.F272.92

中国版本图书馆CIP数据核字(2012)第276196号

薪酬管理 张广科 黄瑞芹 主编

策划编辑:周晓方 陈培斌
责任编辑:曹 红
封面设计:刘 卉
责任校对:马燕红
责任监印:周治超
出版发行:华中科技大学出版社(中国·武汉) 电话:(027)81321913
武汉市东湖新技术开发区华工科技园 邮编:430223
录 排:武汉正风天下文化发展有限公司
印 刷:武汉市籍缘印刷厂
开 本:710mm×1000mm 1/16
印 张:16.75 插页:2
字 数:326千字
版 次:2019年9月第1版第2次印刷
定 价:48.00元

总序

Introduction

随着社会的发展与进步，人力资源管理在各类组织中的重要性和影响力日益提升，人才培养和人才管理甚至已经上升到国家战略层面。与此同时，中国人力资源管理专业的学科建设、学科发展和人才培养也取得了巨大的进步，学科体系日臻完善。

为了探索新的适应国际化发展和中国人力资源管理专业人才培养特色的课程体系和教材体系，国内较早进行人力资源管理专业（本硕博）设置和人才培养的中南财经政法大学、武汉大学、华中科技大学同华中科技大学出版社合作，通过历时三年的主题征集和甄选，确定了全国普通高等院校人力资源管理专业主干课程"十二五"规划系列教材。

本系列教材共十二本，包括《人力资源管理概论》、《职位管理》、《员工招聘管理》、《人员素质测评》、《培训与开发》、《绩效管理》、《薪酬管理》、《员工福利管理》、《职业生涯管理》、《职业胜任力测评》、《组织行为学》、《劳动关系管理》。

本系列教材的编写团队由中南财经政法大学、武汉大学、华中科技大学等长期从事人力资源管理教学、研究和人力资源管理咨询的教授团队组成，力求体现以下特点。

1. 突出"能力管理＋战略管理"的双重主线，具有较高的"体系创新性"

目前的人力资源管理教材大都沿袭了国外以企业战略为主线的人力资源管理教材编写模式。事实上，基于岗位的员工能力标准（素质模型）、能力的培养与维护、能力的评价、能力的激发管理是企业战略落实的又一管理主线。本系列教材将依托人力资本理论、企业能力理论，以及科学人才观等国内外的理论研究成果，尝试以"战略主线＋能力主线"的模式对现代企业人力资源管理体系进行阐释和应用性研究。

2. 教材编写注重共性和个性知识的结合，具有较高的"学术底蕴"

本系列教材编写统一用专业术语（中英文对照）进行阐释，注重对人力资源管理基本概念、基本理论、基本技能等"共性"知识的阐释。同时，教材通过插入"即时案例"、"思考与探讨"的形式体现编写人员理论和实践碰撞后的思想火花，提高教材的思想启迪性、理论性和学术性。

3. 结合企业管理咨询和培训经验，具有较强的"实操性"

本系列教材依托中南财经政法大学、武汉大学、华中科技大学等高校教授团队在企业中的人力资源管理咨询和培训经验，教材内容力求反映中国企业人力资源管理的理论前沿和操作前沿。不仅突出了企业中最新的人力资源管理理念、管理技术是什么，更突出了这些人力资源管理理念、技术在不同条件下如何应用、如何融合，尽量提高教材内容的实用性和操作性。

4. 整体设计编写内容，具有较高的教学"可讲性"

本系列教材在编写过程中注意对传统教材中不具有"可讲性"内容的整合、删减或深度挖掘。教材的观点、案例及相关材料具有鲜明的时代性，反映中国人力资源管理专业发展，以及社会、经济、文化发展的最新需要。同时，注重系列教材之间，以及教材各个章节之间的结构性、功能性联系，使之能够呈现出一个脉络较为清晰、大体融会贯通的现代人力资源管理框架。

本系列教材具有标准化教材的特点。每章配有本章导读、本章重要概念、本章思考题、本章推荐书目及内容简介，多数教材的章节配有"阅读材料"、"思考与探讨"。

本系列教材适合高等院校人力资源管理专业、劳动和社会保障专业学生使用，也可供企业人力资源管理者参考使用。

以"战略＋能力"为主线的系列教材编写模式尚属首次，丛书在编写中难免有不足之处，敬请读者指正。

2012 年 3 月于武汉南湖

围绕企业战略实施和员工能力激发这一主线，本书将现代企业薪酬管理划分为“概念问题（薪酬是什么）、理念问题（薪酬管理为什么重要）、操作问题（体系与结构如何设计）、创新和发展（薪酬方案如何优化）”等五大层面。这个框架囊括了现代企业薪酬与薪酬管理的基本范畴，并统领本书的基本脉络。

本书力图做到理论前沿性和实践前沿性的结合。书中诸多内容，如薪酬管理理念、薪酬满意度管理理论、薪酬外部水平与内部职位价值评估分数的对接技术、百分位法下企业薪酬水平定位的测算，以及新《劳动合同法》下企业薪酬管理策略的调整等，是作者和中南财经政法大学人力资源研究中心人力资源管理咨询团队自身不断总结、创新，付诸管理咨询实践并得到市场检验的智慧结晶。

本书力图做到理论抽象性和实践具体性的结合。薪酬管理需要抽象的理论底蕴为基础，更需要通过对大量典型的、成熟的案例的分析、研讨、模拟训练来验证与拓展。本书尝试了以管理咨询中的案例的形式来反映最新实践中的经验与教训，规避课后案例与章节内容相脱节的弊端。

本书由中南财经政法大学的张广科教授负责总体设计和统稿。

具体分工如下：第一至三章，张广科；第四章，张广科，张菲；第五章，张广科，鲁萌；第六章，张广科，钱洁；第七章，黄瑞芹。

本书在写作过程中，得到了华中科技大学出版社的大力支持。本书在撰写中参阅、借鉴了大量相关文献，对这些文献的作者无法一一列出，在此一并致以衷心的感谢。

书中不妥之处，敬请学术同仁与读者不吝赐教。

张广科　黄瑞芹

2012 年 10 月于武汉

目录

contents

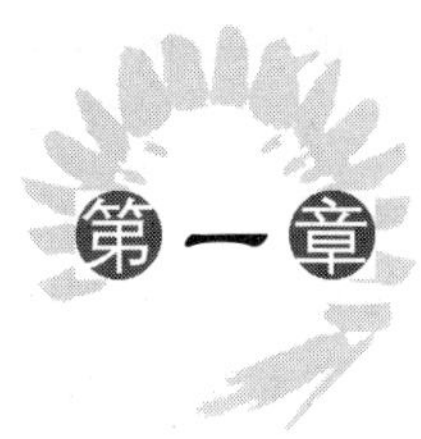

薪酬管理概述

本章导读

本章构建了一个既具有实践性又具有理论高端性的战略薪酬管理框架体系。本章要求了解和理解薪酬的本质及其基本问题、薪酬管理在人力资源管理中的定位、薪酬管理的职责体系，掌握战略性薪酬管理与薪酬管理战略等工具，以及薪酬管理的五大层面及八大问题、薪酬战略的三维模型等内容。

第一节 薪酬及其基本问题

一、薪酬的本质及其构成

（一）薪酬的本质

薪酬是一个复杂，并且往往令管理者困惑的话题。正如美国学者弗朗西斯(C. Francis)的论断："你可以买到一个人的时间，你可以雇一个人到固定的工作职位，你可以买到按时或按日计算的技术操作，但你买不到热情，你买不到创造性，你买不到全身心的投入，但你不得不设法争取这些。"

（1）薪酬管理的复杂性在于薪酬理论研究的跨学科性、多面性和包容性。以亚当·斯密(Adam Smith)的开创性著作《国民财富的性质和原因的研究》(简称《国富论》,1776)为标志,经济学、心理学、社会学、管理学以及社会心理学、组织经济学等诸多交叉学科基于不同的逻辑起点,对薪酬的构成、作用以及薪酬与员工行为转化之间的作用机理进行了研究。其中,经济学关注的焦点是劳动力市场的总体供求状况,重视金钱作为激励因素在厂商层面的效应分析。心理学则更关注个体层面的心理差异和最终行为变异,着重将金钱视为低阶的激励因素(如 Maslow,1943),甚至是非激励因素(如 Herzberg,1987;Kohn,1993)。社会学则倾向于将关注点集中在社会和群体关系、动机和最终结果等上。管理学则更多关注的是薪酬的效率以及如何达到这种效率。在缺乏对薪酬内涵、构成及其作用机理进行跨学科梳理和整合的情况下,即使是薪酬本身的界定也往往成为一个令人误解的范畴。

(2) 薪酬的令人困惑性还来源于薪酬实践中的差异性和不可证实性。在薪酬实践中是否存在一系列通用性原则,诸如"薪酬对绩效的强激励程度是高还是低","是激励群体绩效、个体绩效还是二者的集合","组织内的总体收入差距以及同一层级间的收入差距是倾向于高差异性还是低差异性"等,不同的企业通过不同领域的业绩成功证明了不同薪酬管理方式的有效性。

在管理实践中,大多数管理人员都不能确切了解和确定对员工花费多少以及支付方式差异可能导致的后果,也无法证实薪酬制度的有效性与组织历史、组织文化和其他人力资源管理环节的作用程度,甚至包括有效的薪酬管理制度在多大程度上可以跨组织进行复制、是否有助于解释某些组织成功而另外一些组织惨遭失败的原因等。

虽然薪酬在形式、功能以及政策组合等方面很复杂,但从本质上讲,薪酬只是一种分配手段和交换关系。从生产力角度看,它是企业生产或其他经济活动中投入的活劳动的货币资金表现形式,是产品最终成本的构成要素;从生产关系角度看,它是社会分工后不同经济主体间的资源交换,是微观层面收入分配和再分配的结果。

薪酬的两面性决定了薪酬管理实际上就是对在收入分配上不断提高薪酬水平与在生产成本上不断降低薪酬支出这一矛盾作出调节,并降低或消除在这一交换和分配过程中的交易成本(如信息搜寻、谈判和监督成本等)和道德风险损失(如出工不出力等)。

(二) 薪酬的构成

1. 全面薪酬的内涵

狭义的薪酬主要是指个人获得的以工资、奖金、股票及以实物或福利、服务形式支付的劳动回报之和,全面薪酬(或被称为 360 度薪酬)则包括经济性的报酬和非经济性的报酬。

薪酬在支付对象和形式上都经历了一个不断体系化、全面化的演变升级过程。从最初的 wage(工资)到 salary(薪水),再从 compensation(报酬)到 rewards(全面薪酬),其区别不仅仅在于名称上的改变,还在于支付结构和水平上的巨大差异。例如,wage 是以周或小时计算的基本薪酬,享受 wage 的员工加班需要付给加班费用;而 salary 通常以年薪或月薪的形式发放,享受 salary 的员工平常加班则没有加班费用;compensation 是工资+奖金+福利的结构;rewards 则是有形报酬(经济性报酬或外在报酬)和无形报酬(非经济性报酬或内在报酬)的综合。

把非经济性报酬列为薪酬的组成部分之一的观点由来已久。亚当·斯密就曾明确提出工资之外的几项净利益的组成部分,包括做得适意与否、学习工作技巧的难度和费用、工作保障、责任以及成功的可能性(或失败的可能性)等。目前,“工作的报酬很多时候就是工作本身”的观点也已得到了越来越多人的理解和认可。

全面薪酬的内涵与形式划分见表 1-1。

表 1-1 全面薪酬的内涵与形式划分

形式 内涵	外在报酬	内在报酬
经济性报酬	直接报酬:基本工资、加班工资、津贴、补贴奖金、利润分享、股票认购 间接报酬:健康与安全福利、非工作时间报酬及为员工提供的服务	无
非经济性报酬	私人秘书 良好的办公条件 诱人的头衔 友好和睦的同事关系 领导者的个人品质与风格 组织中的知识与信息共享	参与决策 挑战性的工作 感兴趣的工作或任务 上级、同事认可与内部地位 学习与进步的机会 多元化活动 就业的保障性

从薪酬结构可以看出企业的一些个性,因为不同的薪酬构成体现了企业的不同的人才价值取向。一般来说,企业的薪酬构成没有对错之分,只有优劣之分。

从以上分析可以看出现代企业中全面薪酬理念的基本特征，即：强调的是外部市场的敏感性，而不仅仅是内部的一致性；强调以绩效为基础的可变薪酬，而不是年度定期加薪；强调风险分担的伙伴关系，而不是既得的权利；强调弹性的贡献机会，而不是工作；强调就业的能力，而不仅仅是工作的保障性；强调团队的贡献，而不仅仅是个人的贡献；强调薪酬的提供主体是全体管理者，而不仅仅是人力资源管理部门。由此带来的管理启示即为组织中的每一个部门主管甚至任何一个管理者都是企业薪酬管理的责任主体之一。

阅读材料1-1

司机的职位名称管理

在大型企业中，一般都设置有“司机”、“行政秘书”、“办公文员”等三个职位。对于“向上级政府主管部门报送相关审批文件”的任务，往往是行政秘书负责文件的起草，办公文员负责文件的报送和保管，司机负责驾驶车辆。

从理论上分析，这种职责分工和任务分解完全符合企业上述三个职位的职位说明书和业务流程顺序。但从效率和激励的角度考虑，可以借鉴某企业的做法：设置行政助理头衔，由司机兼任，负有“向上级政府主管部门报送相关审批文件”的职责。

这既可解决当办公文员实在走不开而需要司机代为报送时司机的合理托词，又可以在职业发展、个人荣誉等方面给予司机较大的精神激励或内在激励。

思考与提示

1. “行政助理”的职位头衔能否长期激励司机？

2. 通过“行政助理”的职位头衔激励司机还需要哪些配套措施？

2. 狭义薪酬的组成部分

在现实设计和管理中，不同企业对薪酬概念的理解不同，对薪酬构成的划分也不尽相同。一般而言，可以把狭义的薪酬分为直接薪酬和间接薪酬两个模块。其中，直接薪酬又分为基本薪酬和可变薪酬两个模块，间接薪酬分为基本福利和非工作时间报酬两个模块。

本章及本书以后分析所指的薪酬主要是指薪酬体系中的经济性报酬或狭义的薪酬。

狭义薪酬的具体构成见图1-1。

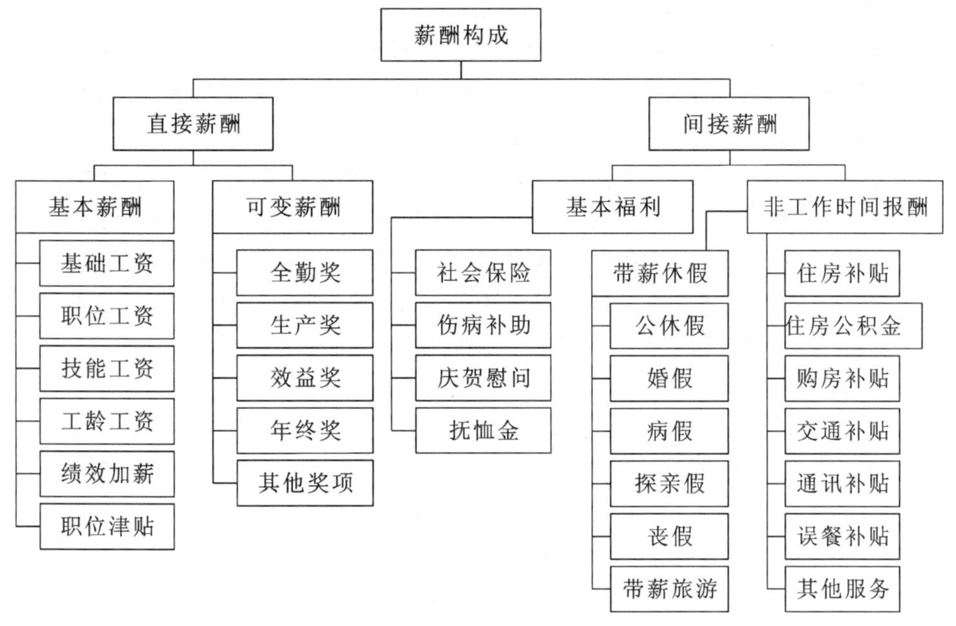

图 1-1　狭义薪酬的构成

1）基本薪酬

基本薪酬(basic pay)又称为基础工资。它是以员工劳动的熟练程度、复杂程度、劳动强度及工作责任为基准,在充分考虑员工工龄、职务、技能、学历和基本生活费用的基础上,按照员工实际完成的劳动定额、工作时间或劳动消耗而计付的劳动报酬。

在功能方面,基本薪酬的侧重点不是激励而是保障和稳定。因此,基本薪酬一般只反映工作本身的价值,与员工的态度、经验等因素以及员工具体的劳动成果关联不大。同时,与基本薪酬相对应的工作任务或劳动定额是劳动者在法定工作时间内和正常条件下一般都能完成的,在不同的情况下都可保证劳动力的恢复、发展和延续。与此相对应,基本薪酬一般只有在物价指数上调、劳动力市场上同类职位工资水平上升或员工个人的技能、知识发生变化时才进行调整。

在基本薪酬的构成要素中,值得关注的项目是绩效加薪(merit pay)和职位津贴。其中,绩效加薪又称业绩薪酬或成就薪酬,是对员工过去绩效的一种奖励,以员工的基本薪酬为基础,不需要也不可能与员工事先协商,一旦确定,就会永久性地增加到基本薪酬之中,产生累积作用。绩效加薪不同于可变薪酬,后者往往以影响员工未来行为为目的,奖金计算方式、日期等事先确定;并且只适用于员工和企业约定的一个绩效周期,不存在累积作用。职位津贴则是根据员工的特殊劳动条件、工作特性或特定条件下工作的额外生活费用而支付的一种劳动报酬，目的在于引导员工向苦、脏、累、险、差的特定职位或工作环境流动，一般把属于生产性的称为津贴，属于生活性的成为补贴。在类别上，可以把津贴划分为工作津贴（包括特殊职位津贴、特殊工作时间津贴、特殊职务津贴等）和地区津贴（边远地区津贴和地区生活补贴）两大类。

图 1-1 中基本薪酬栏目下所列的基础工资、职位工资、技能工资、工龄工资等，只是从基本薪酬可能的内容构成要素角度进行分析的。基本薪酬水平和内容构成具体要由企业所选择的基本薪酬制度来确定。通常情况下，不同企业基本薪酬制度的组合构成包括以下几种类型：等级薪酬制（职位薪酬制、技能或能力薪酬制）、职位技能薪酬制、年功序列薪酬制和协议薪酬制等。

2）可变薪酬

可变薪酬（incentive pay）即激励工资或变化工资（variable pay），是薪酬体系中与绩效直接挂钩的部分，侧重点在于激励员工表现、保持组织期望的某种行为和绩效。

相对于基本薪酬而言，可变薪酬具有形式多样、数额不固定、支付时间随机的特点，是薪酬中最难以把握适度原则的部分。

在形式上，可变薪酬以时间为单位，可分为月度奖、季度奖和年终奖；按奖励对象的不同，又可分为个人奖和团队奖；按奖励内容来划分，可分为综合奖和单项奖；按奖励目标的时间段来划分，又可分为短期可变薪酬（季度奖、年终奖）和长期可变薪酬（股票分红等）。无论哪种奖励，其根本出发点都是通过增加过去工作的报酬来奖励员工关心团队和组织的整体利益，超额完成绩效定额。

3）间接薪酬

间接薪酬（employee benefits）主要是针对组织内员工的一系列有关安全健康、生活保障、社会保险及退休养老等方面提供的保障，目的在于提高员工对工作的满意度和忠诚度。

从间接薪酬的性质来看，企业间接薪酬可以分为两类，一类是政府立法规定应由企业实施的法定福利项目，另一类是企业根据自身情况有选择性地提供给员工的福利项目。从福利内容来看，企业福利可以分为健康与安全福利、非工作时间报酬及为员工提供的服务等三大类。

健康与安全方面的福利主要包括：社会保险，商业保险（如人寿保险、意外死亡与肢体伤残保险、住院保险和孕妇保险等），补充医疗保险，附加失业保险，以及企业年金计划、解雇费、健康体检、劳动保护等。

非工作时间报酬方面的福利主要包括：带薪长假，代替带薪长假的奖金，病假补偿，探亲假或丧假补偿，以及低息或无息住房贷款等。

为员工提供的服务主要是指为员工提供各类咨询服务、教育帮助计划、关怀老幼、班车接送、保健活动、食堂服务等其他一些服务。甚至为员工开通24小时服务热线，帮助员工解决他们的个人问题，或至少避免因问题转变成危机而影响到工作生产效率。

阅读材料1-2

IBM的全面薪酬构成①

IBM（国际商业机器公司）作为世界一流的高科技企业，一直致力于其薪酬管理体系的完善，以增强企业对优秀人才的吸纳、保留和激励的能力。IBM（中国）的全面薪酬主要由以下部分构成。

（1）基本薪酬：对员工基本价值、工作表现及贡献的认同。

（2）综合补贴：对员工生活方面基本需要的现金支持。

（3）春节奖金：农历新年之前发放。

（4）休假津贴：为员工报销休假期间费用。

（5）浮动奖金：当公司完成既定的效益目标时奖励员工的贡献。

（6）销售奖金：销售及技术支持人员在完成销售任务后的奖励。

（7）奖励计划：员工由于努力工作或有突出贡献时的奖励。

（8）住房资助计划：公司提拨一定数额存入员工个人账户，以资助员工购房，使员工能在尽可能短的时间内凭自己的能力解决住房问题。

（9）医疗保险计划：员工医疗及年度体检的费用由公司解决。

（10）退休金计划：参加社会养老统筹计划。

（11）其他保险：包括人寿保险、人身意外保险、出差意外保险等多种项目。

（12）休假制度：鼓励员工在工作之余充分休息，在法定节假日之外，还有带薪休假、探亲假等。

（13）员工俱乐部：为员工组织各类集体活动，以加强团队精神，提高士气，营造大家庭气氛，包括各种文娱活动、体育活动、大型晚会、集体旅游等。

思考与提示

1. IBM的全面薪酬体系是否存在不足？
2. IBM的全面薪酬体系实施的条件或前提有哪些？

① 根据《IBM公司的薪酬管理》，中国劳动咨询网（http://www.51Labour.com），2008-12-5整理。

二、薪酬的影响要素与性质

薪酬的影响要素可以分为三大类，即内部要素、外部要素和个体要素，具体见图 1-2。这三大要素进而决定了薪酬的公平性、竞争性、战略性和合法性等系列属性。

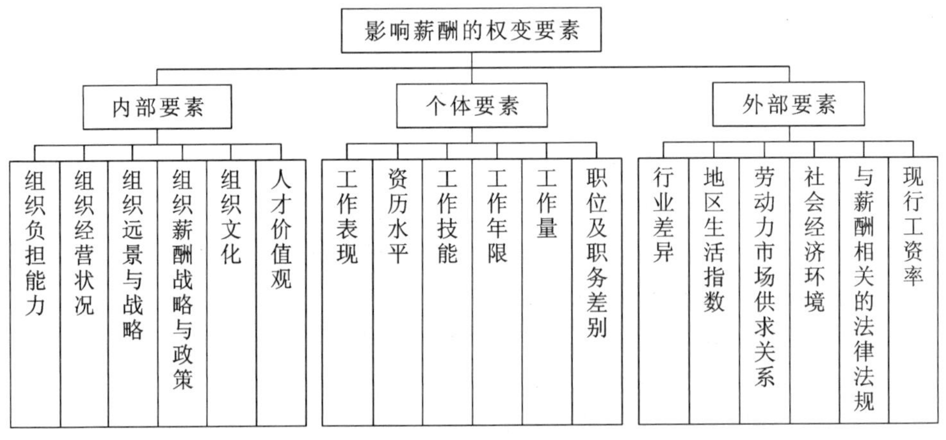

图 1-2　薪酬的影响要素

其中，组织远景与战略、组织负担能力和组织文化等内部要素决定了组织薪酬的总额水平，进而决定了组织薪酬的外部竞争性和战略导向性。不同的经营战略、发展战略和人力资源战略要求组织的薪酬必须在"组织经营战略和薪酬战略"、"薪酬战略和人力资源战略的其他各个环节"、"薪酬战略的各个维度（如工资水平和支付方式）"等三个层次实现整合和匹配互补，以决定组织的整体薪酬定位在什么水平进而与什么样的竞争对手抗衡，最终帮助组织实现预定的经营目标（包括财务类指标、客户类指标以及员工学习成长类指标等）。

个人素质（包括工作表现、资历水平、工作技能等）、职位及职务差别等个体要素决定了组织薪酬的内部公平性和内部一致性。人力资本理论认为，工资水平主要取决于每个员工自身所拥有的人力资本的存量。它更关注员工之间的在所提供的劳动方面的异质性，并且认为这种异质性主要是由员工所拥有的人力资本的存量差异所造成的，而这种人力资本存量的差异也造成了员工之间的市场价值的差异，即不同的员工应获得不同的劳动报酬，以体现员工个体的自我纵向公平和内部横向公平。

劳动力市场供求关系、行业差异以及与薪酬相关的法律法规等外部要素决定了薪酬的外部公平性、经济性和合法性。供求均衡理论认为，劳动力需求和供给是工资的函数，并且劳动力需求与工资呈反方向函数关系，即薪酬水平高低主要取决于劳动力市场上供求双方的均衡情况。这就决定了组织的薪酬水平和结构要考虑市场因素，要对组织内部的员工薪酬进行分类分层管理，而不是把组织所有职位的薪酬水平都与组织的经营效益严格挂钩，以降低组织的人工成本率。但这种注重经济性的原则和政策实践必须符合国家有关薪酬的法律法规，如最低工资立法、同工同酬立法和反歧视法等。

当然，薪酬的上述权变要素和权变要素决定的属性之间往往自相矛盾或抵触。例如，工资水平越高，员工的外部公平感越强，但违反了组织薪酬管理的经济性原则；而降低薪酬支出可能会支持组织的经营战略，但可能又会违背竞争性和合法性原则。因此，在实践中往往需要组织的薪酬设计和管理在“内部要素、外部要素和个体要素”等三大要素以及薪酬的公平性、竞争性、战略性和合法性等方面找到一个动态的均衡点。

第二节 薪酬管理及其基本问题

一、薪酬管理的核心理念：能力提升与激发

大企业与小企业在管理上的区别在于大企业往往有完备的管理平台，如企业战略正确、权责管控体系完善、规章制度规范、管理和业务流程清晰等。这种平台体系目前仍是我国大部分企业迫切需要达到的目标。优秀企业与一般企业在管理上的差异在于员工素质的差别、责任心的差别以及忠诚度的差别。造成这种差别的根源在于两大机制，即持续的优秀人才培养机制和优秀人才能力的激发机制。薪酬则是优秀企业人才培养机制和能力激发机制的核心环节，薪酬管理在现代企业中的影响和地位甚至已上升到企业的战略和文化层面。

薪酬管理的核心目标是激发员工的积极性。那么，企业由此就需要思考和解决的两大问题就是：薪酬如何引导员工提升自身能力？员工能力是否得到激发，以及如何衡量？

基于长期的企业咨询和教学研究经验，本书认为，在现代社会中，企业终将不再是员工的归属，而是员工满足自身愿望、实现人生目标的最有效工具。因此，要引导员工提升能力的核心是在组织内部塑造“正气向上”的收入分配氛围，引导“偷懒者”向“打工者”的行为看齐，“打工者”的行为向“奉献者”的行为看齐，而不是反其道而行之。管理大师德鲁克曾说过“组织精神的真正核心不在于大家能否和睦相处，不是一致，而是绩效”。哈佛大学商学院也为此曾做过实验进行检验，如果一个团队中超过1/3的成员的关系“像家人一样”，团队的工作氛围

往往是懒散、懈怠的，团队成员缺乏能力提升的动力；如果超过 1/2 的人是这种关系，多数团队成员往往在享受了短时间的“家庭温暖”后就会迅速离去。因此，平均分配（不区分优良中差）或收入差距过小的企业文化（如“家文化”）并不利于员工能力的提升和激发。

衡量薪酬是否激发了员工的积极性要看企业中员工对企业的利益是否在乎，是否操心。如果组织中的员工随时都抱有“跳槽”的心态，该组织的薪酬激励方案就是失败的。一个人对企业利益操心是私营企业；所有人都对企业利益操心，这才是市场经济。

而要达到上述两个方面的目标，企业的薪酬方案必须符合以下两个标准：一是企业必须提供一种报酬形式，这种报酬形式在同行业中只有本企业才拥有，或本企业最优厚；二是企业必须设计出一套能让“奉献者”或“打工者”体面、自尊、有成就感和自豪感地获得自己利益的机制和路径。

二、薪酬管理的基本问题

（一）薪酬管理基本问题界定的视角

薪酬自身是一个复杂而且难以准确计量和评价的体系。诸如金钱在激励中的重要性如何，薪酬是否有助于解释某些组织成功而另外一些组织惨遭失败的原因等，至今没有得到有力证据的证实。

因此，把握薪酬管理的基本问题，我们必须从宏观和抽象的视角出发，搭建现代企业战略薪酬管理的基本框架，界定薪酬体系的基本问题；然后再重点关注薪酬体系的微观技术和具体细节，实现理论与实践、技术和战略的良好对接。

（二）薪酬管理的五大层面、八大基本问题

按照上述逻辑思路，我们可以将薪酬体系的基本问题划分为“概念、理念、操作、创新和发展”等五大层面、八大基本问题。这个框架将囊括薪酬及薪酬管理的基本问题，并统领本书的基本脉络。具体内容见图 1-3。

1. 概念层面：薪酬是什么

在概念层面上，组织必须明确薪酬的内涵和外延是什么。从员工的视角分析，员工对内在报酬和外在报酬，工作报酬和非工作报酬，诸如基本薪酬、奖金、员工健康与安全福利、非工作时间报酬以及为员工提供的服务、职业发展、培训与能力提升、上下级的认可等诸多要素，是否都理解和认同为薪酬？其认同程度有无差异？企业在上述方面如何进行界定和差异化管理？薪酬总额如何核定和测算？

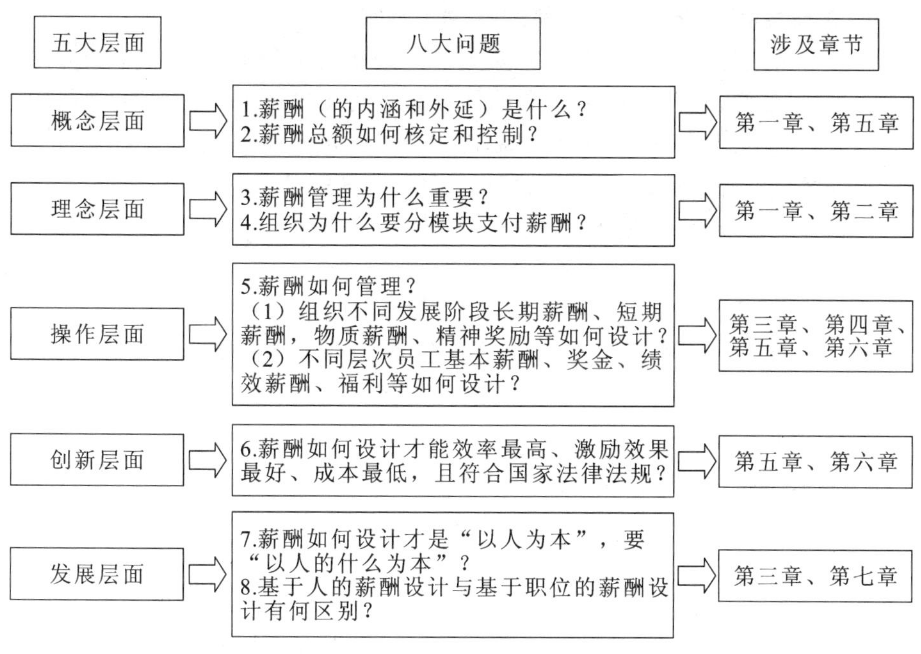

图 1-3 薪酬与薪酬管理的基本问题

2. 理念层面:薪酬为什么重要

在理念层面上,组织必须明确薪酬发放的最终目的是什么,薪酬是一种成本,还是一种投资,即组织对什么支付薪酬,是行为绩效(流动劳动形态)、能力绩效(潜在劳动形态),还是结果绩效(凝结劳动形态)? 这将决定薪酬能否支持组织战略目标的实现以及企业核心竞争力的形成和维持。一般而言,组织战略目标决定了战略实施要素,进而决定绩效考核的考核要素、考核指标和考核标准,而薪酬则是对考核要素和考核标准的一种事后激励和强化,即考核要素、薪酬要素和战略目标中的战略实施要素应存在一一对应关系。

3. 操作层面:薪酬(管理)怎么做

在明确了薪酬是什么以及对什么支付薪酬之后,组织需要在操作层面设计薪酬如何发放的相关制度。一方面,组织战略需要对应的薪酬要素有哪些,其轻重缓急的次序如何? 诸如“长期薪酬、短期薪酬”,“物质薪酬和精神奖励”等方面如何设计和均衡才能与组织战略相匹配。另一方面,不同层次员工,如中层、高层、基层员工,老员工、中年员工和新员工,以及生产类、管理类、销售类、研发类员工,其对薪酬的需求要素、水平、结构和轻重缓急的排序必然存在较大差异,这也需要在基本薪酬、奖金、绩效薪酬和福利等相关薪酬要素的设计和整合方面,实施差异化和人性化管理。

4. 创新层面：薪酬（管理）如何做好，如何创新

薪酬与薪酬管理在创新层面需要关注的问题是薪酬如何设计才能效率最好、激励效果最好、成本最低，并且符合国家相关的法律法规。当然，创新的领域可以是技术创新、概念创新或机制和制度创新。例如，最近部分企业在绩效管理中实施的"增量考核"就属于一种销售提成制的管理制度创新。

在管理实践中，薪酬的分配往往是一个上级和下级重复博弈的过程，员工站在部门角度会力争部门薪酬总额最大化，站在个人角度又会力争个人收益的最大化。因此，在信息高度不对称的情况下，如何通过绩效指标、薪酬基数以及奖惩模式的设计和机制创新，促使员工个人信息得到最大限度的显示，进而达到"激励效果既定、成本最低"或"成本既定、激励效果最好"的目标，将是组织薪酬体系的重要任务和挑战之一。

5. 发展层面：薪酬（管理）的发展趋势是什么

薪酬及薪酬管理经历了一个和人力资源管理相类似的不断演变和发展过程。

从工业革命阶段（人事管理阶段）的"计件工资制"，到科学管理阶段的"利润分享制"、"差别计件工资制"、"团队薪酬制"，其出发点都是要把"工资成本最小化"，其薪酬管理的政策核心往往围绕工作标准和成本节约展开和制定。在人际关系管理阶段，组织才认识到员工个体的心理感受及其对薪酬的认可程度会影响薪酬的最终激励效果，组织在薪酬设计和管理上才开始重视员工之间的薪酬相对差距以及人际关系等非工作报酬的激励效应。

20 世纪以来，薪酬设计开始提倡"以人为本"，薪酬管理的出发点已经由"人为企业服务"转化为"企业为人服务"，呈现出"差异化、弹性化、人性化"特征。但在薪酬管理中，如何设计才是"以人为本"，要"以人的什么为本"？基于人的薪酬设计与基于职位的薪酬设计有何区别？其未来的发展方向是什么？上述问题还需要在理论和实践中进一步研究。

三、薪酬管理的内涵与模块

（一）薪酬管理的内涵

一般而言，薪酬管理是指组织根据员工提供的劳动或服务，来确定他们应当得到的报酬总额及报酬结构和形式的过程。在这一过程中，包括战略性薪酬管理（即如何建立战略性薪酬体系）、公平性薪酬管理（即如何提高组织内部的薪酬满意度）、静态性薪酬管理（即如何确定基本薪酬、职位薪酬和福利）、动态性薪酬管理（即如何设计组织的绩效薪酬和调薪制度）等四个层面。按照管理的内容来划分，这四个层面又可以进一步细化为薪酬计划、薪酬水平管理、薪酬制度管理、薪酬类别管理以及薪酬诊断管理等五个环节的问题。具体内容见图 1-4。

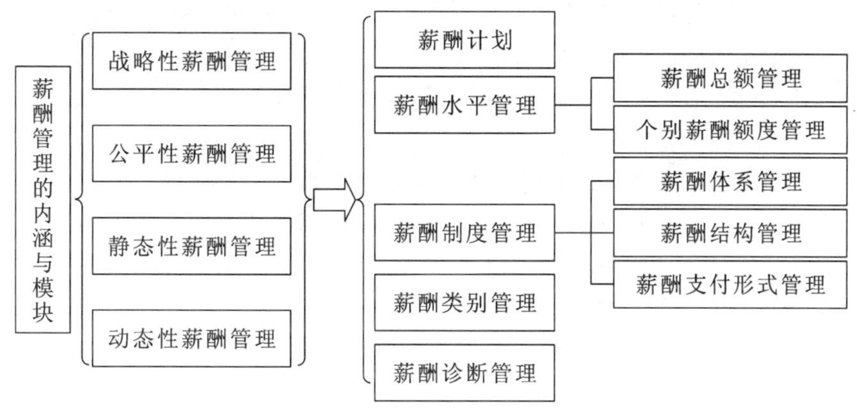

图 1-4 薪酬管理的内涵与层次

（二）薪酬管理的模块

根据薪酬管理的内涵、层次和环节以及薪酬管理中的现实问题，我们可以将薪酬管理的内容进一步模块化，以简要描述薪酬管理的日常主要职责和工作内容。

在薪酬的日常管理过程中，制度本身和制度的执行往往会出现一系列问题。例如：薪酬管理体制不健全，没有实行分类管理，分配不公、按人头分配倾向严重；薪酬制度有缺陷，工资结构没有突出职位因素，技能工资变成了熬年头涨工资，与职位技能脱节；工资结构复杂，项目多，其各自功能不明显；薪酬体系缺乏系统规划，出现特殊情况就不停“打补丁”；工资缺乏正常增长机制，各类人员的薪酬增长往往取决于领导的主观意志，却进一步打乱薪酬体系内部的结构均衡，等等。

这些问题实际上涉及了薪酬日常管理过程中的五大职能模块。

1. 薪酬体系管理模块

薪酬体系管理主要是对组织的薪酬体系由哪些部分构成，以及各个体系之间的比例关系予以确定的管理。

（1）组织必须明确组织薪酬体系的类型与构成，如基于市场的薪酬体系、基于能力的薪酬体系、基于职位的薪酬体系、基于绩效的薪酬体系等。

（2）组织必须明确各类薪酬体系之间的比例关系，如基本薪酬和绩效薪酬、固定薪酬和浮动薪酬、直接薪酬和间接薪酬之间的比例关系，是 5:5、6:4、7:3，还是 8:2的比例关系。上述比例关系与组织文化、组织战略、职位性质等息息相关。如果组织提倡竞争文化、成功者文化，则各类薪酬之间浮动的比例宜高不宜低；

如果组织采取稳健的发展战略和保守的经营模式，则各类薪酬之间浮动的比例宜低不宜高。同时，职位性质和职位层次也会影响薪酬的浮动比例，组织中绩效结果容易量化的部门（如营销类、生产类）的浮动比例应高于绩效不容易计量的部门（如管理类、后勤类等），高层和中层员工的薪酬浮动比例往往也会高于基层员工。

(3) 组织还必须明确各类薪酬体系中每一类薪酬的确定依据是什么。以基本薪酬为例，组织在进行薪酬体系设计和管理时，需要明确组织的基本薪酬是以工作为基础（职位工资制），还是以人为基础（技能工资制或能力工资制）。

2. 薪酬结构管理模块

薪酬结构管理主要是进行两个层次的薪酬结构管理，其结果将对员工的流动率和工作积极性产生重大影响。

薪酬结构管理的层次之一就是组织内部的不同职位所得到的薪酬之间的相互关系，如生产类、销售类和职能管理类、研发类、后勤类之间，对这些不同的职位类别在薪酬总额以及各个薪酬构成体系之间的关系如何确定才能做到横向公平。

薪酬结构管理的层次之二是确定组织内部同一职位类别内部，如职能管理类内人力资源管理类、行政管理类、财务类之间的薪酬之间的相互关系。如果这种关系处理不当，该层次上引发的横向不公平感会更明显和直接，对员工的工作积极性影响也更大。

3. 薪酬水平管理模块

薪酬水平管理主要是对组织中各部门、各职位及整个企业平均薪酬数额或水平的管理。

(1) 为了保持组织对核心员工以及外部优秀人才的吸引力，组织必须根据组织战略和薪酬外部市场调查结果，确定本组织合适的薪酬战略和薪酬水平定位，如整体薪酬水平是领先于市场策略、市场跟随策略，还是低于市场策略。

(2) 在确定了某一种薪酬策略后，在组织内部不同员工之间，是对所有员工采用同一策略，还是对高层、中层和基层员工分别采用不同的薪酬策略；是基本薪酬采用这种薪酬策略，绩效薪酬和间接薪酬采用其他的薪酬策略，还是三者都采用一种薪酬策略，以达到在激励效果既定的情况下人工成本最小的目标。

(3) 薪酬水平管理模块还需要确定组织薪酬总额以及个体薪酬总额的正常增长机制，如前者与物价指数、组织效益挂钩，后者与个体的学历、资历、业绩挂钩等。最后，薪酬水平管理模块还应该对组织的薪酬预算、控制方式以及合理避税等方面作出设计和规定。

4. 薪酬支付形式管理模块

员工得到的总薪酬的组成部分，通常包括直接薪酬和间接薪酬，薪酬形式管理往往需要决定总薪酬的各个组成部分的支付形式和支付周期。

(1) 薪酬是以什么样的形式支付，是货币、股票，还是实物、培训、带薪休假或健康保险，不同层次(高层、中层、基层)的员工对此需求的排序存在重大差异。

(2) 薪酬支付的周期，是周薪、月薪，还是半年发放或年薪制，组织中的不同年龄段的员工对此的需求也存在一定的差异。

5. 薪酬类别管理模块

薪酬体系管理只是确定了组织内部各种薪酬可能存在的组合形式，在薪酬设计的实际操作中，现代组织一般实行"组合薪酬制"或"结构薪酬制"，即对组织内部的生产人员、销售人员、专业技术人员、高层管理人员等不同类别的人员实行不同的薪酬体系和组合形式。

例如，适应于生产人员的"基本工资＋计件工资"制度，适应于销售人员的"佣金制"，适应于管理类人员的"基本工资＋职位工资＋绩效工资"制度，适应于特殊人才的"薪酬特区"制度等。组织需要对上述不同类别人员的不同薪酬模式作出详细界定，对每一类薪酬构成内部高层、中层、基层员工之间的薪酬层次与等级差距、薪酬是否以及如何与绩效考核结果挂钩作出具体规定。

四、薪酬管理在人力资源管理中的定位

薪酬管理是人力资源管理体系中最激动人心的环节，也是最敏感、最系统、矛盾最集中、技术要求最高的环节。随着全球化市场经济与知识经济的不断发展，人力资源对获取企业竞争优势的作用日益突显。薪酬作为一种人力资源管理的重要的环节和工具，如何发挥其对人力资源的有效激励则意义深远。薪酬管理在人力资源管理流程中的定位具体见图 1-5。

从个体人力资源管理流程的角度分析，薪酬管理处在"人力资源规划、招聘/调配、培训、晋升、价值分配"流程的末端；从组织人力资源管理流程的角度分析，薪酬管理又处在"职位管理体系、任职资格管理体系、人力资源规划体系、素质测评体系、培训体系、绩效管理体系、薪酬管理体系"等人力资源管理七大管理模块的末端。

因此，从运行轨迹上分析，薪酬管理实际是人力资源管理体系中的一个环节，而且在性质上属于事后管理环节。从另一个侧面分析，处于管理流程末端的薪酬管理职能模块对上游各个管理模块具有巨大的行为强化和引导功能，其也必然受到上游各个职能管理环节的影响，即只要"职位体系设计、素质测评以及绩效考核"等任何上游环节存在问题，都会影响薪酬管理的最终效果。这也是现代组织为何要提倡"360 度薪酬"或"全面薪酬"，以突出人力资源管理其他环节与薪酬管理之间相互影响、相互作用的重要原因之一。

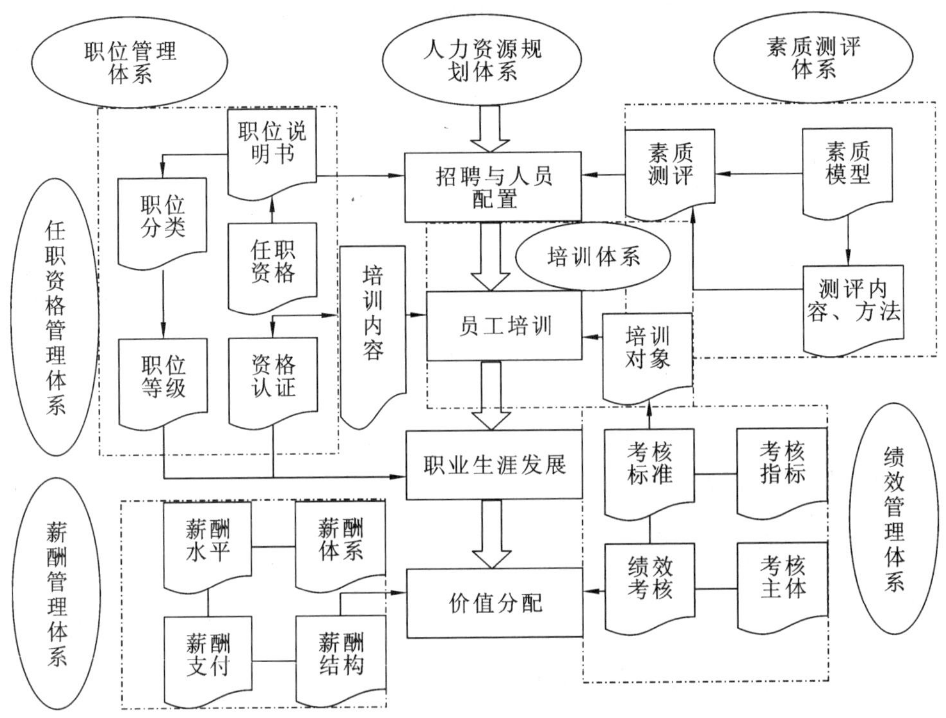

图 1-5 薪酬管理在人力资源管理中的定位

（一）薪酬管理与职位设计体系

现代组织都强调“因事设岗、因岗择人、按岗付酬”的管理原则。“因事设岗”的技术又包括基于职能的职位设计（自上而下）和基于流程的职位设计（自下而上）两大类型[①]。

但无论采用哪种职位设计技术，组织的组织结构、部门结构、职位结构和职位责任分解和设置的科学性都会直接影响组织的职位薪酬或职位薪酬的结构、等级和水平的科学性。

一般而言，职位或职位承担的责任越多，涉及的业务环节越多或工作的环境越差，该职位或职位在整个薪酬结构中的等级和层次会越高，水平也会越高。

基于职位的薪酬体系对组织在工作分析、工作评价过程中的科学性、客观性等方面要求比较高，容易出现按“级别付酬”、按“资历付酬”等种种制度变异。更为重要的是，随着科学技术的不断发展，组织经营的技术含量越来越高，组织经营过程

① 关于基于职能的职位设计（自上而下）和基于流程的职位设计（自下而上）的技术详见本系列教材中的《职位管理》。

中面临的不确定性也越来越大。组织中知识型员工的作用越来越突显，原有的强调“命令—控制导向”和“职位导向”的薪酬管理哲学正在被灵活的、强调团队合作和较少层级与控制的新的薪酬管理哲学所代替，以最大限度地降低职位体系设计不合理，以及过度关注于为人为设定的“工作”付酬等问题带来的效率损失。

（二）薪酬管理与员工招聘体系

薪酬对员工招聘体系的影响体现在两个方面。

首先，高的薪酬水平定位会为组织带来大量的高素质的应聘者，增大招聘成功的几率和效率，并可作为一道“过滤网”或信号传递机制，使那些不合格或不符合组织需求的人力资源自动望而却步，减少组织进行后续面试和素质测评的成本。因为，在外部应聘者没有进入组织之前，薪酬是其唯一可以获取和信赖的信号，应聘者往往会从薪酬信号本身来推断组织的工作环境、文化氛围、人际关系和发展前景等。如果组织提供的薪酬水平低于同行业内或同区域内同类职位的薪酬水平，求职者往往会认为组织的发展潜力、文化氛围等其他方面也会低于市场平均水平，前来应聘者的数量和质量都会大幅度降低。

其次，薪酬与组织的任职资格以及招聘过程中的素质测评体系息息相关。如果组织的任职资格等级和职位责任不匹配，或者招聘过程中素质测评本身的效度和信度存在问题，导致最后出现“能力过度高于职位要求”或“能力过度低于职位要求”的现象，就会影响薪酬管理的最终效果。如果某个员工“能力过度高于职位要求”，在“按岗付酬”的管理原则下，员工个体会对薪酬体系不满意；如果某个员工“能力过度低于职位要求”，在“按岗付酬”的管理原则下，所有员工都会因为薪酬的横向的不公平而对薪酬体系产生抱怨。

（三）薪酬管理与人力资源规划体系

人力资源规划从属于人力资源战略和组织发展战略，而参与式战略、诱引式战略、培训式战略等不同的人力资源战略会对组织的薪酬水平和形式产生重大影响。诱引式战略下的薪酬总体水平会远远高于参与式战略、培训式战略下的薪酬水平。同时，人力资源规划本身也会影响组织的薪酬水平。人力资源规划大致包括数量规划、质量规划和结构规划等三个方面，而三种规划对薪酬水平、结构和形式的要求存在很大差异。例如，如果组织在某个战略规划期内重视数量规划，则组织的基本工资会大幅度上升；如果重视质量规划，则组织的技能工资、学历或职称工资的等级和总额都会有所增加。

（四）薪酬管理与员工培训、职业生涯开发体系

员工培训、职业生涯开发以及加薪都属于组织有效的激励手段，是组织调动

员工积极性和活力的源泉，但三者在相互促进、相互影响的同时，也存在一定的矛盾。首先，员工培训结业以后，其个人技能或职称通常都会有所改变。这一方面可能会促进个人绩效和组织绩效的提高，但另一方面也会对薪酬管理带来巨大的挑战。原因就在于，员工技能提高后一般都有要求加薪的倾向。那么，组织必须在“是否同意加薪”，以及同意加薪后组织“如何对其能力进行认定和考核”、“如何设计加薪的方式和幅度”才能不打破整个薪酬体系、薪酬总额的均衡等问题上进行全面的分析和权衡。

（五）薪酬管理与绩效管理体系

在人力资源管理的诸多环节中，薪酬管理与绩效考核的联系最为直接，是对绩效考核结果的直接运用和强化，但也最容易在对接方面出现问题。

如果组织考核体系中的考核指标、考核主体、考核权重、指标标准、考核过程等方面不尽公平或流于形式，出现考核结果“失真”的情况，那么即使薪酬体系、薪酬结构再完善，薪酬水平再高，员工对绩效考核结果的不满意也会延伸到对薪酬的不满意上。

五、薪酬管理的职责体系

在现代企业中，薪酬管理的责任主体并不只是人力资源管理部门，而是涉及企业的高层、部门主管、人力资源部，以及普通员工等多个层面。

（一）薪酬管理的权责分工

1. 企业高层在薪酬管理中的职责

在现代企业中，企业高层的重视是企业落实现代企业薪酬管理理念的前提和基础。

其中，企业高层应该是薪酬战略倡导者、领导团队建设者、薪酬政策导向把握者和自我管理者，他需要从大局着眼，把握人力资源未来的发展方向，倡导企业各级管理者关心人力资源问题，承担人力资源责任。具体包括以下两个层次：

(1) 高层“出思想”。高层应在明晰企业战略和人力资源规划的前提下，根据市场和竞争对手的实际情况，对企业薪酬管理的战略模式、薪酬文化、薪酬成本总额、薪酬结构、薪酬水平等作出方向性的指示，并和人力资源管理部门进行充分的沟通，为企业后续的薪酬设计工作奠定基础。

(2) 高层要成为“自我管理者”。首先，企业的薪酬战略模式和相关管理制度一旦确定，企业的高层一定要维护制度的权威，不能朝令夕改或轻易打破利益分配的均衡。在实践中，部分企业的高层往往在不和人力资源管理部门沟通的情况下，根据自己的主观判断，随意给下属增长工资；或在从外部招聘人才(即“空降兵”)时,往往不考虑企业内部同类职位的薪酬状况,给予“空降兵”过于优厚的待遇,进而导致企业原有薪酬体系的混乱,引发员工对企业薪酬体系的不满。其次,企业的高层在实际工作中,不能以“完成领导交办的任务”等名目,大幅度随意添加或减少员工的工作职责。现代企业薪酬管理的基本规则之一就是“按岗付酬”,当员工的职责改变了之后,员工的职位价值和职位工资就应相应发生改变,而企业中的职位价值评估和职位等级分类并不适宜经常变动。因此,企业内部员工职位职责的频繁调整也会给人力资源管理部门的工作带来较大的压力。

2. 人力资源管理部门在薪酬管理中的职责

人力资源管理部门是企业人力资源开发与管理方案的制订者,是人力资源政策和制度执行的监督者,其在薪酬管理中的权责可以概括为三个方面,即制度设计、服务与建议、制度实施监控。

(1) 制度设计。人力资源管理部门应根据本企业所在的行业、企业的发展阶段、企业员工的需求层次,以及企业的发展战略等,设计出本企业的薪酬理念、薪酬体系与薪酬政策。人力资源管理部门必须保证上述方案是科学的、合理的、适合的,而不一定是最先进的和最流行的。

(2) 服务与建议。部门经理是薪酬政策的直接执行者,其对薪酬、考核制度体系的理解和认同程度将最终影响员工对薪酬的满意度,因此,在科学设定企业薪酬体系的基础上,人力资源管理部门应承担起服务的职责,即人力资源部门从权力机构转变为专业化秘书、咨询机构,对企业的薪酬政策进行解释和培训。同时,对于不同部门在实际执行过程中遇到的种种问题,人力资源管理部门还应承担起专业咨询和建议的角色,推动企业薪酬体系的完善和发展。

(3) 制度实施监控。一方面,是进行“事前”和“事中”管理,即人力资源管理部门要监控整个企业薪酬制度的正常运行,对其中出现的问题,要及时进行协调和完善;另一方面,要进行“事后”管理,即人力资源管理部门要接受员工关于薪酬不公平、不合理的申诉,并按照既定的程序及时处理。

3. 部门经理在薪酬管理中的职责

(1) 部门经理是企业内在报酬的提供主体。从前文关于全面薪酬的分析中可以看出,内在报酬包括让下属获得参与决策、挑战性的工作、感兴趣的工作或任务,获得上级与同事认可与内部地位、学习与进步的机会,进行多元化活动等。这些内在报酬只能由部门负责人提供和掌控,人力资源管理部门只能提供外部的指导和支持。

(2) 部门经理是薪酬管理政策的直接执行者,决定给下属奖励的方式和数量。

(3) 部门经理有义务向人力资源部门及时提供各项工作性质及相对价值方面的信息,作为薪酬决策的基础。

（二）人力资源管理部门工作重心的调整

实践中，现代企业人力资源管理部门的工作重心已经开始转移，这既是企业提高核心竞争力的必然要求，也是企业人力资源管理工作地位不断提高的结果。这种变化具体表现在以下两个方面：

1. 人力资源管理部门在薪酬管理中承担的事务性工作比例开始降低

在传统组织中，人力资源管理部门承担了大量的事务性工作，如对部门员工的考核、激励与控制的具体管理等，事务性管理活动、服务与沟通及战略规划活动的时间比例大致为 7∶2∶1。

而从以上全面薪酬或 360 度薪酬的内涵，以及企业薪酬管理权责分工的分析中可以看出，在现代组织中，人力资源管理部门的工作职责已主要限定为“制度设计、服务与建议、制度实施监控”，即最初的大量事务性工作环节的权力和责任都开始逐步下放到业务部门层面，人力资源管理部门中事务性管理活动、服务与沟通及战略规划活动的时间比例大致为 2∶5∶3。

2. 开始积极承担新的人力资源管理角色

在国外，许多组织中人力资源管理部门的地位要高于财务部门和其他职能部门，人力资源管理部门经理的薪资待遇往往也高于其他职能部门的经理。但在中国的传统组织中，人力资源管理部门为什么作用不大，或者被视为成本耗费部门呢？

（1）人力资源管理部门往往承担了本来应该由直线管理者承担的事务性工作，消耗了大量的精力和时间，难以超越事务性工作去进行战略性思维。

（2）部分企业对人力资源管理部门的重视程度不够，导致人力资源管理部门往往不能迅速感知企业内外环境和经营策略发生的变化，不了解企业经营和业务流程，无法提出对企业战略实现能够产生支撑和推动作用的建议或制度设计。

（3）原先企业人力资源管理作为行政附属部门，其权力来源由组织赋予，是“外生”的，经常随着企业高层管理者经营理念的变化而变化，具有相当的不确定性。

因此，在事务性工作开始下移的背景下，现代组织中的人力资源管理部门应尽快提高部门员工的专业素质，完善工作技能与工作平台，提高工作效率，扮演好企业发展的战略伙伴、职能专家、变革推动者和员工的支持者四个角色，使得人力资源部门的权力逐步成为“内生”性的。即人力资源管理部门能够与业务部门合作，用同一种“语言”交流，最重要的是能为业务部门创造价值，提供某种建设性的服务，只有这样，才会使人力资源管理者具有真正的权力和权威，进而为组织的战略制定和实施过程提供更多的支持。

第三节
战略性薪酬管理与薪酬管理战略

一、战略性薪酬管理的背景与内涵

（一）战略性薪酬管理的背景

现代企业的生存环境已经发生了剧烈变化。这种变化使得薪酬制度对于企业来说是一把“双刃剑”，使用得当能够吸引、留住和激励人才，使用不当则可能给企业带来危机。建立全新的、科学的、系统的薪酬管理系统，对于企业在知识经济时代获得生存和竞争优势具有重要意义，而改革和完善薪酬制度，也是当前企业面临的一项紧迫任务。

具体而言，现代企业薪酬管理面临的挑战包括以下三个方面：

1. 全球性竞争的挑战

全球性竞争给现代企业薪酬管理带来的挑战主要包括两个方面：一是企业的经营环境呈现出“非连续性”特征，而这种变化最终会影响到企业的薪酬体系；二是人才的国际化竞争。

1）企业生存环境呈现出“非连续性”特征

随着商品供给来源的全球化和多元化，人们对产品的了解达到了相对较高的水平。通过感知进而识别品牌，通过品牌来确认（理解）质量和价值，是满足消费时代要求的必然趋势。换句话说，不是企业的商品或服务不够好，而是企业服务的对象——顾客变得更好了。同时，顾客偏好的变化加快、消费者品牌化和多样化的需求将推动企业不断改善产品与服务的质量，使得市场上产品与服务的品种日益繁多，而且质优价廉。例如，互联网对信息的快速传递，就可以使消费者有更多的机会参与企业产品和服务的设计与开发，并影响制造商的生产过程。

显然，迅速变化和差异化的顾客需要、技术创新以及经济全球化的发展造成了企业经营环境的非连续性，而对这种经营环境变化的感知和应对最终还需要靠企业员工来完成。这就需要在不断提高企业员工的专业素质和反应能力的基础上，逐步提高企业薪酬，尤其是能体现能力变化和劳动强度变化的（技能）工资和绩效工资支付的水平。

2）高层次人才的争夺将更加激烈，人才竞争是一场不平等的竞争

以前企业之间的竞争主要是产品或服务的竞争，而现在则主要是市场份额

和人才的竞争。中国企业面对外国企业，最怕的不是市场的竞争、产品的竞争，而是人才的竞争。因为，国外企业在竞争不过中国企业时，他们可以通过一手拿美元，一手拿期权，以优厚的工资待遇、住房、出国旅游、培训等占据主动地位，来买垮中国企业。有专家预言，只要外资银行从国有商业银行挖走1%的业务骨干，就足以挖走一批优质客户；只要外资银行从国有商业银行挖走5%的业务骨干，就会让国有商业银行面临瘫痪。

总体而言，我国企业同发达国家的企业进行的人才争夺战是一场不平等的竞争，我国企业在全球性的人才竞争中处于劣势，这种不平等竞争的结果就是造成人才外流加剧。而要打赢这场人才战争，就对我国企业的人力资源管理体系中的绩效考评、薪酬福利等激励机制，以及职业生涯规划等员工发展机制提出了更高的要求。中国企业必须学会建立新的企业生产率和利润公式：$\frac{1}{2}\times 2\times 3$，即用原来一半的人数，提供2倍的报酬，但得到3倍的产出。只有这样，才可能在WTO（世界贸易组织）的统一游戏规则下“与狼共舞”，一争高下。

2. 新技术的挑战

在顾客需求变化过快引致企业生存环境呈现出“非连续性”特征的同时，技术进步又导致现代企业普遍面临“零生命周期”的挑战，即产品和服务的生命周期越来越短，甚至趋向于以月或者周来计算。例如，计算机软件的生命周期是6个月，半导体产品的生命周期不到1年。企业产品随时可能被更新的产品所取代，企业通过独占某项产品来获得持久的竞争优势已不可能。

在高度动荡和混沌的环境中，企业面临如此快速而多样的挑战，以至于企业任何的优势都是一时和短暂的，企业内有效创新能力、在各业务单位之间整合知识和传递创新的能力、在全球范围内提升企业内部与企业之间组织学习的能力等，已成为企业保持竞争优势的重要因素。而在薪酬设计中，如何对员工知识的学习、整合和创造，以及新的角色和责任的承担进行激励，已关乎企业的生存和发展。

3. 成本抑制的挑战

对于现代组织而言，创造利润与控制成本是一个问题的两个方面。研究降低成本，尤其是人工成本，包括裁员、业务外包、员工租赁等，都直接影响人力资源的管理和实践。

实践中，薪酬的支付通常是企业最具伸缩性的财务变量，削减薪酬支付水平比用其他手段，如改变制造工序、改造企业文化或改变产品设计等来控制成本会容易得多。因此，大多数企业往往将成本控制的重点放在降低薪酬和人工成本上。

事实上，薪酬水平与企业人工成本是有区别的，人工成本才是企业竞争的基础，利润与工资也并不是必然互相消长的。薪酬水平是按时间分配的正常的工资以及其他的各种金钱报酬，而人工成本是公司付给员工的薪酬与员工的产出水平的函数（人工成本＝员工薪酬/产出率），即人工成本不仅和薪酬的给付水平有关，而且与产出率有关。如果企业的产出率越高，企业对员工的薪酬给付水平越低，那么企业的人工成本越少。实践中，如果企业通过压缩员工的报酬来实行成本控制，过低的报酬就可能会导致产出水平的更大幅度的降低。因此，企业必须注意到薪酬给付水平与企业人工成本的区别，并通过产品质量的改进、服务的创新以及技术上的创新，使企业可以在做大“蛋糕”的同时，使工资与利润同时增长，以此来增强企业的竞争优势。

（二）传统薪酬管理存在的问题

薪酬管理对于企业举足轻重，企业为此投入大量的精力，但往往因为过多关注细节问题而使得薪酬管理活动流于技术层面，最终把对技术本身的检验和评价当成了薪酬管理的目的。那么，薪酬体系在建立和运行过程中应着力避免哪些事项，以降低薪酬体系的运行成本，并真正发挥其吸引、维系和激励优秀人才的作用呢？

成功不一定可以复制，但失败可以借鉴和避免。具体而言，现代企业在薪酬管理中应避免下列问题：

1. 薪酬战略模糊

薪酬战略明确了企业薪酬管理的目标、企业薪酬管理的内外部制约因素，以及企业薪酬支付的依据，是企业薪酬体系设计与运行的基本原则与纲要。由于不同企业在目标以及结构等方面存在很大差异，因此，仅仅要求薪酬可以吸引、激励和保留员工，是无法保证薪酬战略与企业经营战略、人力资源战略相匹配的。

在实践中，由于企业薪酬管理人员缺乏对薪酬技术的系统了解和把握，如某项薪酬支付可以使企业达到什么样的目的、是否和企业的战略目标相匹配、是否和企业的文化相匹配等，往往导致企业的薪酬战略定位比较模糊。其主要表现形式包括，企业仅仅知道应该向员工支付薪酬，但不知道为什么要支付、根据什么支付、以什么方式支付、究竟付多少等。结果是企业的制度制定后不停地出台补充规定，薪酬管理人员也是疲于奔命，但问题仍是一大堆，常常是老问题没解决，新问题又产生了。

2. 薪酬理念缺失

薪酬理念明确了企业在薪酬管理方面所倡导的价值导向，是企业薪酬体系的灵魂。

实践中，影响企业薪酬体系和薪酬水平的因素是综合的，涉及了个人因素、职位因素、企业经营状况因素，市场和竞争对手薪酬策略，以及当地物价和经济发展水平等多个方面。企业薪酬理念缺失主要表现为，企业的薪酬体系缺乏正常的调整机制，往往是多年没有任何变化；管理人员也不知道是应该按照员工所承担的责任和风险为基础来支付和调整工资，还是应该按照员工的行政级别、服务年限、技能水平、工作业绩、当地物价等其他因素为基础来支付和调整工资。其结果是要么不进行调整，要么进行没有依据的调整，进而打破了企业各职位之间原有薪酬体系的均衡，引致了员工更大的不满。

3. 薪酬基础与组织结构不匹配

组织结构是企业职位数量、职位结构和职位管理制度的综合，和薪酬体系在实质上都是企业完成企业战略目标的有效工具之一。

在实践中，企业薪酬分配的基本模式一般有四种，即以职位为基础（职位工资制）、以能力或技能为基础（能力工资制）、以业绩为基础（绩效工资制）、以市场行情为基础（谈判工资制）。其中，由于组织结构最终决定了企业的职位设置、资源分配，以及各类职位之间联结的方式，因此大多数企业对其内部的大多数职位往往以职位为基础进行薪酬体系设计。

但就薪酬管理的基本规则而言，各类薪酬制度模式都有严格的假定前提，并不是所有企业的所有职位都适合采用职位薪酬制。如果一个职位的职责边界并不清晰，存在较多的随机性和创新性工作，工作的产出无法精确衡量，或工作本身监督的难度很大等，该类职位就不适合采用职位薪酬制。一般来说，对于采用直线职能制，且组织结构比较稳定的企业，宜采用以职位为主、以能力（技能）和业绩为辅的薪酬体系。但对于以矩阵制为主，经常进行项目制运作的企业，宜采用以能力（技能）为主、以职位和业绩为辅的薪酬体系。

4. 薪酬水平定位不准

薪酬水平定位明确了企业的薪酬水平在市场上的相对位置，是企业薪酬外部竞争性的直接体现，是衡量企业薪酬体系有效性的重要特征之一。而企业薪酬水平的准确定位取决于企业进行市场薪酬调查、获取竞争对手薪酬信息或行业薪酬信息的能力。

实践中，由于薪酬水平决定了企业人工成本的高低，进而会影响企业经营成本的水平，大多数企业往往将其列为企业机密。因此，单个企业进行大范围市场薪酬调查往往很难得到对方的配合，难度和成本较高，导致部分企业在薪酬管理中往往出现薪酬水平定位不准确的情况。例如，企业在薪酬定位时选择了错误的劳动力市场、选择了错误的参照对象，导致错误的薪酬定位，薪酬水平或者过高，或者过低。错误的薪酬定位会对企业的人工成本支出水平、人员结构、人员流动性等造成严重影响。它也是导致员工满意度下降、内部管理成本加大、体外循环增多的一个非常重要的因素。

5. 薪酬结构失衡

企业中最容易引致员工产生不公平感和抱怨的薪酬问题就是薪酬的横向不公平，而薪酬结构失衡则是薪酬横向不公平的根源。

在企业中，薪酬结构失衡主要有以下几种表现形式：

(1) 薪酬结构残缺，即薪酬结构过于单一，不能全面体现员工的工龄、学历、职称、职位级别、绩效等因素；或者是企业的薪酬体系在运行过程中缺乏足够的灵活性，无法满足高层、中层、基层等不同员工在薪酬方面的不同需求。

(2) 部门内部和部门之间的薪酬结构失衡。如部门内部各职位之间的薪酬差距不合理，或不同部门(职能管理、销售、研发、生产、后勤部门)之间的薪酬差距不合理等，必然引致员工产生横向的不公平感，并影响员工在不同职位之间的调动和轮换。

(3) 薪酬单元的组合比例失调。例如，固定工资过高或浮动工资过高等。显然，如果各类人员的薪酬单元组合比例失调，工资比例过高，绩效工资比例过低，则容易导致薪酬的激励作用无法有效发挥。

(三) 战略性薪酬管理的内涵与特征

在企业经营环境发生了剧烈变化，对员工的技能要求越来越高，而员工的工作过程越来越难于监督的情况下，企业中的薪酬管理已非人力资源管理体系的末端环节，其作用已直接关系到企业经营战略本身，其核心是制定一系列前瞻性、战略性的薪酬决策。

施乐顾客营运薪酬委员会董事(1988)更是明确指出，如果企业仅仅关注薪酬，并且只是改变薪酬，企业将会得到两个结果：不会有任何结果，并且将花费大量的金钱。因此，适当地使薪酬制度与战略目标相一致，可以增加公司的竞争优势。如果薪酬的设计和实施杂乱无章，同样也会降低公司的竞争优势。

一般而言，战略性薪酬管理主要是指企业的薪酬体系设计应基于组织的战略来展开；应在确立了企业公司层战略和业务单元战略的基础上，需要根据这两个层面的战略来安排企业的人力资源战略和薪酬战略；在确立了薪酬战略之后，需要通过进一步的薪酬系统设计来使薪酬战略得到落实，即将薪酬战略转化为具体的薪酬制度、技术和管理流程。

从以上定义可以看出，战略性薪酬管理意味着薪酬制定依据的调整。企业的薪酬设计要考虑企业战略、企业的核心能力和人力资源战略等因素，而不仅仅是依据工作等级。战略性薪酬管理具备三大特征，即战略相关性、激励性和引导性。

战略相关性主要是指企业的薪酬战略要根据组织的特定经营状况以及所面临的人力资源挑战进行调整，审查薪酬的分配方式以及从每一个单位薪酬支出中获得的价值，保证企业的薪酬支付与组织战略目标之间存在明确的线索。

激励性主要是指员工的薪酬取决于其个人绩效、所在团队或群体的绩效以及整个企业的绩效。实践中，个人绩效与部门绩效、企业整体绩效三者之间并不必然一致，企业的薪酬激励应避免“个人业绩很好、部门或企业业绩很差”或“个人业绩很差而部门或企业业绩很好”的情况。

引导性主要是指在企业中，薪酬应该是一种“指挥棒”或“信号灯”，应成为组织向员工清晰、积极地传递组织的价值观、使命、战略、经营状况以及远景等信息的有效工具之一。

二、战略性薪酬管理的领域

战略性薪酬管理的主要领域涉及三个层面，即战略层面、制度层面和技术层面。具体内容见图 1-6。

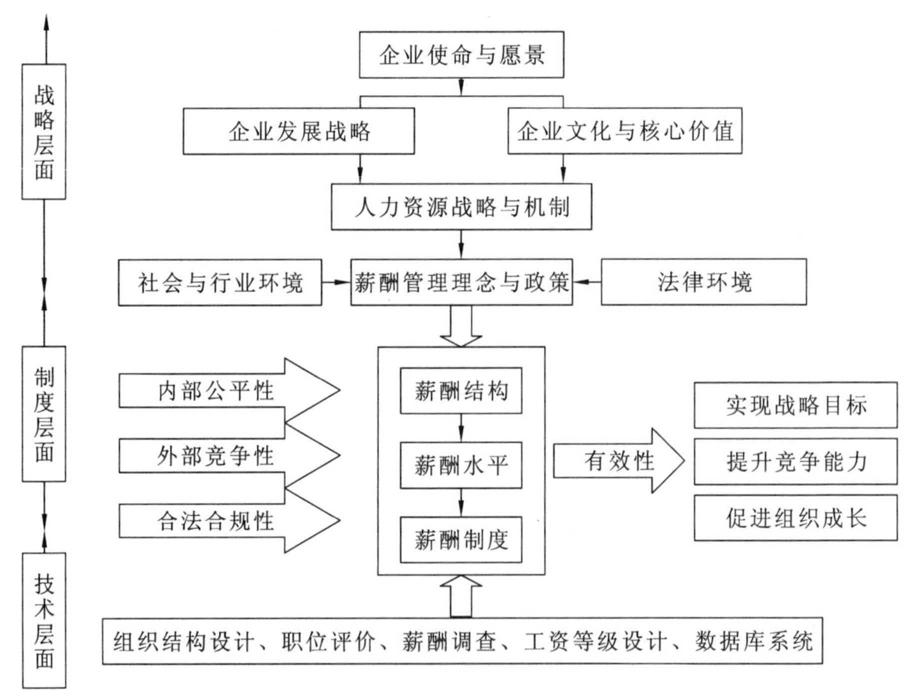

图 1-6　战略性薪酬管理的主要领域与流程

其中，薪酬管理的战略层面需要明确企业薪酬管理的目标是什么？即薪酬如何支持企业的经营战略？当企业面临经营成本或文化压力时，应如何调整？这就需要首先明确企业的使命、发展愿景与发展战略，在此基础上，明确企业的文化与核心价值观，以及企业的人力资源管理机制，并根据企业所处的行业环境和法律环境，确定企业的薪酬战略与理念。

薪酬管理的制度层面需要确保企业薪酬体系的内部公平性、外部竞争性、合法合规性和有效性。这就需要明确如何达成企业薪酬的内部一致性，即根据不同的职位、不同的能力支付不同的薪酬。如何认可员工的贡献，即基本薪酬调整的基本依据是什么，是个人或团队绩效，还是个人的知识、经验或技能的提高。如何管理薪酬系统，即企业应该由谁来设计和管理薪酬体系，企业的薪酬决策的透明度如何。如何提高薪酬成本的有效性，即如何控制企业的薪酬成本，以及如何提高企业薪酬成本的有效性等。

薪酬管理的技术层面主要需要为企业薪酬体系的建立提供决策依据，如企业外部的市场薪酬调查、企业内部的组织结构设计与职位价值评价等。

从战略的角度讲，企业要持续发展，必须解决企业价值分配中的三对矛盾：

1. 薪酬分配中长期与短期的矛盾

薪酬是企业成本的重要构成部分之一，如果在短期内企业的薪酬水平过高，虽然有利于吸引高素质人才，但必然会给企业的现金流构成较大的压力，甚至影响企业的长远发展。但如果企业在短期内的薪酬水平过低，缺乏竞争力，则必然不利于企业人才的引进与激励。因此，企业的薪酬支付必须注意长期、中期和短期的利益均衡，注意工资、福利等现期支付与股票、企业年金等长远激励形式的均衡。若处理不好，则企业虽然付出了薪酬成本，却没有激励甚至会弱化其所期望的员工行为和公司业绩。

2. 薪酬分配中老员工与新员工的矛盾

这种矛盾的表现形式包括两个方面：一是老员工收入大大超过新员工，二是新员工收入大大高于老员工。第一种矛盾表现形式的根源在于企业创业初期，必然是投入多，收入少，往往通过股票期权的方式激励员工；企业发展起来后，老员工可以通过员工持股等形式分享更多的企业剩余。最终老员工可以用股票收入养老，不进取不提高，不求有功但求无过，甚至于压制了新员工的成长和上升通道。第二种矛盾表现形式的根源在于企业为了吸引部分高素质人才或“空降兵”，往往通过协商工资的形式确定其较高的薪酬待遇，而这种分配方式却会打破企业原有薪酬体系的均衡，进而引发老员工的不满。

3. 薪酬分配中个体与团队的矛盾

个体与团队薪酬分配的矛盾主要是指企业薪酬分配的重点是什么，是重在奖励团队，还是重在奖励个人，以及如何兼顾团队与个体的利益等。20 世纪中叶以来，研发项目组、销售大区经理制等团队工作方式在企业中逐渐兴起，但团队的绩效考核以及价值分配就出现了一些新问题。例如，社会惰性和“搭便车”现象，即团队中某些成员付出很少，却能拿到和其他人同样的报酬，造成团队成员都向偷懒者看齐，严重影响了组织的整体绩效。

三、组织战略与薪酬管理战略

（一）企业发展战略、竞争战略的类型

企业战略通常分为两个层次：企业发展层面的战略模式，企业竞争层面的战略模式。前者确定的是企业的发展方向和发展领域问题，后者确定的是企业在既定的领域或发展方向内部采取何种策略来获得竞争优势的问题。

1. 企业发展战略

企业发展层面的战略模式大致包括三种类型，即成长型战略、稳定型战略和收缩型战略。

成长型战略(growth strategy)也叫扩张型战略。这种战略模式除了专业化、相对专业化和同心多元化、横向多元化、综合多元化之外，还有前向一体化、后向一体化、横向一体化和线性一体化，以及新产品开发、市场渗透等。

稳定型战略(stability strategy)又称防御型战略(defense strategy)，主要是指在内外环境的约束下，企业准备在战略规划期使企业的资源分配和经营状况基本保持在目前状态和水平上，产销规模和市场地位都大致不变或以较小的幅度增长或减少的战略模式。这种战略模式具体又包括无增战略和微增战略两种类型。

紧缩型战略(retrenchment strategy)又称退却型战略，主要是指企业从目前的战略经营领域与基础水平收缩和撤退，且偏离起点战略较大的一种消极性的经营战略。具体包括适应性紧缩战略、失败性紧缩战略和调整性紧缩战略三种类型。一般而言，紧缩型战略往往是一种以退为进的战略，即企业实施紧缩型战略只是短期的，其根本目的是抵御竞争对手的进攻，避开环境的威胁，或实行自身资源的最优配置。在具体的策略模式上，紧缩型战略的实施方式包括调整企业组织规模、降低成本和投资、减少资产、加速回收企业资产，甚至是破产、清算等。

2. 企业竞争战略

企业竞争战略根据不同的标准可以划分为不同的类型，其中使用得最广泛的是美国著名企业战略家波特(Port)提出的通用竞争战略，即在竞争理论分析的基础上，将企业战略分为低成本战略、差异化战略和专一化战略三大类。

低成本战略是指企业在提供相同的产品或服务时，其成本或费用明显低于行业平均水平或主要竞争对手的竞争战略模式。这就要求企业必须建立起高效、规模化的生产体系，并不断降低生产成本，严格控制管理费用及研发、服务、推销、广告等方面的成本费用。

差异化战略是指企业通过向用户提供与众不同的产品或服务以获取竞争优势的战略模式。差异化战略要求将公司提供的产品或服务差异化，树立起一些全产业范围中具有独特性的东西。实现差异化战略的方式包括设计名牌形象，保持技术、性能特点、顾客服务、商业网络及其他方面的独特性等，并伴随着很高的成本代价和产品价格。

专一化战略又称为客户导向战略，主要是指企业主攻某个较狭窄的领域（如某特殊顾客群）、某产品线的一个细分区段或某一地区市场的战略模式。专一化战略的实施前提是企业的业务专一化能够以较高的效率、更好的效果为某一狭窄的战略对象服务，从而超过在较广阔范围内竞争的对手。企业或者通过满足特殊对象的需要而实现了差异化，或者在为这一对象服务时实现了低成本，或者二者兼得，都能够提高企业产品或服务的竞争力。

（二）薪酬战略与企业发展战略的匹配

在成长型发展战略模式下，企业以创新和市场开拓为重点，并且在短期内需要大量的资金，但企业的发展前景较好，预期收益较高。这就要求企业在短期内提供水平相对较低的固定薪酬，并通过奖金或股票期权等计划，鼓励员工进行业务模式创新，并在长期中得到较高的回报。此外，快速发展中的企业一般能够为员工提供较大的职业发展空间，可以通过职位晋升、精神奖励等非物质激励模式进一步降低企业短期内人工成本支付的压力。

在稳定型发展战略模式下，企业面临的经营环境和市场份额都比较稳定，拥有较强的现期薪酬支付能力，其薪酬体系应以稳定已掌握相关技能的员工为重点，在薪酬的具体形式上，应以职位工资或技能工资等现期支付为主，不强调风险分担，降低员工持股的比例。

在紧缩型发展战略模式下，无论是适应性紧缩、失败性紧缩或调整性紧缩，企业现期的薪酬支付水平都会降低。这就要求企业逐步降低企业薪酬体系中固定部分的比重，并需要说服员工接受企业整体薪酬水平的降低。

（三）薪酬战略与企业竞争战略的匹配

企业的薪酬水平模式大致可以分为市场领先型、市场跟随型和市场滞后型等三种类型。企业的薪酬水平模式的设计，往往与企业不同的竞争战略模式紧密相关。

在成本领先的竞争战略模式下，往往需要企业建立完善的成本控制体系。企业可以建立滞后型的薪酬战略，即薪酬水平略滞后于市场或行业平均水平。这就要求企业在薪酬水平方面，密切关注竞争对手所支付的薪酬状况，最终使本企业的薪酬水平既不能过低于竞争对手，也不要高于对手。在薪酬的支付形式方面，要采取一定措施提高浮动薪酬或奖金在薪酬构成中的比例，并尽量运用股票期权进行激励。

在差异化或创新型竞争战略模式下，企业往往强调产品的创新以及产品的生命周期的缩短，在管理过程中会非常强调客户的满意度和客户的个性化需要，在工作描述方面也保持相当的灵活性，企业内部的职位等级结构相对模糊。在这种竞争模式下，企业可以建立市场领先型的薪酬战略，即企业的薪酬水平应领先于市场或行业的平均水平，以吸引勇于创新和敢于承担风险的员工，并鼓励产品创新和新的生产方法的创新。

在客户中心型竞争战略或专一化型竞争战略模式下，企业往往强调提高客户服务质量、服务效率、服务速度等来赢得竞争优势。企业的薪酬系统往往会根据员工向客户提供服务的数量和质量来支付薪酬，或者根据客户对员工或员工群体提供的服务的评价来支付奖金，客户满意度是企业最为关心的一个指标。在这种竞争模式下，企业的薪酬体系相对灵活，既可以采用市场领先型的薪酬战略，也可以采用市场跟随型的薪酬战略，即企业的薪酬水平与市场或行业平均薪酬水平大致相当。

四、组织发展阶段、发展战略与薪酬模式

企业的薪酬支付形式多样，如基本工资、职位工资、绩效工资、奖金、津贴、福利、社会保险等。这些薪酬形式在可控的程度或灵活性上并不相同。

（一）薪酬支付模式的基本类型

企业不同薪酬形式的特性如图 1-7 所示。

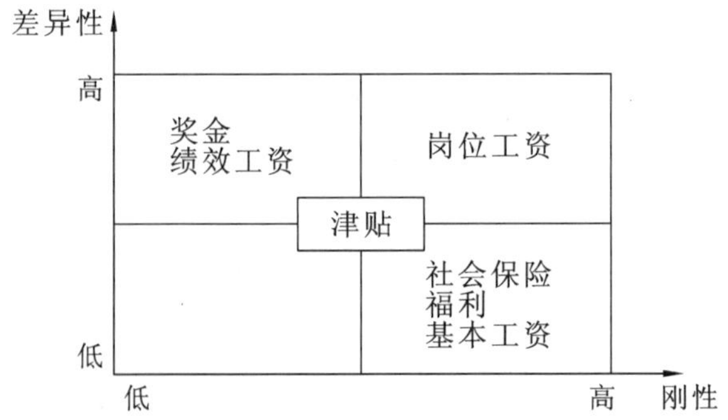

图 1-7 薪酬支付形式的四分图

其中，基本工资、职位工资、福利和社会保险等非常稳定，且具有较强的刚性，除非是职位调动，否则，一般只能升高，不能降低。此外，这些工资形式在

员工之间的差异程度也不相同。一般而言，职位工资属于高差异性、高刚性成分；奖金属于高差异性、低刚性成分；津贴成分比较复杂，工龄津贴是高刚性、高差异性，而地区津贴则是高差异性、低刚性；福利则属于低差异性、高刚性因素。

根据不同薪酬形式的灵活性与差异性的特征，企业的薪酬模式可以大致组合为三种模式，即高弹性模式、高稳定模式和折中模式。

高弹性模式主要是指企业的薪酬支付往往以绩效工资、奖金、计件工资、销售提成制、项目提成制等形式发放，企业薪酬体系中的固定部分比例较低。这种薪酬模式下员工获得薪酬水平的高低主要依赖于工作绩效的好坏。其优点是激励功能较强，员工会为了得到高的薪酬而努力工作；同时，由于薪酬与绩效紧密挂钩，不易超支，有利于节约管理成本。但由于员工的收入水平在不同时期往往波动较大，员工的安全感较差，流动比例往往较高，容易造成短期行为。当然，实行高弹性的薪酬模式，往往要求对员工的绩效考核要及时、准确，并且具有公平性和合理性。这种模式往往适用于企业的成立、发展阶段或成长型发展战略。

高稳定模式主要是指企业的薪酬支付往往以基本工资、职位工资、津贴或福利的形式发放，奖金、绩效工资等形式的支付比例较小。在该模式下，员工的薪酬与个人的绩效关系不大，而主要取决于企业的经营状况和员工的工龄，因而具有较强的稳定性，员工也具有较高的安全感和归属感。但其缺点在于对员工的激励程度不高，员工不用努力就可以凭借资历或企业的快速发展拿到稳定的工资，容易造成效率低下；并且企业人均成本稳定，企业面临较大的人工成本支付压力。这种模式一般适用于处于成熟阶段或采取稳定型战略的企业。

折中模式主要是指企业采用高弹性模式和高稳定模式的综合，既注意激励员工的积极性，又有稳定成分。这种薪酬模型可以演变为以激励为主的模型，也可以演变为以稳定为主的模型。其优点是既能激励员工的绩效，又能增强员工的安全感，使员工能够兼顾企业的长远目标。但由于员工得到的价值表现形式模糊，不容易直观地判断薪金的发放依据。此外，该模式要求对薪酬各个部分进行合理搭配和动态管理。一般而言，基本薪酬要能够保证员工的基本安全感，然后配合与员工个人绩效紧密挂钩的奖励薪酬或与企业经济效益挂钩的年终分红等附加薪酬。

（二）薪酬支付模式与企业发展阶段的匹配

企业薪酬模式与企业发展战略、企业发展阶段的匹配见表 1-2。

表 1-2　企业发展战略、发展阶段与薪酬模式的匹配

<table>
<tr><th>发展战略</th><th>发展阶段</th><th>薪酬策略</th><th>薪酬水平</th><th>薪酬性质</th><th>薪酬结构</th></tr>
<tr><td>成长型战略</td><td>成立或迅速发展阶段</td><td>以业绩为主</td><td>高于平均水平的薪酬；与高、中等个人绩效奖相结合</td><td>高弹性</td><td>以绩效为导向</td></tr>
<tr><td rowspan="3">稳定型战略</td><td rowspan="3">正常发展至成熟阶段</td><td rowspan="3">以奖励开拓、创新为主</td><td rowspan="3">平均水平的薪酬；与中等个人、班组或企业绩效奖相结合</td><td>高弹性</td><td>以绩效为导向</td></tr>
<tr><td>高稳定</td><td>年功工资</td></tr>
<tr><td>折中</td><td>以技能为导向、以工作为导向、组合薪酬</td></tr>
<tr><td rowspan="2">收缩型战略</td><td rowspan="2">无发展或衰退阶段</td><td rowspan="2">着重于成本控制</td><td rowspan="2">低于平均水平的薪酬；成本控制与适当奖励相结合</td><td>高弹性</td><td>以绩效为导向</td></tr>
<tr><td>折中</td><td>以能力为导向、以工作为导向、组合薪酬</td></tr>
</table>

从表 1-2 可以看出，不同的企业发展阶段，或不同的企业发展战略模式，对企业薪酬模式的要求也不相同。因此，企业应根据企业的实际情况，来选择是采用高弹性的薪酬模式，还是高稳定的薪酬模式，或者是二者的折中模式。

1. 成立或迅速发展阶段

刚刚开始起步的企业通常正急于为其有限的产品打开市场，这一阶段常会出现现金流问题，收入和利润都较低。人力资源管理的目标就是吸引和留住关键人才、鼓励创新。因此，薪酬管理可以采用高弹性模式。薪酬设计的重点应放在薪酬的外部竞争性上，可以淡化薪酬的内部公平性，总体薪酬刚性应当小一些，即基本工资和福利所占的比重要小一些，在其薪酬系统中更强调部门或个人的业绩，往往设立较高的绩效奖金。其优点是激励功能较强，员工会为了得到高的薪酬而努力工作；同时，由于薪酬与绩效紧密挂钩，不易超支，有利于节约管理成本。

此外，企业可以采用长期激励的方式来吸引和留住人才，即企业向员工作出承诺或达成协议，用股权、未来收益或未来职务等长期激励的形式代替当前的高薪，以便将企业成长与员工收益、短期激励和长期激励有机联系起来，既降低了企业风险，又具有较强的激励作用。

2. 成熟或稳定发展阶段

处于成熟阶段的企业，销售收入和利润都较高，现金较为充足，企业内部管理更加规范，管理的重心在于控制成本、提高管理和运营效率。这时，企业的薪

酬管理往往采用高稳定模式。薪酬支付往往以基本工资、职位工资、津贴或福利的形式发放，支付更高的基本工资和更多的福利以及短期激励，奖金、绩效工资等形式的支付比例较少。

另外，因市场销售成熟稳定，销售收入的提高主要依靠组织效率和团队作战而非个人努力。因此，企业要特别重视对团队贡献的激励，以提高整体绩效并稳定员工队伍。在这种模式下，员工具有较高的安全感和归属感。但其缺点在于对员工的激励程度不高，员工不用努力就可以凭借资历或企业的快速发展拿到稳定的工资，容易造成效率低下。一般适用于处于成熟阶段或采取稳定型战略的企业。

阅读材料1-3

可口可乐公司不同发展阶段的薪酬支付

可口可乐公司进入中国内地后，其薪酬制度随着外界环境和公司战略的变化而变化。

进入中国内地之初，公司采用的是强调外部竞争性的高薪政策。因为中国内地刚开始改革开放，人们生活水平较低。可口可乐中国公司针对当时中国内地物质不丰富、员工收入水平低的状况，采用高薪政策以吸引和激励人才。由于采取极具竞争力的高薪政策，可口可乐公司在当时吸引了中国内地大批人才加盟其中，并且员工的流失率很低，有力地促进了公司战略目标的实现。

可口可乐公司在稳定发展阶段，采用的是注重满足多层次需求的全面薪酬政策，将经济性和非经济性的薪酬真正融为一体。把薪酬范畴扩展到包括工资、奖金、福利、股权、培训计划、职业生涯开发、员工沟通与参与、员工满足度提高等各个方面。

思考与提示

1. 可口可乐公司薪酬支付变化的依据是什么？
2. 可口可乐公司薪酬支付变化的借鉴意义有哪些？

3. 衰退阶段

处于衰退阶段的企业通常表现为市场销售额急剧下跌，市场占有率和利润大幅下降，财务状况开始恶化，负债增加等。同时，出现员工离职率增加、士气低落、员工不公平感提高等现象。

在这一阶段，企业的薪酬制度应回归到维护企业核心资源和核心竞争力上来,必须具有较强的市场竞争力,既能吸引为开拓新的业务领域而新招聘的人才,又能留住原有的优秀员工。由于该阶段企业通常采取防御型或收缩型战略,因此,既有激励成分,又有稳定成分的薪酬折中模式比较有效。其优点是既能激励员工的绩效,又能增强员工的安全感。一般而言,基本薪酬要能够保证员工的基本安全感,然后配合与员工个人绩效紧密挂钩的奖励薪酬或与企业经济效益挂钩的年终分红等附加薪酬。

本章重要概念

工资(wage)　薪水(salary)　报酬(compensation)　全面薪酬(rewards)
薪酬战略(compensation strategy)
战略性薪酬管理(strategic compensation management)

本章思考题

一、简答题

1. 薪酬的本质是什么?
2. 薪酬管理的主要目标是什么?
3. 薪酬如何设计才能激发员工的积极性?
4. 薪酬支付模式有哪几种类型?
5. 战略性薪酬管理体系应该具备什么特征?

二、案例分析题:我国法定退休年龄延迟的争议

社会保险是企业员工福利和外在报酬的重要构成部分,其中养老保险和养老金的水平又是社会保险体系的重中之重。

据全国老龄工作委员会办公室公布的数据,2010 年全国 60 岁及以上老年人口已达 1.7765 亿人,占总人口的比重达 13.26%,与 2000 年相比,上升了 2.93 个百分点。根据我国现行的法定退休年龄,男性为 60 周岁,女性又分干部和工人,干部为 55 周岁(省部级以上官员除外),工人为 50 周岁。随着老龄人口的增加,退休年龄是否延迟逐渐引起社会关注。

2012 年 6 月推出的《社会保障"十二五"规划纲要》明确提出,相应推迟退休年龄已是一种必然趋势,正在对退休及领取基本养老金年龄问题进行深入研究,将适时提出弹性延迟领取基本养老金年龄的政策建议。

对于延长企业职工退休年龄问题,还存在不同看法和意见。支持观点认为,我国人口老龄化日益严峻,"人口红利"日渐消失,加之养老金支付面临巨大缺

口，都迫切需要提高退休年龄；延长退休年龄有利于进一步开发人力资源，增加退休后收入，也有利于养老保险和医疗保险基金的收支平衡。反对观点认为，当前我国就业形势总体仍供大于求，延长退休年龄可能会挤压职位供给，进一步加剧就业紧张形势；延迟退休的效果是双倍的，参与者一方面多缴一年社保，一方面少拿一年养老金，并会加大企业的缴费负担；填补“养老金支付缺口”不能成为延迟退休的理由，延迟退休不利于社会公平，有可能造成利益集团的不公平分配，延迟退休尤其不利于普通劳动者，不利于低收入群体。

分析与探讨

1. 如何看待对我国法定退休年龄延迟的背景与意义？

2. 从企业和个体的角度，分别分析法定退休年龄延迟的利弊。

本章推荐阅读书目

1. 约瑟夫·J. 马尔托奇奥. 战略薪酬管理[M]. 5版. 北京：中国人民大学出版社，2010.

该书作者强调了员工在战略薪酬体系中的关键性地位。全书共分6篇16章，系统论述了薪酬实践的背景、制定薪酬的标准、薪酬体系设计问题、员工福利、为关键员工群体制定薪酬的挑战以及世界各地的薪酬和福利概况。

2. 文跃然. 薪酬管理原理[M]. 上海：复旦大学出版社，2005.

该书是目前国内具有一定原创性的薪酬管理教材，是作者根据多年的讲课积累和给国内许多著名企业提供咨询的经验编写而成。全书从战略的角度论述了薪酬管理新的理念、技术和流程。全书共7章，包括第一章薪酬管理总论、第二章战略与薪酬管理、第三章基本工资管理、第四章奖金管理、第五章福利管理、第六章薪酬制度、第七章薪酬实务。

薪酬满意度管理

本章导读

员工的薪酬满意度是衡量一个企业薪酬管理水平的重要指标，薪酬满意度诊断是企业进行薪酬改革的直接依据。本章阐述了企业中员工薪酬满意度管理的理论体系和诊断工具。本章要求了解和理解薪酬满意度的内涵、维度及其影响因素，掌握薪酬满意度诊断的技术和工具。

第一节 薪酬满意度管理困境

一、薪酬满意度的内涵及其意义

（一）薪酬满意度的起源与内涵

员工满意度管理最早产生于西方国家企业的管理实践。20 世纪 90 年代，西方国家的企业普遍采用员工满意度的管理方法来提高企业竞争力和绩效，并取得良好的效果。在员工满意度管理过程中，员工对企业薪酬的满意程度是影响企业员工满意度的核心要素之一。

薪酬满意度是员工对获得企业的经济性报酬和非经济性报酬与其期望值相比较后形成的一种心理状态。从个体的角度看，薪酬满意度往往是员工进行纵向比较、横向比较后的一种主观评价;从企业的角度看,薪酬满意度是企业对人力资源要素的回报是否符合员工心理的期望值;从市场的角度看,薪酬满意度是人力资源价格给员工造成的心理态度。

薪酬满意度是一个相对概念:超出期望值就满意,达到期望值就基本满意,低于期望值就不满意。这一界定就决定了薪酬满意度管理涉及"公平理论"和"期望理论"两大理论基础。如果员工主观感觉薪酬符合期望值但不公平或者感觉公平但没有达到自己的期望值都可能导致对薪酬的不满意。

(二)薪酬满意度管理的意义

自从科学管理理论体系产生以来,薪酬就成为组织激励其成员的重要回报手段。越来越多的调查资料显示,组织成员薪酬满意度的提高是组织吸引和留住人才,提高组织成员工作技能和工作积极性,进而使组织保持良好绩效的主导因素。

哈佛大学的一项调查研究表明,员工薪酬满意度每提高 3 个百分点,企业客户的满意度就提高 5 个百分点。因此,员工对薪酬的满意度是影响员工个人工作态度、工作绩效,以及企业经营目标实现的关键,也是现代企业人力资源管理面临的一个重要研究课题。

首先,合理的薪酬体系有助于促使员工不断地提高素质和业务技能,具有明显的导向性。

其次,合理的薪酬体系又直接影响着员工的工作态度,能够提高员工的工作积极性。

在上述两个层次的基础上,员工薪酬满意度的管理可以将员工个人目标与企业目标结合起来,使其成为企业管理中一种早期警戒的指针,甚至成为企业管理决策的重要依据,从而提高企业的经济效益和市场竞争力。

虽然中国企业的管理者们普遍认识到了薪酬对员工激励的重要性,但就总体而言,员工薪酬满意度研究在我国人力资源管理实践中才刚刚起步,薪酬满意度的诸多理论和现实问题需要在实践中进一步探索和完善。

二、我国企业薪酬满意度的现状

实践中,员工对薪酬的渴求程度是无穷的。原因之一在于人们在内心深处往往会追求更高的收入水平和更好的生活质量;原因之二在于当金钱收入水平达到一定层次之后,收入水平高低往往成了个人能力、自我价值实现的标志。

因此,员工薪酬满意度的高低对员工能力的发挥,以及企业的经营状况的影响较大,企业也为此付出了较多的人工成本和管理精力,但在薪酬管理的具体工作中,经常会发生一些不和谐的现象。在实践中,一些经济效益较好,薪酬水平远高于同行业平均水平的企业，员工对薪酬的意见甚至比一般企业员工的意见更大；有些重要职位的员工的薪酬收入与其他普通职位相比已经比较高了，可他们仍然觉得受到不公平待遇。尽管企业人力资源管理部门在薪酬总额的确定、薪酬的形式管理等方面付出了很大的努力，但企业员工整体的薪酬满意程度仍然不高。

中国社会观察网 2008 年中国薪酬满意度调查的数据显示，25.23%的被调查者对自己目前的薪酬很不满意，57.21%的人感到不满意。福利总体满意度的调查结果同样阴云密布，30.77%的被调查者对自己目前的福利很不满意，43.44%的人感到不满意，有 23.98%的人对福利心满意足，仅有 1.81%的人感到非常满意。调查中，65.26%的被调查者坦承薪酬的满意度会在一定程度上影响工作态度，27.7%的人表示"影响会很大"，只有 7.04%的人表示"没有影响"。

此外，英才网联和数字 100 市场咨询有限公司联合推出 2008 中国 HR(人力资源)职场状态调查结果显示，HR 从业者薪酬满意度仅 1%。其中，在医药行业，有 60%的 HR 年薪达到了 20 万～30 万元，33%的 HR 年薪达到了 15 万元左右。[①] 但在满意度方面，都表示为"不满意"。

从上述数据可以看出，上述行业中员工的薪酬水平已经很高，员工为什么还对薪酬不满意呢？对此，企业往往将之归结为员工缺乏奉献精神。但这种观点显然无法成立。

对市场经济条件下的企业而言，员工的无私奉献至少包括以下四类：

(1) 只有付出，没有回报；

(2) 付出大于回报；

(3) 有权对他人的业绩进行评价时，不犯红眼病；

(4) 有机会获得晋升、培训和学习深造时，能够从企业未来发展的角度出发，让更优秀的人去。

后两种无私奉献是企业在任何时候都需要的，前两种无私奉献只有在以下四种情况下需要，即企业艰苦创业、企业遭遇困难、企业遭遇突发事件、同事遭遇天灾人祸时。显然，在市场经济中，企业和员工个体都是独立的经济利益主体，都是理性人，双方可以双向选择，都在追逐各自综合收益最大化。因此，草率地将员工对企业薪酬的不满意归结为员工素质不高或奉献精神不足，显然有失偏颇。对于高工资水平下员工薪酬满意度仍然不高的问题，需要从更系统的层面进行理论分析和系统设计。

---

① 2008 中国 HR 职场状态调查：从业者薪酬满意度仅 1%，京华网，2008-07-22。

三、薪酬满意度的维度划分

要对企业中员工的薪酬满意度进行管理，前提是了解薪酬满意度的维度划分。

劳勒(Lawler,1971)最早提出了单维的薪酬满意度概念。他认为薪酬满意度是一个人所认为其实际收入与其应该获得收入的差距。后续的相关研究认为单维度的薪酬满意度“差距模式”无法为企业的薪酬管理提供有实质意义的管理支持，进而将薪酬满意度细分为“薪酬水平”、“薪酬晋升”、“薪酬政策与管理”、“福利”等四个维度，并编制了员工薪酬满意度量表(PSQ)。此后，众多学者通过线性结构方程模型验证了薪酬满意度四维模型并通过因子分析验证了各维度的独立性。

在国内的相关研究中，杜鸣(2005)等建立了薪酬满意度指数，主要从薪酬制度、薪酬结构、薪酬水平、薪酬管理、福利培训、薪酬公平性和薪酬价值观等七个维度进行测量。吴晓奕(2006)等在参考薪酬满意度量表的基础上，建立了加薪满意度、奖金满意度、薪酬制度与管理满意度、薪酬水平满意度、福利满意度等五维模型。

本书作者认为，国内企业对高工资水平下员工薪酬满意度仍然不高现象感到困惑的原因之一在于薪酬管理理念滞后，薪酬满意度目前在国内仍然被看成是一个单维建构，即薪酬水平满意与否。实质上，薪酬水平满意度只是薪酬满意度诸多影响因素中的一个，薪酬满意度应该是一个多维建构。

美国心理行为学家 Heneman(2000)通过目前已被西方学术界普遍接受的修正差异理论，把薪酬分解为四个不同的维度，即薪酬水平、薪酬结构、薪酬体系和薪酬形式。他对薪酬的维度作出如下定义：

(1) 薪酬水平是组织里的几种薪水或年薪的平均值，该平均值可以是基于单个职位的个体薪酬等级或若干职位的薪酬平均值；

(2) 薪酬结构是组织纵向薪酬职等与横向薪酬职级所组成的薪酬网络；

(3) 薪酬体系是组织用来决定个体涨薪的方法，这可以用组织成员花在工作上的时间来计算(基于时间的体系)，或用效率来衡量(基于表现的体系)；

(4) 薪酬形式是组织成员得到的各种形式的补偿，包括以福利或服务形式支付的间接补偿等。

根据 Heneman 的理论分析，以及中国企业的实际情况，薪酬满意度可以相应地被划分为对上述四个薪酬维度的测度，即薪酬水平满意度、薪酬结构满意度、薪酬体系满意度和薪酬形式满意度，提高组织绩效的关键是保证组织成员对薪酬各维度的满意值。组织管理者只有认识到薪酬满意度是一个多维建构，才能为进一步量化分析薪酬满意度奠定基础，也只有通过量化分析，才能更好地解决困扰已久的薪酬决策问题。

（一）薪酬水平满意度

薪酬水平满意度是影响员工薪酬满意度的核心要素之一。对员工而言，薪酬水平满意与否可以从三个层面来衡量，即超出期望值——满意、达到期望值——基本满意、低于期望值——不满意。也就是说员工对薪酬水平满意与否主要取决于两个方面：一是薪酬水平本身，二是个人的心理期望。

基于在大量企业咨询中的经验，本书作者认为，如果企业单单强调薪酬水平，则员工对薪酬水平满意的程度很难维持。具体原因包括以下两个方面：

1. 员工期望值的比较对象多样化

首先，是个人薪酬水平低于员工自己的期望值。当员工的薪酬低于他的期望值时，就会对薪酬不满，而这个期望值只是员工个人的自我定位。一般而言，员工往往会高估自己在组织中的贡献和价值，这样就会产生过高的期望值，并对自己的薪酬水平产生不满。

其次，是个人薪酬水平低于同等人员最高值。如果员工的薪酬低于同等人员最高水平的薪酬，也会产生不满情绪，并且差距越大不满程度就越高。原因可能在于组织中的职位价值评估不合理，存在同等职位之间的横向不公平分配；或者是组织中的绩效考核体系不尽科学，导致工资分配和职位晋升中存在较多的主观性等。

当然，如果员工存在高估自己工作绩效和职位价值的心态，很难对自己和他人作出客观的评价时，也会产生不满。这种现象在实行薪酬和绩效考核结果保密的组织尤为普遍。因为当员工无法从正式渠道得到真实、详细的信息时，往往会根据一些讹传的信息加以猜测，并且往往会高估他人的薪酬和低估他人的绩效，从而感到薪酬水平的不公平，并对自己的薪酬产生不满意。

2. 员工期望值的水平是动态的

当组织对员工支付的薪酬高于员工的期望值时，员工的薪酬水平满意度可能比较高，工作积极性和动力也比较足。但心理学研究显示，人在心理上存在一个不断平衡的过程，高工资开始会使员工感受到一种强制力，迫使其提高努力程度和工作效率。但大量研究表明，高工资的不平等感很难获得和保持。很多人起初感觉到了更高的工资，但他们很快会重新评价其工作投入的价值，从而通过强化自我概念而非提高效率来重新获得一种公平感，认为自己的工作或职位就值这么多的报酬，工作的动力和压力随之弱化。

（二）薪酬结构满意度

员工薪酬结构满意度实质上涉及企业薪酬分配的横向公平问题，大致可以分为两个方面，即职系之间的薪酬满意度和职系内部的薪酬满意度。

职系又称职种，是指职务种类或工作性质相似但工作复杂程度、责任轻重各不相同的职位的集合。一般来说，一个职系就是一个专业、一个职业或者一个工种，如人事行政、财税行政、保险行政等。职系是职位分类制度中的一个重要的概念，是根据工作的性质对职位所作的一次横向划分，从而能够比较真实地揭示出各个职位的工作性质。以文书职业为例，书记、速记、文书虽然有高低不同的级别，但因工作性质相似，可统称为文书职系。美国的职系划分十分详细，5 个职门共包括 498 个职系。日本的职系划分比较少，只有 171 个职种（日本称职系为职种）。

1. 职系之间的薪酬满意度

职系之间的薪酬满意度主要是指不同职系之间薪酬差异对员工薪酬满意度的影响。

在企业中存在较多的职系，如行政人事职系、生产管理职系、销售管理职系、研发管理职系、后勤管理职系等。虽然在现代薪酬管理理念中，提倡员工的薪酬水平比较在职系内部进行，而不主张进行跨职系的比较，因为不同的工作性质和工作内容的贡献或价值根本就无法进行精确的评价和比较。但在中国企业内部，中庸、均衡的文化氛围比较浓厚，认为职系之间的薪酬水平必须大致均衡，否则在企业的业务流程中，某个职系的执行效率就会降低。例如，过低的工资水平使该职系往往难以吸引高素质的人才，或工资过低导致员工的积极性和创造性降低等。

职系之间薪酬水平的差异程度往往取决于企业的行业特性或企业的发展战略（如是生产导向、研发导向，还是服务导向等）。一般而言，企业中各类职系在薪酬水平中的先后顺序如下：管理类职系、销售类职系、研发类职系、生产类职系、后勤类职系。但不同的行业或企业不同的发展阶段，会对职系之间的薪酬水平排序产生影响。

2. 职系内部的薪酬满意度

职系内部的薪酬满意度主要是指职系内部不同职位之间的薪酬差异对员工薪酬满意度的影响。

在同一个职系内部，部长、副部长、主管、员工等职位之间的价值和贡献存在一定差异，彼此之间的薪酬水平也会存在差异。那么，这种差异的确定非常难以把握。差距过小，类似于平均分配，员工都没有积极性；差异过大，员工之间可能会相互恶性竞争，相互排斥，也会影响工作效率。另一方面，同一级别的职位之间往往也存在薪酬的结构性问题，如某职位上一个老员工与新员工作出了类似的贡献，二者是否应该获得同样的薪酬呢？在实践中，往往老员工会获得更高的报酬，但这种差异不应该过大，以避免伤害新员工的积极性。

（三）薪酬体系满意度

员工薪酬体系的满意度主要是指员工对企业工资、奖金、福利的构成比例，以及上述模块内部水平变动的主观看法或评价。

在企业中，基本工资、职位工资和福利基本上属于固定薪酬，而绩效工资、奖金则属于浮动薪酬。如果某个组织或某类职位的固定薪酬过低，而浮动薪酬比例过高（如二者的比例为5∶5或4∶6等），即“高弹性”模式，则该类职位的员工将面临较大的收入风险和工作压力。在实践中，依靠工资收入维持家庭生计的员工一般是风险厌恶型的，因此，如果员工薪酬中浮动比例过高，往往容易引致员工对企业薪酬体系的不满。

一般而言，职位或工作的性质决定了企业薪酬体系的结构。例如，职能管理类职位薪酬体系中固定收入与浮动收入的比例一般为8∶2，生产类职位的比例一般为7∶3，研发类职位的比例一般为6∶4，销售类职位的比例一般为5∶5或更高的浮动比例。

（四）薪酬形式满意度

在薪酬水平总额不变的情况下，薪酬支付方式的变化往往也会影响员工对薪酬的满意程度。薪酬支付方式的设计涉及两个方面，一是薪酬支付的形式，如是支付现金、支付实物、免费旅游或闲暇时间，还是职业发展等；二是支付的周期，即薪酬是一年发放一次，还是按季度发放，或者是月度发放等。

首先，在组织的薪酬中，不同职位级别、不同年龄段的员工会有不同的薪酬形式需要。例如，基层员工和年轻的新员工往往更需要工资和现期的薪酬支付，而中高层或老员工往往更需要带薪休假、旅游、实物（可以合理减免个人所得税）和延期支付（如企业年金、股票期权等）。

其次，不同层面的员工对薪酬支付周期的要求也不尽相同。对于企业的中高层而言，一般采用年薪制模式，工资以年终发放为主，但对基层或年轻的员工而言，工资的支付应以月度支付为主，中远期支付为辅。

一般而言，在组织的薪酬支付中，往往需要“因职制宜”、“因人制宜”和“因时制宜”。“因职制宜”即根据工作的特点选择计酬形式，如生产类职位的计件工资制、销售类职位的销售提成制、管理类职位的职能工资制等。“因人制宜”即薪酬的支付形式要满足员工的个性化需求，如工作时间弹性、工作空间、工作地点、休假等。“因时制宜”即动态化地选择支付方式等。

第二节 员工薪酬满意度诊断的方法与技术

现代企业中，影响员工薪酬管理满意度的因素多种多样。企业的薪酬满意度管理也应该包含薪酬水平满意度、薪酬体系满意度、薪酬结构满意度、薪酬形式满意度等各个维度的管理。并且，上述任何一个方面的不满意，都可能转化为或外化为对整个薪酬体系和制度的不满意。

在明确了企业薪酬管理目前的问题所在及其影响因素之后，需要进一步分析上述因素是如何影响企业薪酬管理满意度的，影响的程度如何，这将会决定企业薪酬管理体系改革的方向、程度和先后顺序，也是企业调整人力资源管理政策的基本依据。

在这里，可以采用SPSS或Stata统计软件，对问卷调查的基本信息进行上机定量分析。

一、企业薪酬满意度诊断的变量与模型选择

首先，可以依据“您对企业目前的薪酬制度（如薪酬体系、内部结构、薪酬水平、支付形式等）是否满意”这一问题的回答，将对企业目前的薪酬制度“基本合理”的人赋值为“1”，对制度混乱、制度体现太多职称因素、工资挂靠不合理以及其他选项赋值为“2”，这样就得到一个二分变量（虚拟变量），构成所要分析的因变量（y_i）。

其次，可以根据现实中可能影响企业薪酬满意度的因素，将“薪酬支付形式、薪酬水平、薪酬结构、薪酬体系、薪酬与绩效对接、薪酬政策制定”等8个因素设为自变量（x_i），涉及问卷中的“c1、c2、c4、c7、c10、c12、c13、c14、c18、c20”等10个题目。其中c12、c13均涉及薪酬结构。

c1：就业绩和努力程度而言，您认为您的工资水平和同事相比较（ ）

c2：您对企业目前的工资水平是否满意（ ）

c4：对企业目前“职位基本工资＋年功工资＋特殊工资＋效益工资”的看法是（ ）

c7：您对企业目前的工资构成和工资制度是否清楚（ ）

c10：员工收入同绩效挂钩部分太少，过于稳定，导致工资对员工激励不足（ ）

c12：您认为企业目前的生产、技术、管理等各类职位之间工资水平差异（ ）

c13：企业的同一类职位，如管理部门、生产部门等内部的员工收入差距是否合理（ ）

c14：企业工资结构中固定的比例过高，造成不同职位、不同级别之间水平差异不大，对业绩表现好和高技能的员工没有起到激励作用（ ）

c18：您对企业目前工资发放的及时性是否满意（ ）

c20：薪酬政策和人事政策反映了大部分员工的意见，比较客观和科学（ ）

在上述变量设置的基础上，考虑到经处理后的因变量是虚拟变量形式，故选择 Logit 回归模型进行分析。这里采用的 Logit 回归模型形式为：

$$\ln\left(\frac{p_i}{1-p_i}\right)=\alpha+\sum_{k=1}^{k}\beta_k\chi_{ki}$$

其中，χ_{ki} 为研究的自变量，β_k 为自变量的回归系数，即在控制其他自变量的条件下，某单一自变量一个单位的变化所引起的对数发生比的变化，$p_i=P(y_i=1/\chi_{1i},\chi_{2i},\cdots,\chi_{ki})$ 为在给定系列自变量 $\chi_{1i},\chi_{2i},\cdots,\chi_{ki}$ 的值时的事件发生概率。

二、薪酬满意度诊断结果分析

以某企业的薪酬诊断数据库为例。问卷调查数据显示，该企业员工对企业薪酬的满意度不高，只有 2.7%的人对企业目前的薪酬制度“满意”，50.7%的人“不满意”，34.9%的人则表示“基本满意”。

基于该企业调研数据的整体模型的检验显示，-2 Log likelihood=148.548 显示模型的拟合优度一般(越小越好)，表明还可以增加其他的影响变量，即现实中对薪酬满意度的影响因素不止上述 10 个方面。

回归系数联合假设检验：Chi-square=96.858，df=10，sig=0.000 中，显著度(sig=0.000)很小，表明回归系数整体能够较好地解释薪酬满意度的影响因素和程度。具体见表 2-1。

表 2-1　某企业的薪酬满意度回归分析结果

自变量	回归系数	标准差	Wald 值	自由度	显著度	幂值
C1	0.064	0.313	0.041	1	0.839	1.066
C2	0.391	0.385	5.029	1	0.030*	1.478
C4	-0.366	0.364	7.322	1	0.007**	2.354
C7	-0.291	0.364	0.641	1	0.423	0.747
C10	0.332	0.286	1.347	1	0.246	1.394
C12	1.127	0.378	8.906	1	0.003**	3.087
C13	-0.191	0.368	0.270	1	0.603	0.826
C14	-0.346	0.273	4.597	1	0.026*	0.708
C18	0.856	0.316	1.014	1	0.314	0.693
C20	0.459	0.160	8.194	1	0.004**	1.582
常量	-3.170	1.661	3.641	1	0.056	0.042
-2 Log likelihood=148.548　Chi-square=96.858，df=10，sig=0.000						

从表 2-1 的数据可以看出，在 10 个变量中，只有 C2、C4、C12、C14、C20 的回归系数统计显著，即薪酬结构、薪酬政策、薪酬体系、薪酬水平、薪酬与考核对接满意度五个方面，是影响企业员工对薪酬满意度的主要因素。

因此，上述五个方面就是企业在下一步的改革中需要重点考虑的领域和轻重缓急的次序，也是该企业薪酬管理模块建议模块的核心组成部分。

第三节 员工薪酬满意度的影响因素及其管理

一、员工薪酬满意度的影响因素

从以上的理论分析可以看出，在组织中影响员工薪酬满意度的因素主要包括以下方面：

（一）组织的薪酬战略与薪酬水平

组织的薪酬战略和整体的薪酬水平决定了组织薪酬水平的外部公平性。实践中，员工常常会将自己的薪酬水平与同行业同职位的薪酬进行比较。如果自己的薪酬与付出的比例高于市场或行业平均水平，则满意度会提高；如果发现自己的薪酬与付出的比例低于市场或行业平均水平，则满意度会降低。因此，组织薪酬满意度管理的主要工作之一就是定期对外部市场和竞争对手进行薪酬调查。

（二）组织薪酬分配结构的内部公平性

组织薪酬分配结构的内部公平性要求企业应根据员工所从事工作的相对价值或贡献来支付报酬。在中国的企业中，不患寡而患不均，即中国企业的员工更关注薪酬内部的相对不公平。当员工和周围的同事进行比较时，发现自己的报酬比别人低，或自己的付出比别人多时，其薪酬满意度就会降低。组织内部薪酬公平性即员工把自己的薪酬与企业内其他员工的薪酬进行比较产生的感觉。组织内部薪酬公平性的高低往往取决于组织内部职位管理的水平，以及职位价值评估的水平。在职位职责混乱、流程不清晰的前提下，按岗付酬，实现企业内部的薪酬公平分配就无从谈起。因此，在实践中，如何提高内部薪酬的公平度一直是组织薪酬管理的难点，经常存在各种各样的偏差，重要原因之一是企业没有进行科学的职位分析与绩效评价。当员工认为自己的薪酬水平与业绩不相符，如干多干少一个样、干好干坏一个样、干和不干一个样时，往往会对薪酬产生不满。更值得注意的是，在薪酬内部公平性不高的情况下，草率地提高企业的薪酬水平往往会带来更大的不满意。2006年《第一财经日报》进行薪酬满意度调查结果显示，“有接近一半(47.9%)的受访者表示，在加薪受到不公平待遇时，会开始寻找跳槽机会”①。即只有在员工认为薪酬系统是公平的前提下，对组织的薪酬增加才能产生认同感和满意度。

(三) 员工对薪酬的期望值

如前文所述，薪酬满意度实质上是一种主观感受或评价，取决于员工对薪酬的期望值与实际收入之间的比较。而员工对薪酬的期望值往往与自己的工作能力、所受的教育、努力的程度和工作业绩等因素相关联。一般而言，员工对薪酬的期望值越高，员工薪酬满意度提高的难度也越大。

(四) 员工的需要层次

在实际的管理过程中，员工的需要是多样化和差异化的。与马斯洛的需求层次理论相符合，当物质层面的需要相对满足后，精神层面的需要就会产生；当外在报酬的需要满足之后，就会产生内在报酬的需要。一般而言，随着员工的某些需要逐步得到满足，其需求层次会不断提高，一些报酬，尤其是物质的、外在的报酬所带来的满意效用越来越小。而员工需求层次的变化主要与员工职业生涯阶段有关。在职业生涯的不同发展阶段，员工对薪酬的需求重点不同。一般而言，在职业生涯早期，员工较关注外在薪酬和物质层面的高低，而忽视职业的稳定性；在职业生涯中、晚期，员工则比较关注部门中的工作氛围、领导的信任，以及职业的保障性或稳定性等内在报酬因素。

二、提高员工薪酬满意度的途径

从图2-1中可以看出，现代企业的经营管理是一个整体，从最基础的组织战略与文化管理、组织结构管理，到最表面的业务管理(如生产、销售等)，以及中间的职能管理，三者之间是一个整体，任何一个环节出了问题，都会影响企业的整体运营效率。其中，人力资源管理就属于企业职能管理的一个环节。

同时，薪酬管理又是现代企业人力资源管理四大职能，即选人、育人、用人、留人的核心之一，也是四大职能的最末端、最敏感的环节。

因此，要提高组织中员工对薪酬的满意程度是一项系统工程，涉及组织结构设计、双向沟通，以及招聘、培训、考核等多个管理环节。

---

① 边长勇. 年底加薪不公，一半白领会跳槽[N]. 第一财经日报，2006-12-18.

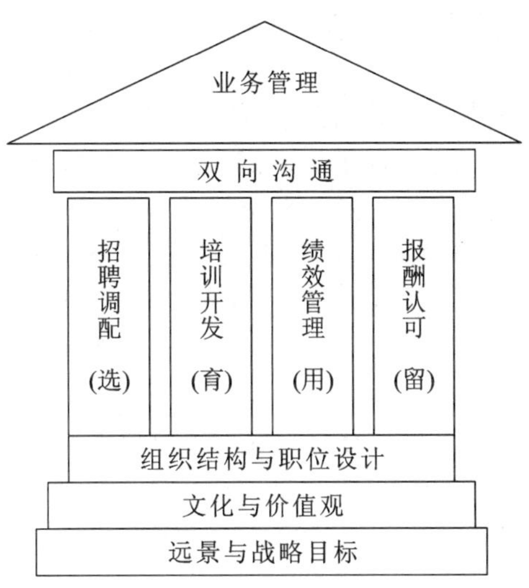

图 2-1 现代企业经营管理体系

具体而言，应该从组织的职位设计、薪酬的分类分层管理、薪酬体系均衡、考核与薪酬的对接、薪酬结构公平、薪酬增长通道设计，以及薪酬沟通机制等七个方面，进行系统管理。

（一）职位设计与薪酬管理

在中国企业的管理实践中，工作分析与职位设计是一项技术含量比较高、涉及面非常广的工作。由于人力资源管理专业人才的匮乏，职位设计往往是组织经营管理过程中的薄弱环节，存在以下通病：

(1) 职位职责界定缺乏战略导向，描述有余，规范不足；

(2) 工作的权责不等、工作职责相互重叠，权限不明，缺乏职业化管理队伍，结构臃肿，人浮于事，造成相互推诿、相互扯皮的现象；

(3) 业绩标准、任职资格等职位说明书内容不合理，缺乏依据，所录用的员工有的无法胜任工作的要求，有的则认为怀才不遇；

(4) 绩效评价缺乏统一明确的标准，主观性、随意性太强，因此只能流于形式，而无法真正发挥作用；

(5) 每个人都很忙，而组织的整体运作效率却很低，大家都在干别人的活，员工抱怨自己没有获得公平的报酬从而导致工作情绪不高，缺乏热情。

职位设计不善导致薪酬管理陷入困境，典型的例子就是存在管理上的“二八”定理。即在很多企业中存在这样的问题，如果假定学历等于能力的话，某个职位上 20%的工作量需要一个具备硕士学位（或能力强）的人去做，80%的工作只需要一个本科生或专科生（或能力弱的人）来完成。在这种职位设计模式下，

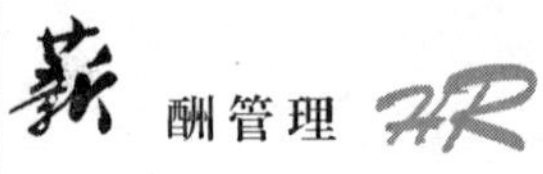

无论企业建立什么样的薪酬体系，也无论企业招聘什么样的员工，员工对薪酬的满意度都不可能很高。

例如，企业选择招聘一个硕士生，企业在职位薪酬制下将按职位的价值付酬，若该职位的工资水平不高，硕士生一定会很不满意；如果企业实行的是能力薪酬制度，即按个人的能力支付报酬，对硕士生而言，工作本身往往也是一种报酬，在工资高而工作本身意义不大的情况下（如让一个硕士生去当门卫），其对企业薪酬的满意度也不会高。同时，该硕士生的同事也会因对比之下的横向不公平而对企业的薪酬产生不满意；对于企业来说，是花费了一个硕士生的成本去购买了一个本科生的时间和操作，在经济利益上并不合算。

因此，一个企业要提高员工薪酬满意度，必须首先完善企业的职责分解与职位设置，在将难度、复杂程度和风险相当的职责合并为一个职位的基础上，做好职位任职资格和薪酬体系的设定。

（二）薪酬的分类分层管理

激励不是外界刺激，而是员工对外界刺激的反映。薪酬激励的本质是要满足员工的需要，简单地说，就是需要引起动机，动机决定员工的行为，具体见图2-2。因此，要满足员工的需要，必须了解员工的需要是什么及处于哪一个需要的层次。

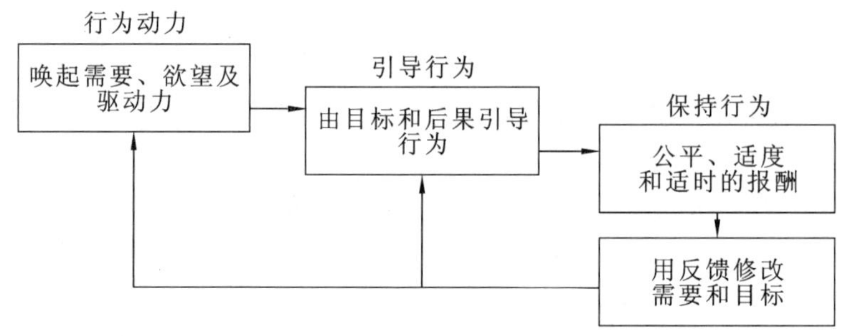

图 2-2　员工行为激励的内在机理

那么，如何才能了解员工的需要层次和行为动力呢？从人的日常生活这个角度出发，人的需求大致可以分为三个方面：生活需要（包括物质的和精神的）、工作需要（包括学习、创造和自我实现），以及休息需要（包括娱乐和消遣）。对此，马斯洛提出了需求层次理论，并把人的需求由较低层次到较高层次依次划分为生理需求、安全需求、社交需求、尊重需求和自我实现需求等五个层次。并认为，人的一种需要一经满足，另一种需要就会取而代之；只有低层次需要得到满足时，高层次需要才会起作用；高层次需要满足途径要比低层次需要实现途径多等。

其实，马斯洛的需求层次理论延伸到薪酬管理领域的含义就是员工的需要存在“边际递减效应”，即一种需要得到满足之前，相应的激励手段能够唤起员工的行为动力；但当该种需要得到满足之后，相应激励手段的激励效果将大大降低。因此，要提高员工对薪酬的满意程度，就必须在了解员工需要的基础上，建立差异化和个性化的激励体系。

对于组织中的新员工，如刚毕业的大学生而言，其往往处在“生理需求”阶段，往往期望所获得的薪酬福利体系能满足自己的基本生活需要，如食物、水、空气和住房等。如果员工还在为生理需求而忙碌时，他们所真正关心的问题往往就与他们所做的工作无关。因此，对处于该需求阶段的员工群体，组织可以更多利用增加工资、改善劳动条件、给予更多的业余时间和工间休息、提高福利待遇等进行激励。

对于在组织工作了一段时间，工作技能有所提高但仍然不能独当一面的员工而言，其往往处于“安全需求”层次，包括人身安全、生活稳定以及免遭痛苦、威胁或疾病等，往往期望自己的薪酬收入更加稳定或稳定收入部分有所增加。在安全需求没有得到满足之前，人们唯一关心的就是这种需求。因此，如果管理人员认为对某类员工来说“安全需求”最重要，就应该通过诸如提高薪酬体系中的固定部分比例，提高工作保障性（而不是强调冒险和创新）和职业技能提升，以及提高医疗保险、失业保险和退休福利等手段，对其进行有效激励。

对于那些在组织中已经掌握了职位技能，能够较好完成职位职责的员工而言，其需要往往已经超越了“生理需求”和“安全需求”阶段，往往会产生“社会交往需求”和“尊重需求”，包括对友谊、爱情及隶属关系的需求，以及他人对自己的认可与尊重。对于处于上述两个需求阶段的员工而言，工作往往被其视为寻找和建立和谐人际关系，以及获得尊重的机会，他们希望别人认为他们有能力胜任工作，并关心成就、名声、地位和晋升机会等内在报酬。当然，如果别人给予的荣誉不是根据其真实贡献或能力，而是基于关系或其他因素，也会对其心理构成威胁。具体到薪酬管理领域，往往表现为员工期望自己所获得的薪酬与同事之间具有可比性，得到公平对待；或者期望自己能够获得比他人更高的薪酬，以作为对个人的能力和所从事工作的价值的肯定。因此，对这类员工的管理，在提高其工资待遇的同时，应以荣誉、职位发展，以及上级、同事的认可等内在报酬为主，通过布置工作要特别强调工作的艰巨性以及成功所需要的高超技巧等，进一步增强其行为的动力。

对于那些在组织中已经功成名就，或职业发展到达顶端的员工而言，往往会产生“自我实现”或发挥潜能的需求，如解决问题能力增强，自觉性提高，善于独立处事，要求不受打扰地独处等。追求“自我实现”的高成就动机类员工往往认为个人成就感比成功的报酬更为重要，他并不拒绝这些报酬，但认为报酬远不及成就本身来得重要。因获胜或解决难题的振奋和满足感远胜于他所获得的金钱与赞美，以至于自觉或不自觉地放弃满足较低层次的需求。金钱对于一个受成就感驱策的人而言，主要是一种衡量表现的工具。金钱能够衡量自己的进步以及作为比较自己与别人的成就的尺度。

马斯洛的需求层次理论后来被奥尔德弗进一步升华为“ERG 理论”，即生存关系和成长理论，以及麦克利兰的“成就需要理论”。麦克利兰认为，人的基本需要有三种，即成就需要、权力需要和情谊需要；具有强烈成就需要的人，把个人的成就看得比金钱更重要。麦克利兰的“成就需要理论”对具有高成就动机的企业高层的激励具有重要的指导意义。

从以上分析可以看出，员工薪酬满意度会受边际效应规律的制约，随着员工的某些需要逐步得到满足，物质报酬、外在报酬所带来的满意效用越来越小，即工作单调、枯燥的高收入员工，其对薪酬的整体满意度并不见得就很高。当然，上述分析是就员工整体特征进行的分析，实质上，即使是处于同等层次的员工，由于他们的个性和生活环境不同，他们的需求侧重也有不同。例如，有些员工很看重物质待遇（生活需求强烈），有些员工则喜欢娱乐和消遣（侧重于休息需求），还有些员工以钻研某项技术为乐等（工作需求强烈）。因此，在组织的薪酬制度设计过程中，管理者需要考虑到员工的实际情况，并改变薪酬单一的模式，增加薪酬项目的多样性，只有让员工各得所需，才能使薪酬制度设计合理，进而提高员工对薪酬的整体满意度。

（三）薪酬体系均衡

在企业的管理实践中，员工在企业获得的所有他个人认为有价值的东西都属于报酬，即他个人为企业付出努力和劳动的交换物。这里所指的交换物除了工资、奖金等物质报酬外，还包括内在报酬。内在薪酬是薪酬的一个重要部分，主要是指对工作的胜任感、成就感、责任感、受重视、个人成长等，具体的表现形式包括参与部门决策，挑战性或感兴趣的工作或任务，上级、同事认可与内部地位，学习与进步的机会，多元化的活动，就业的保障性等。

与外在薪酬相比，内在薪酬具有隐蔽性，无法像外在薪酬那么容易测算和衡量。所以，在企业的薪酬管理过程中，员工和管理者都倾向于注重外在薪酬，内在薪酬往往会被忽略。但是，员工往往通过对外在薪酬和内在薪酬的双重评估，来综合判断他们的努力是否得到了公司的充分回报，来评价他们对自己薪酬的满意程度。即在部分组织中，员工对薪酬的抱怨并不一定是因薪酬而起的。员工有时会以要求提高外在报酬（通常为工资或奖金）的方式来弥补他们对企业中内在报酬不足的不满。

实质上，企业和员工的关系不应该是只停留在单维的物质层面。单维关系使得员工的注意力只集中在单项（比如钱）上，既容易得到满足，也容易破裂，尤其是普通员工。企业和员工的关系应该是多维的，企业至少还应该是员工的精神家园。在这里，员工既可以得到激励与成功，也应该可以得到关怀、宽容、心灵的慰藉、身心的休整与成长；企业需要的则是员工的向心力和归属感。

种种迹象表明，员工关怀时代正以轻盈的足音渐行渐近。现实中，员工关怀类职位已初现端倪，员工辅助计划（employee assistance programs，EAPs）已成为市场上较为活跃的企业咨询项目，微软、谷歌连篇累牍地介绍他们诱人的工作环境和对员工的种种体贴关怀，世界级别和国内范围的"最佳雇主"评选活动更是如火如荼。上述现象在一定程度上预示着人力资源管理的重心开始逐步转移，由人心管理走向人性管理，从直观管理走向心理管理，从有形管理走向无形管理。而重构企业真情关怀体系，唤起每个人心灵角落里所渴求的情感，并为其找到归宿，已成为企业内聚力提升和文化升华的一剂良药。这可能会引起 HR 管理者工作内容乃至工作重心的变化，甚至会赋予他们新的职业使命。在员工关怀的旗帜下，HR 管理者可以在以上方面抖擞精神，彰显专业魅力，提升职位价值。

因此，在没有真正弄清员工对薪酬抱怨的原因之前，应避免盲目地提高员工的外在薪酬，以图息事宁人。虽然提高外在薪酬可以暂时弥补员工对内在薪酬的不满，但简单地增加薪酬并不能从根本上解决企业由于内在薪酬不足而导致的冲突。越来越多的组织在不断提高员工薪酬待遇的同时，已经开始采用工作再设计、工作扩大化和工作丰富化等方式，为员工提供一个良好的工作环境，提高员工的内在报酬满意度。毕竟，一个帮派林立、内讧争斗频繁、潜规则盛行的企业，永远不可能让员工获得真正的关怀与归属感。

值得注意的是，如上所分析，虽然企业建立员工内在报酬管理体系的意义与紧迫性丝毫不亚于企业的物质激励体系，但目前我国有关企业员工内在报酬管理的理论和实践都处在起步和探索阶段。而且，实践中企业的内在报酬管理体系往往是单向的，即只是企业对员工的内在关怀。从实际执行的效果以及提高企业内聚力的角度考虑，现代企业员工的内在报酬管理体系应该是多向的，应获得部门和员工的积极参与，包括企业对员工的关怀以及员工对员工的关怀两个层次。其中，企业对员工的内在关怀主要由工会或人力资源部推动，参与的主体包括企业领导、工会以及人力资源部门；而员工对员工的内在关怀仍然需要企业的参与，并在企业提供制度平台与资金支持的基础上，重点由部门内的员工来推动和实施。

阅读材料2-1

深圳宝安集团的外在报酬与内在报酬激励系统

(1) 物质激励。①薪酬激励:基本工资、职位工资、绩效工资、年终奖金等。②共享体系:利润分成、技术入股、直接购股、合伙入股、增量奖股等。③福利体系:法定福利("五险一金")、激励福利(医疗保健、商业保险、公费度假、带薪休假)等。④奖罚体系:质量奖、服务奖、销售奖、成本控制奖、技术进步奖、管理模式创新奖、特别贡献奖等。

(2) 精神激励。集体奖励包括先进单位、先进项目组等。个人奖励包括宝安勋章、十杰、十优、劳动模范、先进工作者、长期服务奖章等。

(3) 关怀体系。包括节假日关怀、新员工关怀、员工家属关怀、员工关怀月、员工互助基金、文体活动关怀、离退休人员关怀(由部门负责实施)等。

(4) 认可体系。包括一分钟表扬、适当授权、参与管理、合理化建议等。

(5) 其他体系。包括培训体系、晋升体系、职业生涯规划体系等。

思考与提示

1. 宝安集团的薪酬体系有何特征?
2. 宝安集团的薪酬体系构成有何借鉴意义?

(四) 绩效考核与薪酬制度的对接

在企业的薪酬管理活动中,绩效考核是实现薪酬内部公平的重要环节。公正、公开、公平的考核体系无疑会大大提升企业薪酬的激励作用。但是,绩效考核是一把双刃剑,如果使用不好,则适得其反,会降低员工的满意度。并且,企业浮动工资(包括奖金和绩效工资)的比例越高,引致的问题可能越多。

1. 薪酬与绩效考核结果相脱节

在长期的企业管理咨询和培训中可以发现,我国企业的绩效考核与薪酬制度的对接上,往往不同程度地存在以下问题:

(1) 工资制度与绩效考核结果没有挂钩。组织中存在平均分配倾向,员工之间基本工资差异不大,职位工资与职位的级别挂钩,绩效工资和奖金在部门内部基本上是平均分配。这种现象在中西部国有企业中仍然存在。

(2) 工资制度与绩效考核结果不合理挂钩。导致收入水平与员工的努力水平和贡献程度脱节,往往是相同工作量和职责,工资水平不等,导致部分员工的工作积极性下降。例如,销售部门的销售提成比例不合理、研发部门的项目提成制度不科学、职能管理部门的考核指标与本部门的职责关联不大(往往是回款额等企业层面的指标)、生产部门的劳动定额经常变动等。

(3) 内在报酬与绩效考核结果不合理挂钩。在很多企业中,高层领导对绩效考核制度不重视,往往是说起来重要,做起来次要,忙起来不要。另一方面,部分企业虽然存在严格的绩效管理体系,但往往缺乏一种应用于内在报酬的氛围。例如,员工的职位晋升与否,甚至包括部分精神奖励,往往不取决于员工本身的绩效,而是与领导关系的亲疏等。这些现象都会挫伤员工对薪酬的满意程度。

因此,建立完善的绩效考核体系,保证薪酬内部公平,是提高企业薪酬满意程度的关键环节之一。通过建立科学、完善的绩效考核体系,对员工的实际贡献进行客观的评估,并将考核业绩与各项报酬合理、科学挂钩,使绩效高的员工收入增加,得到肯定和激励,绩效差的收入降低,受到处罚和鞭策,有利于改善和提高员工对薪酬的公正感与满意感。

当然,企业绩效奖励计划的成功还有赖于企业与员工之间的沟通,通过沟通来确保员工清楚明白地了解组织对自己的行为以及工作结果到底是怎样的期望,以及达到企业的期望值后能够获得怎样的报酬。如果员工不清楚自己应该干什么以及干到什么程度才算达到要求,或者是不清楚什么样的工作行为或者结果能够获得什么样的报酬,或者是不相信经由某种行为或行为结果能够获得他们所希望的报酬,则企业的绩效计划必然失败。

2. 薪酬与奖励目标相背离

激励机制最重要的是确定提倡什么、不提倡什么,奖励什么、批评什么,以及怎么奖励。企业的奖励会产生效果,但这一效果并不是由人们自己的主观意愿决定的;它仅与激励本身相关联,人们的行为总是朝着他们认为对自己最有利的方向发展。

在管理过程中,除了薪酬与绩效考核制度对接不合理的问题外,还存在由于考核制度的不完善导致薪酬激励往往与激励的初衷相背离的情况。企业常常奖励了不该奖励的行为,想达到甲目标却奖励了达到乙目标的人。具体情况如阅读材料 2-2 所示。

阅读材料2-2

打印部的故事：节约的打印纸

某"三资"企业一贯提倡厉行节约。公司出台新制度规定，以后各部门打印纸张不再做严格的总量限制，但打印文件草稿时，有废纸必须用废纸的背面打印。

制度开始执行之后，某部门办公秘书在需要打印一份草拟文件时，在一时找不到废纸的情况下，因时间紧迫就用新纸打印了文件并送总经理修订。总经理看到新纸打印的文件草稿后，勃然大怒。在秘书辩解办公室实在是找不到废纸后，亲自到办公室翻箱倒柜，寻找废纸。结果，还真让他找到了几张废纸。于是，在当月的月末例会上，总经理不但批评了该部门的"浪费"行为，而且当众宣布扣发该部门当月全部奖金。

此后，该秘书以后只要一发现办公室没有废纸就非常紧张，正常工作也弄得不知所措。后来，有某老员工就为他支招——在办公室没有废纸时，你可以人为地制造废纸嘛！此后，该秘书就通过用新纸打印乱码或其他文件草稿的方式，在抽屉里准备了许多"废纸"，以备不时之需。结果，在该月的月末例会上，总经理公开表扬了该部门整个月都用废纸来打印文件草稿的行为，不仅大力倡导其他部门向该部门学习，而且还补发了该部门上个月的奖金。

思考与提示

1. 在这个真实的制度案例中，究竟谁错了呢？
2. 是制度本身有问题，还是制度的执行者有问题？

阅读材料2-2反映的问题既简单又复杂。简单的是从制度运行的结果分析，制度本身和执行者似乎都有问题。复杂的是从制度运行的过程分析，制度本身的预期目标是好的，执行者也都是理性的——总经理只是强调考核与薪酬制度的执行，员工也只是理性地在制度许可的范围内进行了上述制度执行的"方法创新"，但现实是组织在其中充当了"花钱不落好"的角色。

案例反映的问题在现代企业人力资源管理实践中具有一定的代表性。大多数企业在这种情况下，往往会将问题归结为员工素质不高、公司执行力不足等因素，进而将问题进一步复杂化，在企业内部逐步强化监督和制度执行情况的奖惩力度，最终导致企业内部信任度逐渐降低，组织内信息交易成本和管理成本直线上升。这样，企业往往就会陷入了制度执行错位就归因于企业执行力不足，而执行力不足又导致新的制度或改革计划顺理成章搁浅的“恶性循环”之中。

总体而言，不论企业的薪酬设计方式如何变化，一般都需要遵循以下原则，以最大限度地保证组织的薪酬激励效果与目标。

（1）现代企业的“八奖八不奖”原则。即：奖励解决问题，不奖励表面文章；奖励承担风险，不奖励逃避责任；奖励创造性工作，不奖励因循守旧；奖励实际行动，不奖励空头理论；奖励有效率的，不奖励只是表面忙碌的；奖励默默无闻，不奖励夸夸其谈；奖励工作质量，不奖励工作数量；奖励企业忠诚，不奖励朝三暮四。

（2）现代企业的“四多奖、四少奖”原则。即：多奖励长远利益，少奖励眼前利益；多奖励 20％的骨干，少奖励碌碌无为；多奖励股权、期权，少奖励现金实物；多奖励现在与未来，少奖励历史与过去。

（五）薪酬公平

公平作为一个感受原则，对管理者们制定薪酬方案有着巨大的指导作用。公平是薪酬系统的基础，薪酬只有建立在公平的基础上，才可能得到组织成员的认同和满意。员工对所得薪酬是否满意不仅仅在于薪酬的绝对公平，即薪酬的绝对数额，更重要的是在于薪酬的相对公平，即薪酬的相对数额。

员工对薪酬公平程度高低的评价往往来自以下四个方面的比较。

1. 薪酬的外部公平

薪酬的外部公平即组织成员将自己的薪酬水平与外部其他类似组织（职位）或外部市场的平均薪酬水平进行比较所产生的感受。当然，这种比较往往存在较大的不确定性或不合理性。因为，不同的行业、不同的企业发展阶段、不同的区域，员工之间即使是工作职责类似，报酬水平也会存在显著差异。更何况在不同的企业中，即使是职位的名称类似，但二者的职责范围、职位价值、工作压力等也不尽相同。

2. 自我的纵向公平或纵向比较

自我的纵向公平或纵向比较即员工将自己目前的薪酬和劳动投入的比率与自己过去的情况进行比较，这里所讲的“投入”应是多元的，包括努力、时间、教育培训、经验、技能、知识等，其外显的综合形式是“绩效”。如果两者比值得当，员工会觉得公平满意；反之，则会产生不满情绪。纵向比较所隐含的核心问题是关于一定量投入获得一定量报酬的价值准则。

3. 薪酬的内部横向公平或横向比较

薪酬的内部横向公平或横向比较即员工将个人薪酬与组织里其他类似职位（或类似工作的人）的薪酬相比较所产生的感受。如果两者比值相当，员工会产生公平感。由于“同工同酬”是所有人都认为应当享受的基本权利，所以当人们认为公平时，一般并不会特别兴奋或激动，而只是处于一种平静而泰然的心境。但是，如果员工在这种比较中感到不平衡，尤其是当前者的比值小于后者，他就会产生强烈的不公平感，甚至不把金钱看成是单纯的经济报酬，而是透过金钱评价领导和同事对自己的态度，甚至扩大到自己与群体或他人的关系。这种不公平、不合理的感觉会严重挫伤个人的自尊心，并且导致委屈、愤怒、焦虑、郁闷等强烈的情绪反应。

4. 薪酬分配的过程或程序公平

在管理中，分配公平不仅仅是分配结果的公平，还应当强调分配过程的公平，即员工对本组织薪酬制度执行过程的严格性、公正性和透明性所产生的感受，以及其对薪酬分配结果的评价。个体在不同情况下会把他得到的报酬和他认为应该得到的报酬作比较，如果他得到的报酬是在可能的情况下（通过程序公平）发生的最好结果，他会觉得他得到了公平的对待，尽管有时他得到的报酬少于他的期待，他仍会感到满意，即对分配过程的公平性的察觉和分配结果的公平性的察觉同样会影响个体对薪酬的满意程度。

过程公平一般强调竞争机会的均等，即每个人都有参与竞争的机会，它不仅要求集体选择个体，同时要求个体也能够选择集体。企业在薪酬管理中要实现程序公平，应在承认竞争起点可能不平等（如人的自然不平等、实力强弱、规模大小等）的前提下，完善以下几点。

（1）竞争活动的自主参与。指每个微观主体都有自主选择参与竞争活动的权利。他（她）们可以放弃这个权利，但必须首先拥有这个权利。实施还是放弃参与竞争活动这一权利的“权利”完全由微观主体自己拥有并作出选择。

（2）竞争规则的公平。指竞争过程中的规则对于参与竞争的每一个人来说都具有同等的效力。规则“不偏不倚”，不分亲疏。

（3）竞争过程的透明。指竞争规则人所共知，竞争在公开状态下进行，不允许有内幕交易或操纵。

（4）竞争结果的有效。指参加竞争活动的主体必须承认和接受竞争的最终结局。不论是输家还是赢家，只要你选择了权利，也就必须承担义务；你接受了竞争的逻辑，也就必须接受这一逻辑的结果。没有人能够凭借特权取得收益“附加权”和亏损“豁免权”。

从以上内容可以看出，分配结果公平重在结果的维度，如员工的绩效能否得到准确、公正的评价，员工的绩效能否得到公平的报酬等。它往往与企业的薪酬和福利水平满意度、薪酬增长满意度相联系，调节个体特定的对有关工作的反应和行为，如工作满意、工作绩效以及跳槽意愿等。而分配程序公平更多地侧重于过程的维度，如员工是否有必要的工作条件和资源支持等。其往往与企业薪酬结构和薪酬决定机制满意度相联系，调节着员工对组织整体的情绪反应，如对组织的支持感、对主管的信任，员工的自主行为（如个体在没有被组织奖赏的情况下所自愿采取的超出角色以外的行为），以及个体的跳槽意愿等。

显然，公平是薪酬满意度和员工行为、组织绩效间关系的调节器。薪酬满意的各个维度经过公平感觉的调节，会不同程度地影响员工的行为和组织的绩效。如果组织想要提高组织成员对组织的贡献度，则要首先提高组织成员对程序公平的感觉；如果组织要提升员工的工作动力并使其保持较好的业绩水平，提高组织成员的工作满意度，那么，组织在提高程序公平的同时也必须提高分配结果公平的水平。

在管理过程中，员工产生薪酬不公平感的原因有多种。例如，由于个人错误判断而引起，由于薪酬制度不合理而引起，由于领导偏听偏信或厚此薄彼而引起等。薪酬管理过程中的任何一种不公平感给工作带来的影响都是消极的，员工可能会改变自己的投入、改变自己的产出、改变自我认知、要求增加收入或消极怠工、发牢骚、泄怨气，制造人际矛盾，甚至辞职而去。而企业要做到薪酬的内部公平，必须完善两大环节，即职位评估与薪酬结构设计。

职位评估（pay for position）主要强调利用科学的方法对企业所设职位的职责大小、难易程度、技能要求等方面进行测评，评估出各职位的相对价值，并根据职位相对价值和对企业的贡献度，划分出职位等级，确定各职位之间的相对工资率和工资等级。要保证薪酬体系准确地反映各职位之间的薪酬水准差异，企业就要具备一套规范、合理、公正的职位评估体系和程序，通过严格而科学的职位测评，使各职位之间的相对价值得到公平体现，从而解决员工的内部公平问题。

而合理的薪酬结构设计往往是确保薪酬内部横向公平的又一有力手段。企业中的各类员工之间的横向公平可以通过采用多轨制的工资体系来实现，即不同类别的员工采用不同的工资体系，防止员工盲目地横向比较。例如，企业的高管层可以采用年薪制或股票期权制模式，管理人员可以采用职位绩效工资制，技术人员可以采用技能工资制（依据员工掌握了多少技能及能做多少种工作来确定工资等级）或项目提成制，销售人员可以采用销售提成制，生产人员可以采用计时或计件工资制等。此外，企业可以采用薪酬的晋升空间的宽带薪酬模式，上下等级之间有一定的重叠，同级可以不同薪酬，不同级也可以获得同等薪酬，以最大限度地避免员工之间的横向不公平。

（六）建立薪酬正常晋升通道

薪酬的功能之一是维持员工及其家庭成员的生产和再生产。这就需要根据市场的变化、企业生产管理的需要，以及当地物价指数的实际变化情况，定期或不定期地对薪酬体系和薪酬水平进行调整。另一方面，企业也往往希望通过薪酬“增量”的改革，向组织中的重点职位倾斜，以引导员工行为向企业期望的方向努力，吸引和留住优秀员工，实现企业的可持续发展。

1. 企业薪酬水平确定与调整的依据

在企业薪酬水平的确定与调整的依据方面，往往需要考虑两大因素：一是市场或竞争对手薪酬水平的变化情况；二是企业的利润率及其实际支付能力。

首先，企业需要不定期地进行薪酬市场调查。薪酬调查是解决薪酬外部不公平的有效手段，薪酬市场调查的范围包括不同区域的同行业企业、同区域的规模类似的企业等。通过外部市场调查，可以了解市场薪酬水平及动态，尤其是同行业企业的薪酬水平，进而明确本企业各职位薪酬水平的合理性，及其在薪酬市场上的地位和竞争力。如本书第一章所分析，企业的薪酬战略包括市场领先型、市场跟随型和市场滞后型等三种战略模式。一般而言，制定与市场平均水平线相对应的，甚至是更高的企业薪酬水平，将有助于企业吸引和留住企业所需要的优秀人才。

其次，企业是一个严格的成本-收益核算系统，企业薪酬水平的确定或调整还需要综合考虑企业的经济实力、战略定位及发展阶段。由于薪酬水平的刚性原则，往往只能增长，不能降低，企业无论是选择薪酬水平领先战略，还是市场跟随战略，必须首先对企业当前和未来的支付能力进行深入分析。一般而言，企业的薪酬水平增长必须保障“两个低于”，即在保证工资总额增长低于经济效益增长、年均工资增长低于劳动生产率增长的前提下，才能根据企业当期经济效益及可持续发展状况决定本企业的薪酬水平。

2. 企业薪酬水平确定与调整的基本趋势

2008 年以来，全球经济正面临一个前所未有的物价上涨趋势。统计显示，英国的食品价格 2007 年提高了 6%，为 6 年来最高点。中国除了从没停止过上涨脚步的房价外，粮油、肉类、煤、电、气、水等几乎所有吃穿住行的价格，也是“涨”声一遍。

面对目前激荡汹涌的物价“涨”声，此时似乎已没有敢声称此“薪”不变的企业。中华英才网曾对全国各主要城市 19 个行业不同性质不同规模的 11700 家企业进行过调查，结果显示，我国 2007 年上半年的薪酬数据全线上涨，平均涨幅达到 4.94%。尽管工资涨了，但在物价“涨”声的伴随下，职场忙碌的职员感受到的却是“GDP 增速越来越快，幸福似乎越来越远”①。

对企业而言，物价上涨只是拉开了我国企业薪酬上涨的大幕，薪酬的上涨幅度并非全为抵消物价上涨的压力。企业薪酬上涨的原动力乃是加入 WTO 后中国企业融入经济全球化之中的程度越来越高，以及我国人力资本积累水平和投

---

① 张广科. 涨声下的企业薪情[J]. 中外管理，2008(2).

资收益率越来越高等两大因素。这可能是影响 2008 年乃至更长时间内,我国企业总体薪酬水平持续、快速走高的内因。对此,企业应有足够的心理准备和长远谋划。

首先,随着加入 WTO 后市场的开放程度越来越高,中国企业受到的国际经济规则约束越来越大。对中国企业而言,融入经济全球化,摆脱被“锁定”在国际分工的低水平链条上的根本途径就是通过技术、人才等生产要素跨国界的流通,逐步影响国际经济规则的制定。而人力资本要素的跨国界流通,就要求中国企业的薪酬水平也必须逐步与国际接轨,直到国际和国内的生产要素回报率或收入实际购买力大致均衡为止。

其次,薪酬上涨也是员工素质提高、企业兴旺的根本标志与结果。物质资本与人才之间存在着动态相长的关系,资本投资所带来的新技术最终需要高级人才来操作。如果缺乏足够的能够有效运用所引进的新技术的高层次人才,人才资本投资与物质资本投资之间的失衡必将削弱物质资本投资的回报率及其进一步的投资增长。因此,随着高等教育的扩招,薪酬上涨也是我国人力资本投资与物质资本投资相互促进的必然结果。当然,其中也不排除部分上涨是对我国企业人工成本起点低的历史欠账的偿还,属于恢复性、还账性增长。

薪酬水平上涨分为总体性上涨和结构性上涨。我国企业薪酬的总体性上涨是必然趋势,但结构性上涨,即不同类型员工的薪酬上涨幅度之间的差异也会越来越大。这既是企业进行薪酬变革的契机,也是消除薪酬中的格雷欣法则,重塑正气向上的薪酬文化,提高企业薪酬竞争力的关键。

企业员工大致可分为三类人,即偷懒者(产出小于工资)、打工者(产出等于工资)和奉献者(产出大于工资)。格雷欣法则亦称为“劣币驱逐良币规律”,在薪酬管理中的演绎形式就是制度不健全,导致奉献者向打工者看齐,打工者向偷懒者看齐,最终结果是劣币驱逐良币,偷懒者充斥企业。

借助物价上涨引致薪酬结构性调整的契机,企业应重新确定职位价值与薪酬水平。具体而言,即要调整“所有员工收入都与企业效益挂钩”的薪酬设计思路,根据外部市场人才供给的稀缺程度、职位的专业化与可替代程度、职位风险差异等因素,区分高层人才、核心技术人才、外部专家和可替代性操作人才。并分别建立“以所有权为中心”(年薪制)、“以职位为中心”(职位效益工资制)、“以项目为中心”(项目制)和“以劳动力市场为中心”的薪酬体系。显然,对于后两类人员,其薪酬水平应分别参照项目报价或劳动力市场平均工资水平而定,应基本与企业效益无关。否则,就会出现令诸多企业老总非常困惑的现象:为什么加入 WTO 后公司在薪酬方面的支出成本越来越高,而人才却跑得越来越快?根源就在于其曲解了企业薪酬成本与企业薪酬竞争力的关系。事实上,如果甲企业薪酬成本很高，重要职位和不重要职位薪酬差距很小，乙企业薪酬总成本低于甲企业，但其重要职位的薪酬远高于甲企业，而不重要职位的薪酬水平低于甲企业，显然乙企业薪酬的外部竞争力就高于甲企业。甲企业的薪酬支付结构不但不利于吸引外部优秀员工加盟，而且可能使企业内部优秀员工产生“劣质优价”的不公平之感，“劣币”由此驱逐“良币”。

3. 企业薪酬水平确定与调整的具体策略

虽然企业的薪酬水平上涨是一种长远发展趋势，但在具体实施策略上，企业中不同的薪酬模式往往有不同的增长模式。对有能力进行薪酬调整的企业而言，进行结构性薪酬调整的方式包括上调基本薪酬、上提绩效工资、上调职位工资(绩效加薪)，以及提高奖金、提高福利等五种类型。

1）基本工资水平的确定与调整

基本工资是整个工资体系的基础，是企业为保障员工日常基本生活水平支付的报酬，整体水平参考员工工作所在地的物价指数、最低工资标准而有所差异。员工个体的基本工资与个人的素质、在企业工作工龄、学历、职称以及个人行政级别挂钩，按月发放。

上调基本薪酬即依据当地物价指数，或其他企业同类员工基本薪酬变化等因素，提高员工的基本工资、学历工资、职称工资、工龄工资等，记入员工固定工资单元，用来保障员工及其家庭的基本生活。

2）职位工资、绩效工资水平的确定与调整

职位工资往往是企业薪酬体系的基础和主体，职位工资的确定一般需要体现四大要素，即职位的责任、职位的技能要求、职位的物理环境和社会环境、职位决策的影响范围。

近年来，盛行于欧美国家的“宽带薪酬”管理模式开始在我国的IT(信息技术)企业中流行，其核心是以员工的能力和业绩作为薪酬的核心标准，薪酬等级对应的薪酬浮动范围加宽。其突出变化就是大幅削减职位的级别数，同时，却将每一级对应的薪酬浮动范围拉大，低级别的员工只要工作业绩出色，所对应的薪酬就会超过高级别的员工，员工不再需要一味地通过级别的垂直上升来追求薪酬等级的提升。在宽带薪酬体系中，职位工资的增长方式主要体现为“绩效加薪”，即资历已经不再与薪酬挂钩，员工在工作职位上连续2年或3年绩效表现优秀，职位工资就可以增长一个档次。这样，在能力和绩效足够优秀的情况下，新员工的薪酬往往可以超过资深员工。这既调动了新员工的积极性，也促使高级管理人员和资深员工不断进取。

职位工资的绩效加薪与上调绩效工资是企业薪酬调整的主要工具，但二者的定位和后期影响不同。绩效加薪则是在宽带薪酬模式下对员工个人绩效的一种奖励，往往根据员工上年度的绩效(如评为优秀员工)，将员工的职位工资上调一档或几档，不需要与员工事先协商；而且一旦确定，就会永久性地增加到职位工资之上，产生累积作用。而上调绩效工资是在绩效和薪酬之间建立了一种直接联系，这里的绩效包括员工的个人业绩、部门和公司绩效。上调绩效工资往往以影响员工未来行为为目的，奖金计算方式、日期等事先确定，并且只适用于员工和企业约定的一个绩效周期，不存在累积作用。

3）奖金与福利水平的确定与调整

在实践中，企业上调奖金的方式较多，标准也可灵活设定。例如，可以设置全勤奖、质量奖、服务奖、合理化建议奖、销售奖、成本控制奖、技术进步奖、管理模式创新奖、特别贡献奖等。

此外，企业上调福利待遇的领域除了国家法定福利（“五险一金”）外，还可以设计企业自主的激励福利。例如，企业年金、医疗保健、公费度假、带薪休假、员工关怀（包括节假日关怀、员工家属关怀、员工关怀月、员工互助基金、文体活动关怀等）。

一般而言，为了更好地体现企业薪酬的灵活性、战略性，企业在上述方式的选择过程中，须注意短期与长期的均衡。企业在上调薪酬水平时，优先采用调整奖金、绩效工资等可变薪酬的策略；在受到物价上涨或同行业竞争对手薪酬水平变化冲击时，才适当提高企业的基本工资、福利体系等固定薪酬；而只有在企业绩效和部门绩效都出现了较大的提升时，企业才适宜调整企业绩效加薪的频率和标准，以最大限度地规避固定薪酬“能升不能降”的刚性风险。

对那些因经济效益不好或人力成本偏高而无力调薪的企业而言，可选择的策略有三：一是主动与员工坦诚沟通，告诉员工企业所面临的困境，并提出企业的改进措施和对员工的期望；二是提高内在报酬（如参与决策、感兴趣的工作或任务、上级与同事认可、内部的学习与进步机会、多元化活动、职业发展）水平，弥补员工对物质报酬不足的不满；三是建立内部持股等长期激励模式，避免短期变“薪”支付危机。

（七）薪酬沟通

1. 企业中薪酬沟通管理的现状

有效的沟通也是决定企业薪酬战略成败与否以及薪酬满意程度高低的重要因素之一。任何一个管理体系最终的成败与否，能起到多大的作用，都与员工是否了解和接受这个体系有很大关系。但在薪酬实施流程中，薪酬沟通是个敏感的话题，通常企业会避而不谈，而且将薪资标准严格保密。但实际上，员工私下议论纷纷，甚至可能会由此引发诸多猜测和不满。绝大多数国内企业从未将日常员工的薪酬沟通列在日程上。大部分企业最通常的做法无非就是给员工提供一个单子，注明企业的全面薪酬都有哪些项目；部分企业中的员工甚至会莫名其妙地收到一笔奖金，却不知为何得来。

在上述薪酬支付模式下，由于员工不了解自己薪酬的来历，不知道组织为什么奖励，奖励或提倡什么，企业的文化与价值观传递更是无从谈起，员工也无法持续提供企业所期望的行为或绩效。企业的薪酬支付也因此往往没有起到预期的激励作用。理想的、有效的薪酬沟通方法不仅仅要为员工解惑，向其传递企业提供了哪些对他们有用的报酬，以及达到什么绩效标准就能获得这些报酬。外国企业在员工薪酬沟通方面的要求及重视程度是远远超出国内企业的。以惠普公司为例，每项政策、制度、流程的改变，都要通过沟通机制迅速传达给每个人，每年年终无论是否有调薪措施，人力资源部门都会和每位员工进行沟通。

2. 企业中薪酬沟通不通畅的根源

那么，在管理实践中，企业为什么忽视或拒绝薪酬沟通呢？具体原因一般包括以下三个方面。

第一，企业薪酬体系和福利制度相当混乱，既非精心设计的结果，也无法实现持续性管理。如工作业绩难以准确衡量或业绩评估体系本身不科学，业绩的差异是由体制造成的，很难保证薪酬的公平性等。因此，越沟通困惑越多，管理上纠纷越多。

第二，企业选择“薪酬保密”制度，理由是“只有这样才与企业文化相匹配”或“决定薪酬是管理者的事，员工应无条件接受”。

第三，有利于给管理者在薪酬管理中创造更大的自由度，不必对所有的工资差异作出解释。此外，对薪酬体系沟通越多，就越需要管理者做更多的解释和说服工作，问题和麻烦越多，是对时间和资源的浪费等。

实质上，沟通是解决矛盾的最有效方式，误解比无知的危害更大。薪酬制度保密的目的可能是为了防止员工在知道其他员工的薪酬后，降低对薪酬管理公平度的认同感。但这种封闭式的管理模式模糊了业绩和收入的关系，不利于竞争，激励作用有限；往往不利于组织内部沟通，不利于培养员工信任感，导致小道消息横行。而公开的薪酬制度能够使不公平更有可能被发现和纠正。因此，建立沟通机制是提高员工薪酬公平程度的有效方法，也是实现报酬满足与激励机制的重要手段。

3. 企业中薪酬沟通的策略

那么，企业应该如何对待薪酬沟通问题呢？薪酬沟通应把握哪些要点呢？

1）薪酬沟通应传递企业的价值标准

薪酬沟通的背后往往隐含着企业的价值标准和激励导向。因此，薪酬沟通应该使员工在明白企业薪酬体系构成的同时，了解企业薪酬模块的功能定位等信息。例如：企业的薪酬战略是什么，是领先模式、滞后模式，还是跟随模式；薪酬支付的重点是什么，是生产类职位、研发类职位，还是销售类职位；薪酬水平是侧重于内部公平，还是外部公平；企业的薪酬支付的依据有哪些，是职位、资历、能力、业绩，还是几者兼顾；薪酬奖励的要素是什么，是创新、忠诚、稳定（保守），还是冒险，是个人业绩，还是团队业绩，以及如何将上述要素融合到企业的薪酬体系中等。

2）薪酬沟通要从外部和发展的角度阐释

薪酬沟通不能仅将沟通局限于现期的薪资水平、涨降幅度，还要引导员工从更前瞻、更长远的角度，动态地看待企业的薪酬体系。例如，一方面，要从组织发展的视角，让员工了解企业目前的薪酬水平在行业的定位，以及随着行业经营环境的改善，或组织的发展壮大，员工的薪酬如何变化。另一方面，要从个人发展的视角，引导员工看到个人的发展与组织的发展的结合，强调如果个人能力、个人绩效提升，职位与薪酬也有机会得到提升。

3）薪酬沟通要采用多种形式相结合的方式

（1）需要选择好薪酬沟通的媒介。包括视听媒介（如幻灯片、活动挂图、电影、录像等）、印刷媒介（如薪酬手册、书信、企业内部刊物、员工指南等）、人际媒介（如非正式群体、薪酬会议、单独面谈等），以及电子媒介（如电话问答系统、E-mail 系统等）。

（2）需要选择好沟通的内容。主要分为两大类，一类是流程型信息，包括工作评价是由谁进行的，如何进行市场薪酬调查，何时以及如何调整薪酬等级等。另一类是政策型信息，包括薪酬等级的中值都处于什么水平上，为什么要对职能管理人员和技术人员采用不同的绩效评价方法，为什么要维持现有的薪酬差额等。

（3）建立薪酬沟通的长效机制。例如，每周一次公司范围内沟通（销售状况、经营业绩和重大事项），制度化的上下级沟通（工作沟通、情感增进、发泄愤怒），面对面的一对一沟通（这是最佳的沟通方式）等。

（4）在制定或修订组织的薪酬制度时，最好让员工参与进来。员工参与薪酬制度的设计与管理，有助于形成一个更适合员工需要和更符合实际的报酬制度。部分企业或管理者往往担心员工在参与组织薪酬制度设计过程中，会存在道德风险行为，以谋取私利的最大化。实质上，大多数员工的建议或思路往往是切合实际的，并且企业拥有最终的决定权或否决权，可以对员工意见或建议进行取舍，员工参与薪酬制度的制定并不会影响到企业的利益。国外企业的实践结果表明，与没有员工参加的薪酬制度相比，让员工参与薪酬制度的设计与管理不但会使员工满意，且易于长期有效地推行。

阅读材料2-3

IBM 的薪酬双向沟通机制

第一条通道：与高层管理人员面谈（executive interview）。员工可以选择任何个人感兴趣的事情来讨论，所谈论问题将分类处理，不暴露面谈者的身份。

第二条通道：员工意见调查（employee opinion survey）。通过薪酬满意度调查，了解员工对薪酬的期望。企业可以经常性地进行薪酬满意度的调查。通过内部调查了解员工对薪酬福利水平、薪酬的结构、薪酬的决定因素、薪酬的调整以及发放方式的看法、意见，了解员工对企业薪酬管理的评价以及期望，了解员工最关注什么。这样在设计或调整薪酬体系时才能做到有的放矢。

第三条通道：直言不讳（speak up）。在 IBM，一个普通员工的意见完全可能送到总裁的信箱内，不经过员工同意，信息保密。

第四条通道：申诉（open door）。当员工对个人的薪酬结果不满意或存在疑惑时。可以通过向人力资源管理部等机构申请，进行审核或仲裁。

思考与提示

1. IBM 的薪酬双向沟通机制是否有效？
2. IBM 的薪酬双向沟通机制在中国企业中是否适用？

三、薪酬满意度的进一步分析

虽然在企业中员工薪酬满意度的提高对于改善员工的行为、提高组织的绩效至关重要，但值得关注的是，在现代企业的薪酬管理过程中，必须对薪酬满意度这个管理指标进行客观判断，员工的薪酬满意度并不是越高越好。

（一）薪酬满意只能是相对满意

各类调查显示，我国企业员工的薪酬满意度普遍偏低。但这一方面与中国存在的“低工资”现象有关，另一方面，职场人士对自身价值的判断标准尚缺理性也是原因之一。其实，无论国内还是国外企业，也不管是年薪百万的职业经理人还是普通的低级职员，薪酬的满意度都不高，这是一个世界公认的事实。

员工对薪酬水平的渴望是无穷尽的，企业需要关注员工对薪酬的满意度，但并不等同于单纯致力于员工满意度的提高。处在激烈市场竞争中的企业受到严格的成本约束，并以利润最大化为目标，这就使员工的薪酬满意度水平受限于企业成本的支付能力，不能因现期的人力成本的过度增加而影响企业的长远发展。同时，行业不同、地域不同、所有制形式不同、规模不同，薪酬标准和水平也是千差万别，除非遭遇的是故意克扣、压低工资的违法雇主，员工所创造的价值仍然是决定薪酬水平的关键因素之一。因此，确定一个让全体员工和企业都非常满意的薪酬方案是很困难的，也是没有效率的。如果只是片面追求、比较薪酬的绝对值，企业永远不可能使员工绝对满意。世界上不存在绝对公平的薪酬水平，只存在相对合理的薪酬制度。

（二）企业需要部分员工对薪酬的不满意

从另外一个角度分析，企业是否需要企业中所有的员工都对薪酬的满意度很高呢？

首先，在激烈的市场竞争中，企业要获得竞争优势，往往要承受巨大的压力和危机，而这种压力和危机必须同时分解到各个职位和员工头上。而压力必然产生一些不满，但企业显然需要一定程度上的员工“不满”。因为，员工对于薪酬的不满意或对薪酬现状的不满足感，从某种意义上说是一种动力。正是因为有不满足感的存在，所以只要是通过员工自身努力可以改变的，他们就会主动寻求机会进行改变。这样，员工的愿望和企业的目标就能达成一致，也使企业能够选择真正的优秀者进行奖励，使薪酬的激励作用得到进一步的体现。

其次，相关研究显示，在企业中对薪酬满意度很高的员工往往只是中等能力员工。高效率的员工往往对薪酬不满意，或只是暂时的满意。因此，如果一个企业中的所有员工都对薪酬很满意，也就意味着该企业的员工素质或工作效率可能存在问题。

再次，对企业薪酬满意度很高的员工，为了保持自己的“满意”或既得利益，往往会在企业需要改革的时候反对或抵制变革，从而影响企业的顺利发展。

（三）薪酬满意度与员工忠诚度的关联程度

美国沃克信息公司2004年发布的忠诚度调查报告显示：虽然有70%的被调查对象对公司薪酬满意，但只有30%的被调查者表示对公司忠诚。同口径数据在2001年为6%。更值得注意的是，要想提高员工的忠诚度，仅仅靠提高他们的“满意度”是不够的。例如，虽然“满意”的员工很多只在口头上对公司忠诚，但80%的被调查者认为，他们希望能从事比目前工作更高一筹的工作，即其可能随时跳槽到一家工资或福利更好的企业中去。

与此同时，知名的咨询公司华信惠悦2004年的调查显示，只有24%的员工将薪酬作为离职的首要原因，而那些愿意继续为公司效力的员工中，只有15%的员工将薪酬满意度作为留下工作的首要原因。公平才是员工对公司忠诚的最大影响因素，公平包括报酬公平、考核公平、制度公平、职位晋升公平等。

本章重要概念

薪酬满意度(compensation satisfaction)　薪酬公平(compensation fair)
薪酬水平满意度(compensation level satisfaction)
薪酬结构满意度(compensation structure satisfaction)
薪酬体系满意度(compensation system satisfaction)
薪酬支付满意度(compensation payment satisfaction)

本章思考题

一、简答题

1. 薪酬满意度的构成维度有哪些？
2. 员工薪酬满意度的影响因素有哪些？
3. 如何实现绩效考核与薪酬制度的对接？
4. 薪酬公平与薪酬满意度的关系是怎样的？

二、案例分析题：如何提高HT企业的薪酬满意度

(一) HT企业概况

HT企业是中国的一家军工企业，产品以宇宙飞船、火箭、飞机上的紧固件为主导，兼营一些民营业务和外贸业务。该企业产品的销售具有一定的垄断性(占30%左右，一般的民营企业没有能力涉及该领域)。HT企业的生产特征是质量要求非常高，而且是小批量、多批次、多规格，需要技术研发部门重新设计；但大多数客户的要货周期非常短，经常供货不及时。

(二) HT企业销售部门的概况

HT企业的销售部门实行"大区销售模式"。全国划分为五个大区，分设五个大区经理，每个大区经理下设业务经理、业务员、实习员等三类职位。销售部门设1个部长职位、2个副部长职位，分别由3个大区经理兼任。上述职位直接对厂长负责。销售部门内设4个内勤职位，负责合同拟订、组织合同评审、售后服务、客户档案管理、信息统计等事务。

(三) HT企业销售部门的薪酬制度

HT企业实行销售提成制，不同类型员工的收入模式如下。

1. 部长：工资为大区经理平均工资的1.3倍，并与销售部门的整体业绩挂钩。

2. 大区经理：基本薪酬＋销售回款提成＋销售成本报销。

(1) 基本薪酬：3000元/月，其中1500元固定发放，另外的1500元根据月度销售回款计划完成情况进行扣减。如完成80%，则发放1200元。

(2) 销售回款提成：所在大区月度回款额汇总后（大区经理＋业务经理＋业务员＋实习员）的1%，由企业财务部门直接发放。

(3) 销售成本报销：为个人月度或年度销售回款额的8%，需要拿相关票据到企业财务部门报销后发放。

3. 业务经理：基本薪酬＋销售回款提成＋销售成本报销。

(1) 基本薪酬：1500元/月，其中750元固定发放，另外的750元根据月度销售回款计划完成情况进行扣减。如完成80%，则发放600元。

(2) 销售回款提成：为所在大区月度回款额汇总后（大区经理＋业务经理＋业务员＋实习员）的0.5%，由企业财务部门直接发放。

(3) 销售成本报销：为个人月度或年度销售回款额的8%，需要拿相关票据到企业财务部门报销后发放。

4. 业务员：基本薪酬＋销售回款提成＋销售成本报销。

(1) 基本薪酬：1000元/月，其中500元固定发放，另外的500元根据月度销售回款计划完成情况进行扣减。如完成80%，则发放400元。

(2) 销售回款提成：为所在大区月度回款额汇总后（大区经理＋业务经理＋业务员＋实习员）的0.4%，由企业财务部门直接发放。

(3) 销售成本报销：为个人月度或年度销售回款额的8%，需要拿相关票据到企业财务部门报销后发放。

5. HT企业的其他员工。

包括实习员、统计员和计划员等，实行职位绩效工资，每月1500～3000元。

分析与探讨

1. HT企业销售部门的职位设置存在哪些问题？

2. HT企业销售部门的薪酬制度存在哪些问题？

3. 上述问题应当如何解决？其理论依据是什么？

本章推荐阅读书目

1. 米尔科维奇·纽曼. 薪酬管理[M]. 9版. 北京：中国人民大学出版社，2008.

该书立论的基础是薪酬管理的战略选择。该书中的总体薪酬模型提供了贯穿全书的整体框架，结合当前的相关理论、研究及实践，探讨了薪酬管理的主要问题。薪酬的实践阐明了薪酬技术的新发展以及薪酬决策的新方法。

2. 刘昕.薪酬管理[M].3版.北京：中国人民大学出版社，2011.

该书力图为读者营造一个关于薪酬管理的宽阔视野。全书不仅从管理学、心理学、经济学等多学科的角度对薪酬及薪酬管理的相关内容进行了应用理论方面的充分阐释，而且深入细致地讲解了大量的薪酬管理操作实务以及相关细节，澄清了很多与薪酬及薪酬管理有关的模糊认识甚至错误观点。

第三章

薪酬体系管理

本章导读

薪酬体系是企业向员工支付报酬的基本依据。本章阐述了企业中薪酬体系的内涵，薪酬体系的四大模式及其各种组合方式。要求了解和理解薪酬体系的定义、功能，掌握基于职位的薪酬体系、基于能力的薪酬体系、基于市场的薪酬体系和基于绩效的薪酬体系的内涵，掌握各种工资的形式、优缺点及其适应范围等知识点。

第一节 薪酬体系管理概述

一、薪酬体系的内涵与功能

（一）薪酬体系的内涵

薪酬体系是指工资政策、奖金方案、福利补助计划、保险金、公积金及带薪假期等各项支付给员工或为员工个人而支付的制度总称，也是企业运用各种薪酬管理评价手段，按照一定的原则向员工支付报酬的政策和程序的集合。

在本质上，薪酬体系体现的是组织内部的一整套的价值观和实践方法，向员工传达了在组织中什么是有价值的，并且为向员工支付报酬建立起了政策和程序。显然,一个组织薪酬体系设计得是否合理、适用,直接关乎企业战略的实现。

(二)薪酬体系的功能

首先,合理有效的薪酬体系不但能有效激发员工的积极性与主动性,促进员工努力实现组织目标,提高组织的效益,而且能为企业合理支付薪资提供一个长期和可靠的基础,在人才竞争日益激烈的知识经济条件下吸引和保留住一支高素质的员工队伍。

其次,薪酬体系是组织的人力资源管理系统的一个子系统,薪酬体系设计也是企业进行战略转型或组织变革的重要支撑。实践证明,薪酬体系在变革和指导组织的过程中扮演着十分重要的角色,其往往以自己特有的方式改变组织的精神面貌,改变企业和员工的关系,使员工能够把他们的努力和行为集中到帮助组织在市场中竞争和生存的方向上去,增强企业的竞争力和活力。

此外,薪酬体系如果设计得当,也能传递和强化企业的价值观、企业文化和人力资源策略,提高企业的向心力,以及员工的忠诚度。

二、薪酬体系设计的基本原则

影响企业薪酬设计和薪酬水平的因素众多,包括个人层面的因素、职位层面的因素和企业层面的因素,甚至是宏观层面(如行业属性)的因素等。薪酬体系的设计往往要兼顾这些因素,并遵循以下设计原则。

(1)体现保障、激励和调节三大职能。保障职能主要是指薪酬要能保障员工的基本生活或劳动力的恢复和再生产,激励职能是指要引导员工提升能力并激发能力,调节职能是指薪酬体系设计要引导不同类型的员工主动适应企业的职位需要(如适应苦、脏、险职位或偏远地区等)。

(2)体现劳动的三种形态:潜在劳动、流动劳动、凝结劳动。在薪酬体系的设计过程中,要根据不同职位类型的实际情况,分别体现能力、行为或过程、工作结果对员工最终收入的影响。

(3)人工成本控制有效。人工成本是企业经营成本的重要构成部分,降低企业的人工成本率也是企业人力资源管理部门的核心任务之一。因此,科学的薪酬体系设计必须保持弹性,在个人层面的因素、职位层面的因素和企业层面的因素发生变化时,能自动调节企业的薪酬比例和薪酬水平,降低企业总体的人工成本率。

三、薪酬体系的基本类型及其组合

在实践中,虽然形成了基于职位、基于能力、基于市场等不同的薪酬体系模式,但不同地区、不同行业、不同企业,或者同一个企业内部不同职位群之间,都存在着诸多差异。企业在构建薪酬体系的过程中不能采用统一的模式，应根据企业自身的实力、所处的发展阶段和发展战略，遵循权变的思想，对不同类别的职位设计个性化的薪酬体系及其组合模式，最大限度地正确反映员工贡献，吸引、保留和充分激励各种人才，并有利于控制企业的人工成本总额，促进企业战略目标的实现。

（一）薪酬体系的基本类型

薪酬体系决策的主要任务是确定企业的基本薪酬以什么为基础。一般而言，企业往往从市场、职位、技能、绩效等四大要素中选择一个作为确定企业某一基本薪酬系统的基本依据，最终形成了实践中的四大薪酬体系模式，即基于市场的薪酬体系、基于职位的薪酬体系、基于能力的薪酬体系，以及基于业绩的薪酬体系。

不同的薪酬体系有其不同的适应对象、不同的特点和导向性，同时也有各自的优点和缺点。不是任何一个企业都可以采用职位薪酬制，也不是任何一个企业都可以采用技能薪酬制。实践中，有些企业只采用一种薪酬体系，而另外一些企业可能同时采用两种或三种薪酬体系的组合。

（二）薪酬体系的具体设计

各类薪酬体系的实施都有严格的限定前提，因此企业在薪酬体系设计和管理过程中，要仔细分析对应职位群的特点，选择使用某种薪酬制度作为基础，并结合其他薪酬制度的优点，扬长避短，进行优化设计。以保证企业薪酬的内部一致性，并使各类人才获得与他们的劳动和贡献相适应的报酬，最大限度地激发员工的工作积极性和创造力。

1. 企业管理人员的薪酬体系

企业管理人员的薪酬设计应该分为两个层面，即企业高层管理人员的薪酬体系设计与企业中基层管理人员的薪酬体系设计。

1）高层管理人员的薪酬体系

企业高层管理人员作为企业经营方向和战略的制定者，对企业生存与发展具有决定性的作用，他们也应该对企业经营状况的最终结果负责。因此，企业高层管理人员的薪酬体系设计往往是“短期激励＋长期激励”模式，具体的表现形式为年薪制、股票期权、延期支付、企业年金等。

短期激励是根据企业战略目标或计划（通常是年度计划）的完成情况，对高层管理人员进行的现期奖励，往往以年薪、年度奖金的形式出现，数额根据年度企业业绩而定，一般以现金的形式支付。

长期激励计划的主要目标是弥补短期激励带来的短期利益行为，使企业高层管理人员更注重企业的长期发展。长期激励在本质上是一种延期支付，往往通过资本增值的形式予以实现，主要是股票期权、股票增值权、受限股票、虚拟股票、绩效计划等形式。但不管是短期激励，还是长期激励，企业高层管理人员薪酬体系设计一般采用的是基于绩效的薪酬体系，即高层的收入水平需要与企业的绩效指数（企业净资产增长率、净利润增长率、市场份额、现金流等的综合）严格挂钩。促使企业高层能从企业发展的全局来安排各项任务，降低委托代理成本，最终实现企业高层管理人员个体和企业的双赢。当然，在获取关键性的高层管理人才过程中，企业还可以采用基于市场的薪酬体系，通过谈判的方法来确定其薪酬水平。

2）一般管理人员的薪酬体系设计

与企业高层管理者的结果和业绩导向的薪酬模式不同，企业中一般管理类职位，如人力资源管理部、财务部、行政部等，其绩效一般很难衡量，其工作成果往往较难区分得非常清晰，难以用数字量化。因此，在企业的管理实践中，往往采用基于职位的薪酬模式，部分技能要求特别高的职位也可以采用基于技能的薪酬模式。职位工资或技能工资水平的高低取决于企业经济效益的状况。

基于职位的薪酬体系往往根据职位或职位的价值、职位的技能要求、职位的工作环境、职位的决策风险程度等因素确定职位的薪酬水平，一般是针对职位，不针对个人。在一般管理类职位中，基本工资、职位工资的比例比较高，一般在80%左右，从而淡化一般管理类职位业绩不容易衡量和评价的管理困境。当然，这种模式还是需要企业建立完善的绩效考核体系，只不过绩效考核的结果不是去直接影响职位的工资水平，而是决定什么人在什么职位上，即企业要通过考核建立起“能者上、平者让、庸者下”的职位轮换机制。否则，整个企业可能陷入人浮于事、轮流坐庄等困境。

部分对技能要求比较高的职位在采用职位薪酬制的同时还可以采用技能薪酬制，即职位技能薪酬制。它明确地将掌握与提高工作效率密切相关的技能作为确定薪酬水平的一个因素，激发员工提高个人的业务水平和能力，促进员工绩效的提升。

2. 销售类职位的薪酬体系

销售类职位是企业直接与市场对接的职位，面临着比较大的压力和风险，其工作绩效比较容易衡量。因此，销售类职位的薪酬体系设计往往是基于业绩或工作结果模式。具体而言，销售类职位的薪酬体系一般采用佣金制、基本工资＋佣金制、基本工资＋奖金制、基本工资＋津贴制、基本工资＋红利制等模式。

当然，销售人员在获取上述报酬的同时，还往往拥有销售成本的报销权，报销的比例一般是销售回款额的10%左右。这部分费用也可以成为部分资深销售员（客户和市场份额比较稳定，不需要持久性的销售开发费用）的隐性收入。

3. 专业技术类职位的薪酬体系

专业技术职位是指企业中那些用其所掌握的专业知识为企业的发展解决问题或是从事专业技术开发的职位。具体包括生产类技术职位、研究开发类职位等。对这些职位来说，其业绩相对容易衡量。因此，企业中的专业技术类职位一般采用基于技能的薪酬体系，如基本工资＋技能工资＋奖金(项目提成)等模式。当然，基于职位的高技能要求、职位的不可替代性，以及外部人才供求的稀缺性，专业技术类职位的报酬一般比较高。

此外，专业技术类职位的员工一般都有较强的内在报酬需求，如尊重的需要、自我实现的需要等。因此，对于专业技术类职位的激励，除了工资、奖金支付、利润分享以及企业股票认购等形式进行激励之外，还应该为其创造良好的工作条件和提供多种学习、培训等机会。

4. 后勤类职位的薪酬体系

企业中的保安、保洁、保绿，以及司机等后勤类职位的薪酬体系一般与企业其他类职位的模式存在较大差异。根源在于后勤类职位的技能要求一般偏低，对企业的战略价值贡献不大，职位人员的可替代性较强，并且在外部往往是供过于求。因此，对于这类职位，其薪酬体系往往也是基于市场的薪酬体系模式，可以采用职位工资＋绩效工资(而不是效益工资)模式。在这种工资模式下，后勤类职位的薪酬水平取决于当地劳动力市场或人才市场同类职位的平均工资水平，以及本人的绩效表现，往往与企业的经营效益没有直接联系。

第二节 基于市场的薪酬体系

一、基于市场的薪酬体系的内涵及其特点

基于市场的薪酬体系，也称为协商薪酬制或谈判薪酬制。主要是指以劳动者为一方，用人单位为另一方，通过直接协商或谈判来确定薪酬支付标准，并将确定的薪酬标准和支付方式写入劳动合同的一种薪酬体系模式。基于市场的薪酬体系是我国人才市场建立和发展的直接产物，也是各类人才价值得到合理评价和认可的有效方式，是落实我国政府提出的“科学人才观”的表现形式之一。

基于市场的薪酬体系能够真实地反映各类劳动力的价值和供求关系，薪酬水平随行就市，劳动者与用人单位双方都比较满意。该类薪酬体系在实践中一般分为两种模式：一是对于企业急需的高素质人才的协商薪酬制；二是对于企业

中技能要求不高的后勤类职位的协商薪酬制。

基于市场的薪酬体系的优点是协商薪酬制可以使企业在人才市场上的人才竞争中处于有利地位，一般适用于企业所急需的高级技术人才或管理人才，并有助于控制企业的人工成本。同时，操作起来比较简单，可有效减少员工显性的薪酬攀比行为。

但协商薪酬制并不是在任何场合都适用，对于企业急需的高素质人才的协商薪酬制，往往存在以下缺陷或问题。

(1) 容易导致协商薪酬体系内部的不公平。在实践中，协商薪酬制是员工与企业通过谈判方式确定薪酬数额的薪酬制度模式。但由于谈判水平的差异，企业中相同技能水平员工的薪酬可能有较大差距。同时，如果短时间内企业提高或降低同类人才引进待遇，也容易招致老员工或新引进人员的不满。

(2) 薪酬谈判时企业很难对员工的技能水平及未来的工作表现进行准确衡量和预期，只能根据市场行情，以及员工过去的业绩确定，所确定的薪酬数额随意性较大。一旦引进的人才不符合企业要求或业务素质不高，则容易使企业处于进退两难的境地。

(3) 协商薪酬制一般适用于企业的外部人才引进，即“空降兵”。这种工资决定模式如果缺乏严格的条件或门槛限定，会使企业内部原有的按照科学原则建立起来的薪酬等级结构遭到破坏，损害“同工同酬”原则，引致企业内部员工的不满，不利于企业凝聚力的培育。在这种情况下，企业内部的员工往往会对企业中过高薪酬的“空降兵”产生妒忌、排斥，甚至是抵制，影响企业引进人才的施展空间，最终导致企业改革的失败。

此外，企业中还大量存在对技能要求不高的后勤类职位的协商薪酬制，如农民工、下岗职工、返聘职工等人员。对于这类人员，一定要防止协商薪酬制的滥用，保证协商薪酬不能低于当地最低薪酬标准，并遵守劳动合同法的相关规定，使其享受法定福利，以及企业内部的员工福利。

二、基于市场的薪酬体系的设计

在管理实践中，企业一般针对企业急需的高素质人才，通过设立工资特区的模式来实施基于市场的薪酬体系。

企业设立工资特区的目的在于使工资分配向那些对企业有特殊贡献，并在市场上特别稀缺的高级人才倾斜，从而保证企业薪酬的外部竞争性，提高公司对关键人才的吸引力，增强公司在高级人才市场上的竞争力。

企业设立工资特区(协商工资)的原则包括以下四个方面。

(1) 谈判原则：特区工资以高级人才市场价格为基础，由雇佣双方谈判确定。

(2) 保密原则：为保障特区员工的顺利工作，对工资特区的人员及其工资严格保密，禁止员工之间相互打听。

(3) 限额原则：对工资特区高级人才的数目实行动态管理，依据公司战略目标、经济效益水平以及高级人才市场的供求情况确定享受特区工资制度的人员，宁缺毋滥。

(4) 考核原则：实行协商薪酬的正式人员拿出协商工资总额的一定比例，如30%，参加年终绩效考核。并根据考核结果，决定其最终的薪酬发放水平。

企业在进行工资特区（协商工资）高级人才的选拔时，可委托猎头公司和当地高级人才推介公司推荐高级人才候选人，成立临时选聘委员会并对候选人进行考评，委员会成员包括公司级领导、人才测评专家、有关技术专家等，选聘方法可综合采用情景模拟、面试和评价中心等多种人才测评办法。

值得注意的是，企业应建立进入工资特区（协商工资）人才的淘汰机制。例如，对工资特区内的高级人才，年底要根据业绩合同进行考核。一旦有以下情况者将要求其退出人才特区：如考核总分低于预定标准；人才供求关系变化，不再是市场稀缺人才；工资特区工资总额不超过企业年度工资总额的一定比例，如10%左右等。

第三节 基于职位的薪酬体系

一、基于职位的薪酬体系概述

（一）基于职位的薪酬体系的含义

基于职位的薪酬体系是一种在对职位本身的价值给出客观评估的基础上，根据这种评估的结果赋予担任这一职位的从业人员与其职位价值相当的工资的工资制度。这种薪酬体系设计的基本理念是“对岗不对人”与“按岗付酬”。即一方面，不同职位对知识、技能有不同的要求，承担职责的大小也不一样，所以不同职位对企业的贡献价值不同；另一方面，在每个职位任职的员工对企业的贡献和重要程度也不同，他们应当根据所从事的工作领取报酬。

目前，就世界范围内的企业管理实践而言，基于职位的薪酬体系是应用范围最广泛的薪酬管理模式。其中，最主要的原因有两个方面，一是职位薪酬体系下工资水平的确定依据内部的职位价值评估完成，既能通过向核心职位的倾斜以体现企业的战略发展方向，又能做到有理有据，相对客观和公正；二是职位薪酬体系虽然建立的过程比较烦琐，但一旦制度建立起来，后续的管理和体系维护工作就比较简单。

基于职位的薪酬体系建立在职位评价基础上，员工所胜任职位的差别是决定基本工资差别的最主要因素。这种薪酬体系的建立往往首先需要对每个职位所要求的知识、技能以及职责等因素的价值进行评估，根据评估结果将所有职位归入不同的薪酬等级，每个薪酬等级包含若干综合价值相近的一组职位。然后，再根据市场上同类职位的薪酬水平确定每个薪酬等级的工资率，并在此基础上设定每个薪酬等级的薪酬范围。这样，每个职位都会对应某一薪金等级。员工可以从某个职位到另外一个职位进行流动，但各个职位本身及其所对应的薪资水平保持不变。

从以上分析可以看出，基于职位的薪酬体系有以下四个方面的特点。

(1) 具有严格的职位职责界定和职位价值评价，比较客观公正。

(2) 职位工资比重较大，职务津贴高，在整个工资中职务工资一般在60%以上；工资浮动比重小，比较稳定。

(3) 设立了严格的职等职级，并对应严格的工资等级，职位不变，薪酬水平不变。

(4) 并不按照员工的个人能力支付报酬，往往假定担任某一种职位工作的员工恰好具有与工作的难易水平相当的能力，它不鼓励员工拥有跨职位的其他技能。

(二) 基于职位的薪酬体系的优缺点

1. 基于职位的薪酬体系的优点

基于职位的薪酬体系的优点主要表现在以下三个方面。

(1) 在严格的职位价值评估条件下，有利于实现同工同酬、按劳分配原则，保证了企业内部的公平性。

(2) 有利于按照职位系列进行薪酬管理，操作简单，管理成本低，在操作方面比技能薪酬制和能力薪酬制更为简单和容易。

(3) 薪酬随职位晋升而提高，促使员工不断提高自身技能以争取晋升或提高职位等级，进而调动了员工的工作积极性。

2. 基于职位的薪酬体系的缺点

虽然基于职位的薪酬体系存在诸多优点，但并不是每一个组织都可以自由选择这种薪酬模式。其根源就在于基于职位的薪酬体系也存在部分缺陷，如果一个组织的职位管理体系不完善，或职位薪酬体系设计不合理，或薪酬体系的配套措施不到位，都有可能导致该组织的薪酬体系归于失败。

基于职位的薪酬体系的缺陷主要表现在以下三个方面。

1）职位薪酬体系容易影响组织的灵活性和弹性

在基于职位的薪酬体系中，每个职位根据价值评估分数的高低被归入高低不同的等级，每个员工据此知道自己应当对什么负责，但另一方面也就知道了自己无须对什么负责。一个组织永远不可能对职位职责进行完全的描述和规定，必然存在漏洞。同时，企业往往也期望员工表现出一些正规职位职责之外的行为，如主动帮助同事、主动加班、积极应对客户的需要等。上述内容显然不可能全部列入员工的职位职责之中。因此，在实践中，由于职位和职责相对稳定，与职位相联系的薪酬也相对稳定，这往往不利于企业对外部多变的经营环境作出迅速的反应，加剧了组织缺乏灵活性和弹性的现象。

2）职位薪酬体系的激励效应难以保证

（1）在职位薪酬体系下，员工加薪主要依靠职务晋升。如果一个组织的职位晋升空间有限，员工晋升机会减少，或者某些员工已经达到了他所在职位的薪酬等级中的最高标准，向上已经没有提薪空间，则极易挫伤员工的积极性。这种情况在组织结构趋于扁平化的企业，以及采用稳定发展战略和收缩战略的企业中尤为普遍。

（2）在职位薪酬体系下，员工要想获得更高的报酬，就必须从事更高级别的职位，级别越高，则职位越少，而且人们一旦占据该职位，即使不作出很大努力，同样享有该职位的一切待遇。这必然使得那些已经具备条件、更具竞争力，但只是由于职位的缺乏而不能及时得到晋升的员工产生不公平感。

（3）在以职位为基础的薪酬体系中，通常是管理类的职位处于高工资等级，而其他类型工作的职位则一般很难进入高工资等级。在这种管理模式下，员工在考虑自己的职业发展时，第一选择就是管理职位，因为只有做管理类工作，他们才具有进一步提高薪酬的可能。但并不是所有优秀的专业技术人员都适合做管理者，最终的结果是出现了管理学上著名的“彼得陷阱”现象（技术人才转做管理职位），企业失去了许多优秀的专业人员，在管理效率方面也逐步降低。

3）内部信息传递迟缓，员工跨职能学习动力不足

（1）在基于职位的薪酬体系中，职位说明书对员工的知识、技能和职责作出了非常清晰而具体的规定，但容易造成职位等级结构严密、决策链条过长等问题。如果在一线出现了问题，信息通过正式渠道传递到上层，上层决策以后，解决方案再通过正式渠道下达到一线，一线人员根据上级的指示解决问题。这种通过正式渠道、从上至下的决策方式，使得一线员工难以根据自己的知识、技能创造性地直接解决问题，从而影响管理和执行的效率。

（2）基于职位的薪酬体系严格按照职位的技能和价值支付报酬，不鼓励员工“一专多能”。在这种情况下，员工的技能水平再高，如果与本职位没有直接联系，其报酬水平也不会增加。但如果企业高技能要求的职位经常出现人才流失，

严格的职位技能限定将使组织失去员工在职位之间轮换、顶替的自由度。

（三）实施职位薪酬体系的前提条件

限于职位薪酬体系的缺陷，以及进行职位价值评价的复杂性，在企业的管理实践中，一个组织能否建立基于职位的薪酬体系，一般要满足以下几个前提条件：

1. “四定”工作与职位分析具有较好的基础

职位薪酬体系遵循“按岗付酬”的原则，这就决定了企业采用职位薪酬体系的前提之一是企业的职位职责必须明晰和规范化，建立一套规范、标准和具有时效性的职位说明书。而要做到这一点，就必须完成两项基础性工作，即“四定”管理（职位设计）和职位分析。

“四定”管理即“定责、定岗、定编、定员”，是根据组织业务目标的需要，并兼顾个人的需要，规定某个职位的任务、责任、权力、任职资格以及在组织中与其他职位的关系的过程。显然，“四定”管理与工作分析是不同的工作。“四定”管理把整个业务战略和业务目标分解到每个员工这一层次，是对现有职位的认定、修改或对新职位的描述。职位分析只是对现有职位的客观描述。

如果一个组织的“四定”管理和职位分析基础不完善，存在工作的权责不等、工作职责相互重叠，以及权限不明、结构臃肿、人浮于事、相互推诿、相互扯皮等现象，则无论职位薪酬体系设计得多好，也无法起到应有的效果。

2. 职位内容基本稳定

职位薪酬体系内部结构的建立一般以职位的价值评估为前提，而完成一次科学、合理、规范的职位价值评估要耗费大量的人力和物力。在一个组织大量的职位或工作内容需要强调灵活性、需要频繁变动的情况下，建立职位薪酬体系就意味着经常性的职位价值评估，这显然不太现实。因此，职位薪酬体系比较适合内部职位级别较多、外部环境相对稳定、市场竞争压力不是很大的企业。就职位类别而言，职位薪酬体系比较适合职能管理类。

3. 组织人岗匹配的机制比较健全

如前所述，由于职位薪酬体系不对员工的额外技能支付报酬，也不提倡员工具有跨职位的技能，这就意味着实施职位薪酬体系的组织必须具有较强的人岗匹配能力。

首先，组织应具备按照个人能力安排职位或工作职位的机制，如内部的职位竞聘、职位轮换，以及职位晋升等。否则，无论是员工的个人能力高于职位要求，还是低于职位要求，都容易引发一系列的管理矛盾。

其次，职位薪酬体系要求企业的人才队伍相对稳定，流失率较低，或企业保持足够的后备人才库，否则就容易出现短期内的职位空缺，进而影响企业的运行效率。

4. 组织应保持相对较多的职位级数和相对较高的薪酬水平

在职位薪酬体系下，组织中必须存在较多的职位等级和职位晋升通道，否则员工的薪酬水平增长非常容易出现停滞。这也是目前国内众多企业开始采用宽带薪酬模式的重要原因之一。

当然，这也必然带来另外一个问题，即企业的薪酬水平是否足够高。况且企业的职位等级越多，就要求企业的薪酬水平越高，原因在于受限于当地物价水平和最低工资水平等因素，企业最低级别职位的工资水平不能过低，这也就意味着职位薪酬体系的晋升空间越大，企业最高级别职位的工资水平越高。在这个原理的约束下，现代企业一般在建立宽带薪酬模式的基础上，实施“小幅慢频”的员工薪酬增长模式。

二、基于职位的薪酬体系的实施

本书作者认为，企业中职位薪酬体系的实施一般包括四个步骤，即职位设计、职位分析、职位价值评价和职位等级的划分。每一步骤的主要操作框架如下：

（一）“四定”管理（职位设计）

建立基于职位的薪酬体系的前提是进行科学的职位价值评价，而进行职位价值评价的前提是职位划分比较明确，职位分工比较合理。如果职位划分与设定不科学，则最终的工资分配关系必然也是扭曲的。这就要求组织在设计薪酬体系前要做好定责、定岗、定编和定员等四个环节的工作。

1. 定责

现代企业大都讲究“因事设岗”和“按岗付酬”。这里的“事”即职责。因此，定责是企业进行职位设计与薪酬设计的基础和前提。

就定责的操作过程而言，实质上是一个自上而下、由大到小的过程。

(1) 需要完成组织结构设计。组织结构设计是指对一个组织的结构进行规划、构设、创新或再造，以便从组织的结构上确保组织目标的实现。具体的模式包括直线制、直线职能制、事业部制、子公司制、网络制等模式。

(2) 需要完成部门职责的界定。即确定组织内各部门和人员之间的正式关系和各自的职责，规划出组织最高部门下属各个部门、人员分派任务和从事各种活动的方式，确定组织对各部门、人员活动的管控、协调方式，以及确立组织中权力、地位和等级的正式关系。最终形成部门职责和部门的工作流程。

(3) 需要对部门职责进行分解，把难度类似或流程前后相关的环节合并成职责的集合，即职位。

2. 定岗

定责与定岗的过程紧密相关。定岗的过程就是职位设计的过程，所要解决的主要问题是组织向其成员分配工作任务和职责的方式。

定岗在企业管理中的作用非常重要。亚当·斯密在其《国富论》中论及职位设计。他以制针业为例说明了职位的专业化分工的效率。“科学管理之父”泰勒所进行的“时间—动作”研究，实际上也是一种职位设计，即将职位的工作程序和操作方法标准化。

1）定岗的原则

在实践中，由于具有不确定性和探索性，部门和职位设计可带有一定的灵活性，以适应工作量、工作职责等的实际需要。但必须遵守以下基本原则：

（1）因事设岗原则。从合理分解部门的工作职责开始，“以事定岗、以岗定人”。设置职位既要着眼于企业现实，又要着眼于企业发展。职位和人应是设置和配置的关系，而不能本末倒置。

（2）整分合原则。企业中的职位分工是相对的，即在企业组织整体规划下应实现职位的明确分工，又在分工基础上有效地综合，使各职位职责既明确又能上下左右之间同步协调，以发挥最大的企业效能。

（3）最少职位数原则。企业是一个严格的成本收益核算系统，既考虑到最大限度地节约人力成本，又要尽可能地缩短职位之间信息传递的时间，减少信息失真，提高制度执行力。

（4）规范化原则。职位名称及职责范围均应规范，应尽量遵守行业的管理规则来确定。这些工作将为企业未来的市场薪酬调查奠定基础。

（5）一般性原则。应基于正常情况的考虑，不能基于例外情况。例如，90%情况下这个职位需要多少工作量、多大工作强度。

2）定岗考虑的主要因素

（1）职位的主要工作是什么。包括平常这个职位做哪些基本工作，为了实现相应的职位目标，这个职位需要做哪些工作，在各项具体工作之间如何分配时间等。

（2）完成职位的任务需要利用什么资源和工具。如为了达到职位目标应该利用哪些资源或工具，需要哪些职位的配合等。

（3）职位的任职资格要求，即从事本职位工作应具备何种条件，包括知识、能力、品质、人际交往、教育水平、背景与经验等。

（4）职位的汇报关系是什么。包括该工作向谁汇报，该职位的同级是谁，下级是谁，与其他同事的权利和责任的划分等。

（5）职位的工作量有多大。如这个职位需要处理多大的工作量，是否需要加班，是否需要一岗多人等。

3）定岗的主要方法

（1）组织分析法。这是一个广泛的职位设计方法。首先从整个组织的远景和使命出发，设计一个基本的组织模型；然后根据具体的业务流程需要，设计不同的职位。这种模式需要考虑的因素如下：最适合的组织结构，战略性的业务单元，是以产品为主还是以职能为主或以区域为主，每个组织单元的绩效期望，高级管理层的职责和角色，要制定的关键决策，这些决策如何执行，如何协调，每个组织单元的绩效如何评估等。组织分析法通常适用于大型企业的大范围重组项目。在这个项目中，组织设计和职位设计将占据整个项目的大部分工作。

（2）关键使命法。职位设计仅仅集中于对组织的成功起关键作用的职位。关键使命法通常适用于由于时间和预算的限制，对整个组织的职位进行设计不可行的情况时。

（3）流程优化法。根据新的信息系统或新的流程对职位进行优化。这种方法可以确定新的职位，但往往适用于较小的项目范围，如主要在实施一个新的管理信息系统时应用。

（4）标杆对照法。参照本行业典型企业现时的职位设置进行设计，一般适用于不太精确的项目范围。

3. 定编

定编就是采取一定的程序和科学的方法，确定各职位人员的数量的过程。

定编是一个动态的过程，一般需要在企业具有一定业务规模的基础上进行，具有一定的时效性，即有一个发生、发展的过程。同时，要兼顾到“定员”，员工的素质与能力往往会影响到职位的人员数量。定编不仅要从数量上解决好人力资源的配置，而且要从质量上确定使用人员的标准，从素质结构上实现人力资源的合理配备。

1）定编的原则

（1）以企业经营目标为中心，科学、合理地进行定编。企业完成定编工作首先需要结合企业的发展战略和竞争战略，合理地确定各类人员的数量以及它们之间的比例关系。其依据是计划期内的企业目标业务量和各类人员的工作效率。

（2）企业各类人员的比例关系要协调。在中国企业的内部管理中，部门之间的相互均衡非常重要。在定编过程中，一方面要结合企业的发展战略确保核心职位数量的增长，另一方面也需要兼顾以下三类关系：首先是正确处理企业直接与非直接经营人员的比例关系；其次是正确处理直接与非直接经营人员内部各种职位之间的比例关系；再次是合理安排管理人员与全部员工的比例关系。

（3）进行定编工作时，要考虑到企业的战略规划和发展方向，通盘考虑职位的编制需要，做到既有合理性、适应性，又有一定的弹性和前瞻性。

2）定编的方法

（1）劳动效率定编法。劳动效率定编法是指根据生产任务和员工的劳动效率以及出勤等因素来计算职位人数的方法，其计算方法一般为：定编人数＝计划期生产任务总量/（员工劳动定额×出勤率）。实质上就是根据工作量和劳动定额来计算员工数量的方法。在实践中，实行劳动定额的职位，特别是以手工操作为主的职位，比较适用这种方法。

（2）本行业比例法。本行业比例法是指按照企业职工总数或某一类人员总数的比例来确定职位人数的方法。在各类行业中，由于专业化分工和协作的要求，某一类人员与另一类人员之间总是存在一定的比例关系，并且随着后者的变化而变化。这种比例关系往往参照行业中的标杆企业确定。这种方法的计算公式一般为：$M=T\times R$。其中，M 为某类人员总数，T 为服务对象人员总数，R 为定员比例。该方法比较适合各种辅助和支持性职位定员，如人力资源管理类人员与业务人员之间的比例，在服务业一般为 1∶100。

（3）按组织机构、职责范围和业务分工定编的方法。这种方法是一种最常规的方法，也是一种应用比较广泛的方法。一般是先确定组织机构和各职能科室，明确各项业务分工及职责范围以后，根据业务工作量的大小和复杂程度，结合管理人员和工程技术人员的工作能力和技术水平确定职位人数。

（4）预算控制法。企业的投入在一定时期内总是有限的。在投入有限的情况下，人力资源管理要做的是，在一定时期内，如何运用有限的资本投入获得最佳的职位和人数的组合。因此，预算控制法是西方企业流行的定编方法。预算控制法的实质是通过人工成本预算控制在岗人数，而不是对某一部门内的某一职位的具体人数做硬性的规定。部门负责人对本部门的业务目标、职位设置和员工人数负责，在获得批准的预算范围内，自行决定各职位的具体人数。

由于各企业的情况差别和情况的不断变化，很难会有一个所谓绝对正确、完全适用和一成不变的编制。企业的定编工作往往需要服从于企业的总体目标要求，并充分考虑员工的素质与能力的变化，是一个动态的调整和适应过程。一般而言，在上述各类方法中，按效率定编定员是基本的办法，对定岗定编起到硬性约束的是成本投入。在实践中，通常是将各种办法结合起来，并参照行业最佳案例来制定本企业的职位人数。

4. 定员

定编与定员是紧密关联的两个环节，所要解决的问题是企业各工作职位配备什么素质的人员，以及配备多少人员，即什么人能够胜任什么职位。

一般而言，企业定员的方法需要区分内部人和外部人。对于企业需要招聘的新员工，主要是依据职位的任职资格进行社会招聘或校园招聘，一般遵循“因岗择人”的原则。对于企业的内部员工，一般根据新职位的任职资格进行“内部竞聘”。对于部分特殊的员工,也存在“因人设岗”的现象。

(二)职位分析

在组织的职位设计工作完成之后,需要进行职位分析。职位分析明确了工作责任,因而该工作在组织中的重要程度或相对价值也得以明确。一般来说,工作的职责越重要,工作就越有价值,也就需要越多的知识和技能。以此为依据制定的薪酬计划容易实现组织内与组织间薪酬的相对公平。

1. 职位分析的基本范畴

职位分析在属性上属于一种人力资源管理工作与方法,其主体是人力资源管理者,客体是整个组织系统。职位分析的对象是工作,包括战略目标、组织结构、部门职能、工作内容、工作责任、工作技能、工作强度、工作环境、工作心理以及工作方法、工作标准、工作时间等在组织中的运作关系。

职位分析的目标是建立工作或职务说明书,确立组织的权责分工体系;确立组织职级、职等结构,建立组织的薪酬结构体系;建立组织人力资产采购标准体系、培训内容体系、职位异动体系、考核内容与标准体系等人力资源管理体系。

一般而言,职位分析要解决以下 5 个重要的问题:

(1) 工作的完成需要什么样的体力和脑力活动?

(2) 将如何完成此项工作?

(3) 完成工作需要哪些条件?

(4) 工作将在哪里完成?

(5) 工作的完成需要得到什么样的报酬?

在职位分析过程中,工作的实际情况被收集、整理并加以分析,作为实际存在而不是应该存在的工作被记录下来,为企业的薪酬体系设计奠定基础。

2. 职位分析的定位

在企业中,进行职位分析是进行薪酬体系设计的基础环节之一。但必须注意以下问题。

(1) 职位分析过程极具挑战性,职位分析过程需要较高的专业知识技能。诸多企业在工作分析方法上有所欠缺,有的企业更是将工作调查表发下去,让人填完,再收上来,再简单加以整合就完成了职位说明书。根源就在于上述企业没有充分认识到职位体系在人力资源管理中的定位,仅仅把它当成一个必须走的过程,不知道它的真实目的在哪里,有什么用。

(2) 职位分析的效果不能立竿见影。职位分析耗时耗力,但运行的效果并不一定会立即显示出来。例如,制度本身需要一个磨合的过程,员工对制度的接受也有一个过程等。企业不能因为职位分析成果推行过程的艰难或收效甚微而轻易放弃职位分析。

(3) 职位分析过程涉及组织的每个员工，设置影响正常工作，需要得到高层的支持。

(4) 职位分析是动态的，"一劳永逸"的工作描述和任职资格是一纸空文。事实上，大多数企业都进行过职位分析和职位评价，却在不同程度上忽视了它的作用。例如，职位分析做完了，厚厚的职位说明书便被放在文件柜中，不再检阅更新；职位评价做完了，各个职位的价值确定了，便一评定终身，再也不管职位职责的更新和企业结构的变迁。在这些企业中，做了职位分析和职位评价甚至比没做过更糟。

3. 职位分析的流程

组织进行职位分析，一般包括五个步骤，即计划、方案设计、信息收集与分析、结果描述、结果运用指导。具体见图 3-1。

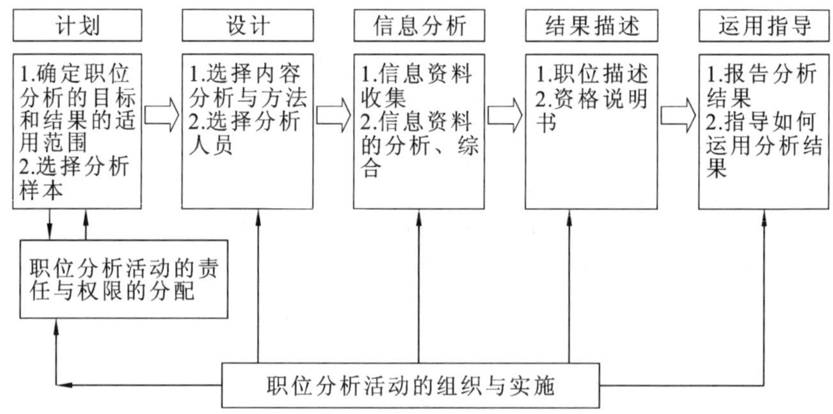

图 3-1　职位分析的基本流程

1) 制定职位分析计划

在制定职位分析计划的过程中，组织一般需要明确两大问题。

(1) 确定职位分析的目标和结果的适用范围，明确分析的资料用来干什么，解决什么问题。例如，是为了进行组织结构优化、确定任职资格，还是为了确定考核指标，或薪酬的给付依据等。不同的目标会影响工作信息的收集重点和收集方式。

(2) 界定职位分析的范围与样本数量，并预算大致的时间、费用和人力。在实践中，限于人力、物力，职位分析一般不可能包括组织中的全部职位，分析的范围只能限于标杆职位。这些标杆职位必须具有代表性和典型性。

2) 职位分析方案设计

在明确了职位分析的目标与范围之后，就需要设计具体的职位分析对象、方法，并确定进行职位分析的小组成员。

(1) 明确分析内容与方法。除了职位分析的应用范围会影响职位分析的内容和重点之外,组织的组织结构特性、行业特征也会影响职位分析内容与方法选择。例如,对于那些工作结构性高、输出标准化的传统产业,可以采用"工作导向性"职位分析,主要涉及任务分析(职位的职责是什么)和方法分析(运用什么方法能完成这些职责)。而对于那些工作结构性低、输入个性化的技术产业,往往要采用"人员导向性"职位分析,主要涉及人员分析(什么人能运用上述方法完成职位职责)。

(2) 做好时间安排,编制各种调查问卷、面谈提纲、现场观察提纲及工作日志等,并制定分析标准。

(3) 选择信息来源,一般包括任职者、主管人员、顾客、外部专家、文献资料等。

(4) 根据职位分析的难度和规模,确定工作分析小组,分配任务与确定权限,并对相关人员进行标准化操作培训。在正常情况下,职位分析小组中至少应有一位外部专家。

3) 信息收集与分析、综合

(1) 选择职位分析信息收集的来源。在实践中,职位分析信息的来源一般包括三个方面:一是职位分类资料,包括通用的职位描述、职业数据以及其他的政府和行业公开的资料等;二是企业的内部文件,如企业的组织结构、部门分工及历史沿革,业务流程、企业文化以及已有的工作描述、任职资格、工作的绩效标准等书面资料;三是人员信息,包括目标职位的上级、同事、客户以及与该职位有业务关联的人员等。

(2) 确定职位分析信息收集的重点。①对于组织优化导向的职位分析,信息收集的重点是工作目的与工作职责、职责分配的合理性、工作流程、职位在流程中的角色、工作权限等,需要强调职位边界的明晰化。②对于招聘导向的职位分析,信息收集的重点是工作目的与工作职责、职责的重要程度、任职资格,往往强调对职位所需教育程度、工作经验、知识、技能与能力的界定。③对于培训导向的职位分析,信息收集的重点是工作职责、职责学习的难点、工作难点、关键工作行为、任职资格,往往强调对工作中难点、常见错误的分析以及任职资格中可培训的部分。④对于绩效考核导向的职位分析,信息收集的重点是工作目的与工作职责、职责的重要程度与执行难度、工作难点、绩效标准,需要强调对工作职责以及责任细分准确界定,以及各职责的重要程度、过失损害的信息,为指标提取和权重确定提供基础。⑤对于薪酬导向的职位分析,信息收集的重点是工作目的与工作职责,工作范围,职责的复杂程度与执行难度,职位在组织中的位置,工作联系的对象、内容与频率,任职资格。往往强调对与薪酬决策有关的工作特征的评价性分析。

（3）信息分析的内容。在完成职位分析相关信息收集之后，就需要对收集的各类信息，包括问卷调查信息、访谈信息，以及其他书面资料进行整理和分析。具体的分析内容如下。①职位名称分析。职位名称要合理反映其在组织中的位置与功能，既符合惯例，又要进行合理的美化。②职位内容分析，包括任务分析、职权分析、工作关系分析、劳动强度分析、工作重难点分析等。③职位环境分析。一般涉及三个方面：一是工作的物理环境分析，如温度、湿度、噪音、震动、异味、气压、照明、粉尘等；二是工作的安全环境分析，如危险性、危害性、危害程度、发生频率、职业病等；三是工作的社会环境分析，如工作所在地的生活环境、工作的孤独程度、工作的单调程度、人际交往等。④职位的任职资格分析。一般涉及四个方面：一是职位必备的知识分析，包括最低学历、对有关法律政策的通晓程度、对设备操作与材料性能等方面的最低要求；二是职位必备的经验分析，包括相关工作经验、专门训练和职业证书要求、有关操作方法和工艺流程的实际经验等；三是职位必备的能力分析，如注意力、决策力、创造力、组织力、适应性等；四是职位必备的心理素质分析，如职业性向、气质性向等。

4）结果描述

职位分析最后的结果主要表现为两种形式——工作描述和工作规范，即职位的工作职责和职位的任职资格。二者的综合，通常称为职位说明书或工作说明书。

（1）工作描述。工作描述又称工作说明或描述、职位（务）描述等，是指用书面形式对组织中各类职位的工作性质、工作任务、工作职责与工作环境等所做的统一要求。具体内容见图 3-2。

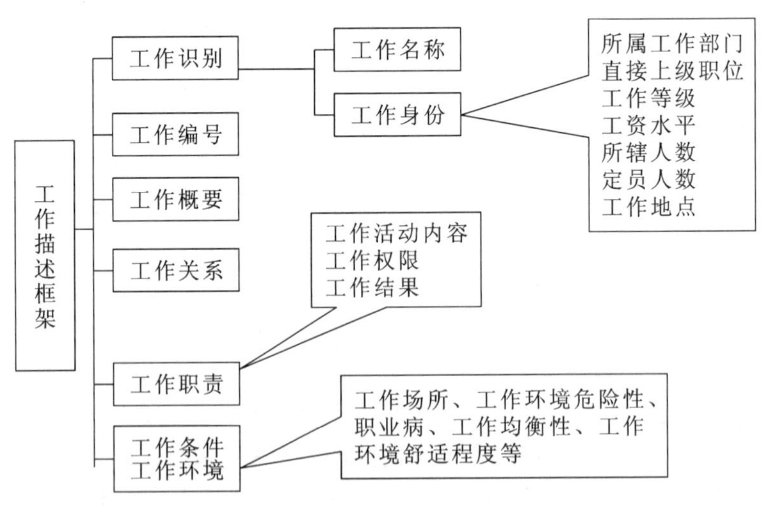

图 3-2　工作描述的一般内容框架

工作描述的主要功能包括让员工了解工作概要，建立工作程序和工作标准，阐明工作任务、责任与职权，为员工聘用、考核、培训等提供依据。

阅读材料3-1

某企业招聘专员的工作描述

1. 职位概述。

职务名称：招聘专员　　所属部门：人力资源部

职务代码：XL-HR-021　　工资等级：9～13

直接上级职务：人力资源部经理

工作目的：为企业招聘优秀、适合的人才

2. 工作责任。①根据企业发展情况提出人员招聘计划；②执行企业招聘计划；③制定、完善和监督执行企业的招聘制度；④制定招聘工作流程；⑤安排应聘人员的面试工作；⑥应聘人员的材料管理；⑦应聘人员材料、证件的鉴别；⑧负责建立企业人才数据库；⑨完成直属上司交办的所有工作任务。

3. 工作要点。①制订和执行企业的招聘计划；②制定、完善和监督执行企业的招聘制度；③安排应聘人员的面试工作。

4. 衡量标准。①上交的报表和报告的时效性与建设性；②工作档案的完整性；③应聘人员材料的完整性。

5. 工作难点。提供详尽的工作报告。

6. 工作禁忌。工作粗心，不能有效地向应聘者介绍企业的情况。

思考与提示

1. 该企业招聘专员的工作描述是否全面？
2. 该企业招聘专员的工作描述有何缺陷？

(2) 工作规范。工作规范又称职位规范或任职资格，是指任职者要胜任该项工作必须具备的资格。其主要内容包括三个方面：一是一般性的人员任职条件，包括身体素质、心理素质、知识经验、职业品德；二是管理职位工作规范内容，包括知识要求、专业要求、经历要求、职业道德要求；三是员工职位工作规范要求，包括应知、应会、工作实例等。

阅读材料3-2

某企业招聘专员的工作规范

1. 知识和技能要求。①学历要求：本科及以上。②工作经验：3年以上大型企业工作经验。③专业背景：从事人力资源招聘工作2年以上。④英文水平：达到国家四级水平。⑤计算机水平：能熟练使用Windows系统和Office软件。

2. 特殊才能要求。①语言表达能力：能够准确、清晰、生动地向应聘者介绍企业情况，能够准确、巧妙地解答应聘者提出的各种问题。②文字表述能力：能准确、快速地将希望表达的内容用文字表述出来，对文字描述很敏感。③观察能力：能够很快地把握应聘者的心理。④处理事务能力：能够将多项并行的事务安排得井井有条。

3. 综合素质。①有良好的职业道德，能够保守企业人事秘密；②独立工作能力强，能独立完成布置招聘会场、接待应聘人员、应聘者非智力因素评价等任务；③工作认真细心，能准确把握同行业的招聘情况。

4. 其他要求。①能够随时出差；②假期一般不超过一个月。

思考与提示

1. 企业工作规范制定的依据有哪些？
2. 该企业招聘专员的工作规范有无缺陷？

5）结果运用指导

职位分析结果运用指导主要是指对分析结果运用的原则、范围和方法的规定。人力资源管理部门是职位分析“结果”的应用部门，而非具体实施与管理的部门。因此，无论是哪种目标的职位分析，在任务完成之后，都需要就相关的结果和文件与业务部门进行沟通并提供培训和指导，以最大限度地提高职位分析的综合效果。

（三）职位评价

实行基于职位的薪酬体系，需要进行科学的职位分类和职位价值评价。职位工资标准和工资差距的确定，要在职位测评的基础上，参照劳动力市场中的劳动力价格情况加以合理确定。

1. 职位评价的内涵

职位评价是在职位分析的基础上，对某一职位的性质、相对价值（而不是某项任务的价值，也不是个人绩效的质量）以及任职者所需要的条件进行的分等排序的过程。

职位价值评价要素的确定依据在于经济学上对劳动的衡量。在具体的工作过程中，不同的劳动者，在相同劳动时间内的劳动，不仅有数量上的差距，还有质的不同。若要实现按劳分配，就必须把各种各样不同质的劳动转化为可以相互比较和衡量的劳动。即对不同质的劳动进行量化，找出各种具体劳动的共性。从劳动力的劳动耗费上看，具体劳动的差别表现在以下四个方面：劳动复杂程度、劳动强度、劳动责任和劳动环境。

经济学中对劳动的衡量在管理学中就逐步演化为对职位价值的评价，劳动四要素也逐步被职位劳动复杂程度、职位劳动强度、职位劳动责任和职位劳动环境等要素取代。

就操作的流程而言，职位信息收集和职位分析是基础，职位评价是手段，职位和薪酬结构才是最终的目标。

2. 职位评价的特点

职位评价的中心是客观存在的“事”，而不是现有的“人”。人属于测评、考核的对象。职位评价则是衡量组织内各类职位相对价值的过程。

3. 职位评价的方法

总体而言，职位评价的方法主要有四种，即排序法、点数法、分类法和因素比较法。在组织的职位评价中，它们常常被结合起来使用，根据在不同组织中的应用，每一种方法又可分为许多变种。职位评价的具体应用过程与方法，见本书第四章第二节的论述。

（四）职位等级

在完成职位评价之后，每个标杆职位都会得到一个相对客观的评价分数。组织可以按照一定的分数分解规则，如等比级差、等距级差等，将组织中不同的职位类别进行职位价值分级。

某企业管理类职位的职位价值等级划分如表 3-1 所示。

表 3-1　行政管理系统职位价值等级划分表

职位等级	职位评价得分	行政系统职位
一级	527 分以上	资产经营部部长、财务会计部部长、销售法务部部长、集团办公室主任、董事会秘书处主任、人力资源部部长
二级	488～526 分	行政事务部部长、党群部部长、资产经营部项目投资主管
三级	449～487 分	财务会计部副部长

续表

职位等级	职位评价得分	行政系统职位
四级	410～448 分	销售法务部法务主管、销售法务部监控主管、总工办业务主管、总工办工艺技术主管、行政事务部工程主管
五级	371～409 分	人力资源部人事主管、行政事务部医护室主管医生、财务会计部核算主管岗、人力资源部培训主管、销售法务部法律事务岗
六级	332～370 分	党群工作部月刊编辑、工艺技术部工艺工程师、销售法务部监控管理岗、财务会计部财务管理岗、行政事务部医护室医生
七级	293～331 分	总工办文员、人力资源部考核培训、人力资源部人员招聘、财务会计部信息管理岗、财务会计部成本核算岗、财务会计部车间成本岗
八级	200～292 分	集团办公室档案管理、行政事务部内勤岗、销售法务部综合会计岗、销售法务部清欠管理岗、行政事务部车队核算员

虽然依托职位的价值评价得分可以将职位分为若干个等级，但职位的价值得分毕竟不是职位的工资。如何将这些分数转化为职位的工资呢？这就与组织进行的外部市场薪酬调查所获得的数据结合起来。具体的计算过程和方法见本书的第四章。

三、基于职位的薪酬体系的具体形式

职位薪酬制度是指以职位劳动责任、劳动强度、劳动条件等评价要素确定的职位系数为支付工资报酬的根据，职位成为发放工资的唯一或主要的工资支付形式。

职位薪酬制的主要特点是对岗不对人。职位薪酬制有多种形式，主要有职位等级薪酬制、职位薪点制、职位系数工资制。但不论哪种工资制，只要称为职位薪酬制，职位工资的比重就应该占到整个工资收入的 60%以上。

（一）职位等级薪酬制

职位等级薪酬制是指将职位按照职位价值评估结果划分类别和级别，再进行排序，最终确定薪酬等级的薪酬制度。

职位等级薪酬制的实现模式一般包括两种："一岗一薪"制模式和"一岗数薪"制模式。

1. "一岗一薪"制模式

在"一岗一薪"制模式下，一个职位只有一个薪酬标准，职责或任务类似的职位之间不存在职位工资差异(在基本工资、绩效工资上可以存在差异),严格遵守"同岗同酬"的原则。对于新员工则采取试用期的办法,试用期内的职位工资为正常职位工资的80%或按低一级别的职位工资标准发放,试用期满即可执行职位薪酬标准。具体范例见表3-2。

表3-2 某企业管理职务和技术职务职位等级薪酬表("一岗一薪")

职位	薪酬标准/元	管理职务	技术职务	工人职位薪酬标准	
				职位	标准/元
十级	500	公司总经理		一岗	108
九级	435	公司副总经理		二岗	135
八级	390	总经理助理		三岗	165
七级	370	公司部室主任	正高工程师	四岗	195
六级	325	公司部室副主任	副高工程师	五岗	225
五级	280	科长		六岗	260
四级	238	副科长	工程师	七岗	305
三级	195	主办科员	助理工程师		
二级	160	科员	技术员		
一级	130	办事员	技术员		

"一岗一薪"制模式的优点是简便易行,缺点是同类职位之间缺乏差异和激励。因此,这种模式一般适用于专业化和自动化程度高、流水作业、工作技术单一、工作物等比较固定的工种或青年工人占大多数的企业。

2."一岗数薪"制模式

在"一岗数薪"制模式下,一个职位内往往划分为几个不同的薪酬标准,以反映职位内部不同员工之间的劳动差别。员工也可以在本职位内依据年度业绩考核情况逐步升级,直至达到本岗的最高薪酬标准。职位内部级别的制定是根据不同工作的技术复杂程度、劳动强度、责任大小等因素确定的。

"一岗数薪"制模式根据不同职位之间工资水平是否存在交叉分为"可变型"模式和"宽带薪酬"模式。"宽带薪酬"模式是在可变型薪酬标准基础上演变而来的,即在同一职务(职位)内部仍设立不同档的薪酬标准,但低职务(职位)的高等级薪酬标准与相邻高职务(职位)的低等级薪酬标准间适当交叉。至于"宽带薪酬"中具体的级差与档差的设计,参见本书第四章的相关论述。

"一岗数薪"制的优点是员工的薪酬增长渠道和机会较多,在不晋升、不变换工作职位的情况下也可增加薪酬。另一方面,在企业处于困难时期需要缩减人工成本的情况下，员工的薪酬增长速度和水平又可以灵活控制。因此，“一岗数薪”制模式一般适用于职位之间存在劳动差异的情况，尤其是职位划分较粗、职位内部技术有些差异，职位晋升和提薪机会都比较少的工种或职位。

（二）职位薪点制

1. 职位薪点制的定义与特征

职位薪点制是职位薪酬制的另一种形式，是一种通过采用比较科学合理的“点数”职位价值评价法，按照每个职位的职位因素确定每个职位的基本薪点数，并依据员工个体绩效、部门绩效、企业绩效最终确定薪点值和收入水平的一种弹性工资分配制度。

职位薪点制的主要特征表现在以下三个方面。

1）突出了职位对薪酬分配的关键性作用

在职位薪点制模式下，职位薪点数可根据企业战略需要和现实需要，经测算和预估后由企业统一确定。可根据等差递减法加大职位之间的薪点数的差距，体现关键职位和重要职位的作用，从而真正发挥职位价值的重要作用。

2）使个体目标与企业目标有机统一，体现了工资的市场意义

在职位薪点制模式下，员工的职位薪酬标准不是固定的绝对数，而是一个薪点数，薪点值的大小取决于企业年度经济效益的好坏。经济效益好，薪点值就大，员工的薪酬就高；企业经济效益差，薪点值就低，员工的薪酬就低。这体现了工资的市场意义，员工的工资实际上就是个人的劳动价格或价值。

在员工的个人利益与企业的整体利益紧密挂钩的情况下，一方面有利于强化员工对企业的责任感，提高员工对企业市场竞争的感受程度；另一方面，企业可以不再实施年度调薪和考核调薪等一系列调薪制度，员工的薪酬随着企业年度的经济效益自动增减。

3）在企业内部形成有效的竞争氛围，鼓励职位人员内部正常流动

职位薪点制以“以岗定薪”、“岗变薪变”为基本运作规则，发挥了工资的激励作用。如果变化后的职位与原职位差异较大，那么，收入的差距也会相差较大。这就会促进员工竞争上岗和岗上竞争意识的提高，同时也会促使员工为保住职位或竞争到好的职位去自觉地钻研技术，提高自身业务素质，真正体现了按劳分配的原则，有利于形成一种突出实际工作贡献的企业文化。

2. 职位薪点制的实施形式

职位薪点制的实质是通过职位劳动评价要素，以职位为主体，以效益为核心，以经营目标责任制为基础，以完善的考核制度为保障，把职位类别、工作责任、劳动质量、劳动复杂程度、劳动环境作为职位评价因素，以此来确定员工的工资点数，再按企业实际经济效益确定点值并上下浮动，员工的报酬用点数和点值

的乘积来确定。

因此,职位薪点制实施的核心原则就是坚持"以职位为主确定薪点数、以绩效考核增减薪点数、以企业经济效益好坏核定工资总额、以结算工资总额确定薪点值"。

由以上介绍可知,职位薪点制需要员工分担的风险度较大。因此,在实践中,为了降低职位薪点制的风险度,在实施形式上发生了诸多变化。如下面的职位薪点制的构成,员工在其中承担的风险度就大大降低。

阅读材料3-3

某企业变形后的职位薪点制

(1) 职位薪点工资制=保障工资+基本薪点工资+辅助薪点工资。

其中,保障工资是基本工资,一般与当地物价或最低工资挂钩;基本薪点工资包括职位薪点工资和效益薪点工资;辅助薪点工资包括工龄薪点工资、技能薪点工资和学历薪点工资。

(2) 基本薪点工资=职位薪点数×效益薪点值×员工个人考核贡献系数×部门考核贡献系数。

(3) 辅助薪点工资=(工龄薪点数+技能薪点数+学历薪点数)×固定薪点值。

(4) 总薪点值=依据公司当期效益确定的月度结算工资总额/所有职位的总点数。

(5) 效益薪点值=总薪点值-固定薪点值。

其中,月度结算工资总额由企业根据战略需要、同行业的市场价位和企业经济效益情况确定。薪点值分为固定薪点值和效益薪点值。固定薪点值的大小依据企业的经济实力、企业过去的历史工资和企业的战略需要等因素相对固定和调整。

思考与提示

1. 该企业变形后的职位薪点制的风险度是否降低?
2. 职位薪点制与职位等级系数工资制有何差异?

3. 职位薪点制的适用范围与实施基础

职位薪点制的缺点在于职位价值评价和职位薪点数的确定过程比较复杂,并有可能引发员工之间的过度竞争,它将影响部门或者班组整体工作效率的提高。因此,职位薪点薪酬制一般比较适合于职位职责比较固定、职位劳动以重复性劳动为主的职位。

实施职位薪点工资制的基础包括两个方面。

(1) 以实现企业战略目标为核心，建立科学合理的机关管理组织架构。并在此基础上，坚持“因事设岗、因岗定编、因编定员”的原则，做好定岗定编和职位分析与职位评价工作。通过建立职位评估标准，对职位责任、职位强度、职位条件和职位技术复杂程度等方面进行相应的评价，体现职位劳动的区别，合理确定职位类别和职位档别，最终确定相应的职位薪点数，并依变化情况适时调整，实现职位动态管理。

(2) 改革传统的人事用工制度，实行竞聘上岗及全员定期考核评价制度，完善优胜劣汰的用人机制。否则，职位薪点工资就可能演化为一种固定工资而失去激励作用。

(三) 职位系数工资制

职位系数工资制的实质是将员工的收入与职位价值、工作业绩和企业效益挂钩的另外一种分配方式。在实践中，职位系数工资的实践模式如下：

(1) 员工工资收入＝基本工资＋职位标准工资×职位工资系数×个人绩效考核系数×公司当期绩效系数＋年终奖金＋福利。

(2) 职位工资标准由行业的平均薪酬水平和当期公司整体效益决定，以公司经营班子会议确定的人均标准为准，一般相对稳定。

(3) 职位工资系数由职位价值评估结果确定，一般分为不同的等级。具体事例参见表 3-3。

表 3-3　某公司职位工资系数示例

职　务	职位工资系数
董事长、总经理	4.00
监事会主席、工会主席、副总经理	2.80
中层正职	2.00
中层副职	1.40
主管	1.20
职员	1.00

(4) 个人绩效考核系数取决于员工的考核结果。考评结果为“优秀”的员工，绩效考核工资兑现 130％(考核指数为 1.3)，“良好”的员工兑现 110％(考核指数为 1.1)，“一般或满意”的员工兑现 100％(考核指数为 1.0)，“不满意”的员工兑现 80％(考核指数为 0.8)。个人绩效考核系数的确定参见表 3-4。

表 3-4　部门季度考核得分与考核系数对应表

评定等级	优秀	良好	一般	不满意
考核分数	90 分以上	75～89 分	60～74 分	60 分以下
绩效指数(薪酬系数)	1.3	1.1	1.0	0.8

(5) 公司当期绩效系数主要由公司当期任务完成情况决定。常用的指标包括销售回款率、生产计划完成比例、经营计划完成比例等。

从以上分析可以看出,虽然职位薪点制、职位效益工资制可以把企业盈亏指标的完成情况与员工工资总额的多少紧密挂钩,从而使企业经营状况的好坏成为影响员工工资高低的直接因素,是企业内部直接效益量的体现。但这些工资模式的实施,一定要注意下列问题:首先,在这些工资模式下,企业内部的间接效益与社会效益无从体现;其次,总公司或上级部门核定盈亏指标时,必须考核市场动态等因素,否则容易导致企业盈亏指标核定的不合理,从而使效益概念模糊;再次,盈亏指标的高低直接影响到员工月度工资水平的高低,但这些盈亏指标往往不是员工个体所能够控制的。在那些生产周期或产品季节性特征明显的行业,这些工资模式容易导致员工的实得工资大起大落,不利于生产经营积极性的正常发挥。

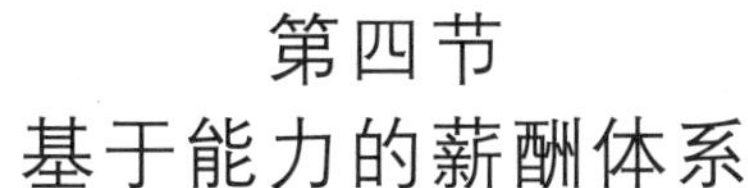

第四节　基于能力的薪酬体系

一、基于能力的薪酬体系概述

(一) 基于能力的薪酬体系的含义

1. 基于能力的薪酬体系的产生背景

基于能力的薪酬体系与基于职位的薪酬体系是实践中存在时间最长、应用最为广泛的两种薪酬决定方式。基于能力的薪酬体系的产生背景主要包括两个方面:一是基于职位的薪酬体系在部分行业或部门中存在诸多弊端;二是现代企业中“以人为本”理念的产生与推行。

(1) 职位薪酬体系无法体现个体能力的差异。职位薪酬体系支付工资的依据是职位的性质及其对组织的价值。但职位是相对稳定的,员工一旦拥有了某一职位,就享有与该职位相对应的工资;人们在一个职位待得越久,工资就会越高。但个体的技能和知识是可变的,即使是在同一职位,人们的技术和知识也是不同的。

(2) 能力薪酬体系更能体现“人”的价值和主体地位。首先,在职位薪酬体系下，企业往往假定员工和企业的利益是对立的，合作是暂时的，企业对员工的个人人力资本投资有限；而在能力薪酬体系下，企业往往假定员工和企业的合作是长期的，企业愿意对员工进行大量的人力资本投资。其次，职位是有限的，故职位评价工资制带给员工的发展机会比较少。而技能是无限的，人们可以通过学习使技能不断增强或增多，故技能工资制鼓励员工学习新技能，并给员工提供更多的流动和发展机会。

2. 基于能力薪酬体系的内涵

能力(competency)，也叫胜任力，是指任职者胜任其职位所需掌握的知识、技术及所需具备的心理、行为等方面的特征或特点。与此相对应，能力薪酬制就是要找出胜任某一职位所必需的能力要素，依据这些要素来支付员工报酬的一种分配方式。例如，某企业的销售人员的销售业绩十分出色，该企业就可以研究确定究竟是什么使那些销售人员如此出色。一旦找到预示销售成功的要素，就把这些要素归为能力一类。然后，将根据各位销售人员所表现出来的在这些能力上的多寡来给予他们工资。

能力薪酬制是近年来引起越来越多企业青睐的一种基本工资制度。与职位薪酬体系“对岗不对人”的支付原则相反，能力薪酬制的实质是“对人不对岗”，企业依据员工所拥有的相关技能，而不是其所承担的具体工作和职位的价值来支付报酬，员工薪酬水平的提高主要取决于个体技能的增加或已有技能的完善。

(二) 基于能力的薪酬体系的优缺点

1. 基于能力的薪酬体系的优点

(1) 薪酬与技能水平挂钩，可以向员工传递不断关注自身发展和提高技能的信息，能激发员工不断学习科学知识，相互竞争，提高技能，有利于组织和员工适应市场上快速发展的技术变革。

(2) 有利于鼓励优秀人才安心从事本职工作，而非去谋求报酬很高但并不擅长的管理职位，避免“官本位”思想和管理学上的“彼得陷阱”现象的出现。

(3) 有利于提高职位管理的灵活性。当员工本身具有更多的技能或知识时，组织内部出现的职位空缺更容易被填补，员工技能和知识范围的扩大也有利于员工工作内容的丰富和企业用人成本的降低。

2. 基于能力的薪酬体系的缺点

(1) 能力薪酬体系下的员工需要参加各种培训、进修，企业则需要分担其中的大部分培训费用。如果企业没有能力及时、有效地将这种人力投资转化为现实生产力，则可能面临员工知识沉淀老化、人才流失等各种风险。

(2) 能力薪酬体系的设计和管理都要比职位薪酬体系更为复杂。一方面是技能的界定和评定并非易事，管理成本较高；另一方面是技能高并非贡献绝对大，做同样的工作，由于两人的技能不同而报酬有差异，极易造成内部的不公平感。

(3) 能力薪酬体系不但迫使企业面临高额的培训和开发费用,并被迫为拥有过多技能的员工支付高额工资。同时,一旦实行能力工资制的员工在很短时间内就达到其技能的最高水平,如何保持员工在达到技能平台后的动力,也是一个必须解决的问题。

二、基于能力的薪酬体系的实施

(一) 基于能力薪酬体系的适用范围

从以上分析可以看出,基于能力的薪酬体系的最大问题在于可能会造成组织直接劳动成本和培训成本的增加与冗员问题。

因此,就企业层面而言,基于能力的薪酬体系可能更适用于高科技行业或一些规模较大的公司,因为他们可能在提供培训机会和支付高额培训费用中更有优势。而对于保持员工在达到技能平台后的动力问题,可以辅之以其他激励手段,如扩大工作自主权和提供个人职业生涯计划等,使员工能够获得持久的激励。就职位层面而言,基于能力的薪酬体系可能更适用于研发类、技术类、质量类或工程技术类职位,这类职位对技能的深度和广度有比较高的要求。

在满足上述条件的情况下,一个组织中能力薪酬体系的成功还取决于管理层对技能薪酬体系的认可、技能水平评估标准体系比较完善等。

阅读材料3-4

某全国性保险公司的技能薪酬计划

某大型保险公司的总部过去是典型的职能型组织,管理人员层级很多,负责处理特定保险申请并签保单的办公桌一个挨着一个,他们分别办理不同的保险品种。客户如果同时办理不同的多项保险,就需要在不同的办公室跑来跑去。在高度计算机化和以客户为导向的保险市场中,这种组织结构和工作设计模式使公司陷入了琐碎和无效的境地。

于是,公司进行了工作再设计,裁减了管理层级,实行类似矩阵式的组织结构,建立了可以处理多种保险申请的员工团队,一个团队就可以处理人寿保险、伤残保险以及医疗保险等。工作效率和员工的积极性均得到大幅度提升。

思考与提示

1. 该公司改革后的组织分工与业务流程模式有何利弊?
2. 该公司改革后的组织分工与业务流程模式对企业的薪酬体系有何影响?

（二）基于能力的薪酬体系实施中的关键决策

能力薪酬制的实质决定了这种工资模式的实施步骤，即：首先要找出某一职位所必需的能力要素；其次，将从事同一职位的员工按优、良、中、差等分类，从中找出优秀员工所具备的特点和要素；再次，依据优秀员工的特点和要素评价该职位所有员工，并支付其相应的工资。

在能力薪酬制实施的过程中，必须把握好几个关键决策：

(1) 能力认定范围与主次的决策。组织必须明确将要为哪些技能支付报酬，支付的次序或权重是什么，支付的依据是什么（如依据企业效益、市场行情、企业发展战略等），并将这种信息传达到每一个员工，避免员工的好高骛远行为。

(2) 能力广度和深度的决策。企业必须让员工明白，组织需要员工成为通才还是专才，是职系内发展还是跨职系的发展等。

(3) 培训机会与资格认证的决策。即企业提供哪些培训或能力提高机会，员工怎样做才能获得这些机会，资格认证的具体条件有哪些，在什么情况下这些资格认证才能获得或取消等。

(4) 学习自主性的决策。即员工是应当按照自己的速度来学习，还是应当按照组织规定的速度来学习这些技能。

(5) 管理方面如何最大限度利用员工已有技能的决策。员工的技能更新是必要的，但研究显示，在现代企业里95%的工作利用旧有知识即可完成，只有5%的工作需要与新知识的结合。大多数员工在怎样将旧有知识与新知识之间进行组合，怎样将新知识转化到实际运用上碰到了瓶颈。

（三）基于能力的薪酬体系的设计程序

1. 计划

首先，确定能力分析的目的和结果使用范围，明确分析的资料用来干什么，解决什么问题。其次，界定能力分析的内容与方式，预算时间、费用和人力。再次，确定工作分析小组，分配任务与确定权限。

2. 进行任务分析，建立工作任务清单

首先，明确分析客体，选择分析样本，确保分析样本的代表性和典型性。

其次，选择合理的分析人员。

再次，做好时间安排，编制各种调查问卷、面谈提纲、现场观察提纲，以及编制关键事件日志等，并制定分析标准。

最后，选择信息来源，一般包括工作者、主管人员、顾客、分析专家、文献资料等。

3. 确定能力要素和等级，并为之定价

1）确定技能等级模块

首先，通过各种信息分析手段，找出某类职位成功或业绩优秀的核心影响要素有哪些，包括知识、协调能力、沟通能力、组织能力、说服能力、创新能力等。

其次，将这些归纳出来的能力要素进行分解，形成不同的等级，进而组合成不同的技能模块。如生产类职位的初级工、中级工、高级工、技师、高级技师，销售类职位的实习员、业务员、业务经理、大区经理、销售总监等。例如，某企业规定，初级工（技能一级）：学徒水平，完成日常辅助性或事务性工作；中级工（技能二级）：熟练工人，具备中等水平的专业知识、判断能力、应变能力，能在一定的监督下开展工作；高级工（技能三级）：技术专家，具备高水平的专业知识、判断能力、应变能力，能在宽泛的指导下独立开展工作等。

2）为技能模块定价，将能力等级与薪酬挂钩

为技能模块定价的过程实质上是如何将能力等级与薪酬水平挂钩的问题。目前尚不存在一种将技能和薪酬联系在一起的标准方式，一般按照以下几个维度来确定技能模块之间的相对价值。①

(1) 失误的后果：技能发挥失误所导致的财务、人力资源和组织后果。

(2) 工作的密性：技能对于完成组织认为非常重要的那些工作任务的贡献程度。

(3) 基本的人力资源水平：学习一项技能所需要的基本的数学、语言以及推理方面的知识。

(4) 工作或操作的水平：工作中所包括的各种技能的深度和广度，其中，包括平行工作任务和垂直工作任务。

(5) 监督的责任：该技能等级涉及的领导能力、小组问题解决能力、培训能力以及协作能力等范围的大小。

根据上述五大要素，根据企业的经济实力及外部的市场行情，企业可以为不同的技能等级赋予不同的薪酬水平。例如，生产类职位的初级工 800 元/月，中级工 1000 元/月，高级工 1200 元/月等。

4. 技能的分析、培训与认证

该步骤需要在对员工现有的技能进行分析的基础上，还要制订出培训计划、技能资格认定计划以及追踪管理工作成果的评价维度。

(1) 需要对员工现有技能进行分析，确定员工目前处于何种技能水平上。

(2) 组织希望员工具备什么样的技能等级，并为之制订相应的培训计划。具体的培训方法包括在职培训、公司内部培训、师傅辅导计划、工作轮换、供应商提

---

① 刘昕. 薪酬管理[M]. 北京：中国人民大学出版社，2002：114.

供的培训、大学或学院培训等。

(3) 技能等级的资格认证与再认证。当员工按照企业确定的技能等级的任职资格要求完成了上述培训后,需要获取相应的资格证书。资格证书的颁发主体包括内部认证者,如上级、同事或认证委员会,以及外部认证者,如大学、国家相关机构或商业机构等。在员工获得这些认证证书后,往往还需要企业对其资格进行具体的评定。在实践中,具体的操作模式有两种:一是评聘结合,即员工评上哪一个技能等级,就获得该技能等级的薪酬;二是评聘分离,即员工被评为哪一个技能等级并不等于就能获得这个技能等级的报酬,而是取决于组织是否以该技能等级的薪酬水平来聘任该员工。

三、基于能力的薪酬体系的具体形式

基于能力的薪酬体系在实践中有多种变化形式,包括技术等级工资制、职位技能工资制、能力资格工资制等。

(一) 技术等级工资制

技术等级工资制的定义比较成熟,是一种主要根据技术复杂程度以及劳动熟练程度划分等级和规定相应的工资标准,然后根据雇员所达到的技术水平评定技术(工资)等级和标准工资的一种等级工资制度。技术等级工资制一般适用于技术复杂程度高、工人劳动熟练程度差别大,分工较粗和工作物不稳定的工作和职位。

在实践中,技术等级工资制主要由工资等级表、工资标准表和技术等级标准等三大要素组成。

1. 工资等级表

工资等级表是指规定工资等级数目和各等级之间工资差别的总览表。它表示的是不同质量的劳动或工作之间工资标准的比例关系,反映不同等级劳动报酬的变化规律,是确定各等级工资标准数额的依据。

2. 工资标准表

工资标准亦称工资率,是按单位时间(时、日、周、月)规定的工资数额,表示某一等级在单位时间内的货币工资水平。按时规定的为小时工资标准,按日规定的为日工资标准,按周规定的为周工资标准,按月规定的为月工资标准。

按照规定的工资标准支付的工资,是员工完成规定的实际工作时间或劳动定额后所支付的工资,称为标准工资。

3. 技术等级标准

技术等级标准又称技术标准,是用来确定工人的技术等级和工人工资等级的尺度。技术等级标准一般包括专业知识、工作技能和工作实例三项内容,在我国简称“应知”、“应会”和“操作实例”。

“应知”是指完成某等级工作所应具有的理论知识，也可以规定工人应达到的文化水平。“应会”是指员工完成某等级工作所必须具备的技术能力和实际经验。“操作实例”是根据基本知识和专门技能的要求，列举不同技术等级员工应该会做的典型工作项目或操作实例，对员工进行培训和考核。

（二）职位技能工资制

职位技能工资制是基于能力的薪酬体系的一种组合或变异形式。该工资模式是1993年国家在要求废除等级工资制后，以劳动技能、劳动责任、劳动强度和劳动条件等基本劳动要素评价为基础，以职位工资、技能工资为主要内容建立起来的工资制度，充分体现了工资中职位与技能这两个结构单元的特点。其中，技能工资模块是根据员工所掌握的技能水平和技能数量来确定薪酬水平。

由于各个工资单元分别对应体现劳动结构的不同形态和要素，因而较为全面地反映了按职位、按技能、按劳分配的原则，在一定时期内对调动员工的积极性、促进企业生产经营的发展和经济效益的提高起到了积极的推动作用。

但在实践中，职位技能工资制也出现了诸多问题：

（1）技能工资往往无法与员工的实际技术等级挂钩。技能工资的高低主要体现在工龄的长短和员工劳动贡献的积累上，即“排资论辈”，反倒降低了员工学习、提高技能的积极性。

（2）职位技能工资一般存在工资单元划分过细的弊端。工资的各个单元相对独立，且平均分配的部分占相当大的比例，与工作绩效直接挂钩的绩效工资或浮动工资比例较小，从而使该工资模式的平均主义、大锅饭的色彩浓厚，分配失去了应有的弹性，往往是平衡有余，弹性和激励不足。

（三）能力资格工资制

1. 能力资格工资制的内涵与特征

能力资格工资制是基于能力的薪酬体系的一种最新、最灵活的形式。该工资模式是一种以员工自身的条件，包括技术资格、体质、智力和文化程度等因素为主来反映员工劳动质量差别的薪酬等级制度。它通过对员工综合能力的评价来确定员工的薪酬等级和薪酬标准，而不管员工的这种能力是否得到发挥，是否为企业创造了效益。类似的薪酬支付在职位薪酬制下是不存在的。

在这种工资制度下，如果一个初级工具备高级工的能力资格，即使他还在初级工的工作职位上，企业也应该给予该员工高级工的待遇。即短期内员工从事的职位或工作都没有变，企业支付的薪酬总量却增加了，企业似乎得不偿失。但事实上这种工资模式在实践中得到了较为广泛的应用。据美国《商业周刊》一项技能工资的使用情况和效果的调查研究表明，能力资格型工资模式已在全美30%以上的公司中推广使用，并带来了员工特别是知识工作者更高的绩效和满意度。主要原因有以下三点。

（1）就实践而言，拥有多项技能的员工，其素质一般较技能单一的员工要高，绩效水平也往往高于一般员工。技能工资的应用能使企业有较为客观的评定标准来指定员工的薪资水平，并易于进行横向及纵向比较，具有较高的信效度。

（2）知识产品本身就难以量化和测量，导致了知识工作者在实践中的报酬决定因素也难以比较和测量。采用技能工资制可直接避免管理盲点的出现。

（3）就整体而言，这会在企业营造一种鼓励学习、提高技能的氛围，进而带动员工整体素质的提高，企业的劳动生产率和产品质量也会随之得到提高，企业用较小的人工成本获取了较大收益。

因此，能力资格工资制特别适合于生产设备技术含量很高、对员工基本素质要求较高的高新技术企业。

2. 能力资格工资制应用的难点

能力资格工资制虽然有助于鼓励员工提高知识和技能，但在实践中，也存在如下缺陷或设计难点。

（1）组织应对哪些能力支付报酬，对不同类型能力支付水平的差异应如何确定。

（2）如何科学有效地对员工的能力进行测试和评价，尤其是著名的素质冰山模型中，冰山下的能力或素质，如动机、品性等如何测量和评价。

（3）基于能力设计工资，哪些能力应用于固定工资，哪些能力又与浮动工资有关；哪些能力应用于短期激励和考核，哪些能力与长期激励和考核有关。

因此，能力资格工资制的重点和难点在于职业化任职资格体系和职业化素质与能力评价体系的建立。倘若对此把关不严，直接后果就是其他同职位的员工怨声载道，企业分配制度就会失去公平和效率。

第五节 基于业绩的薪酬体系

一、基于业绩的薪酬体系概述

（一）基于业绩的薪酬体系的内涵

基于业绩的薪酬体系是指员工薪酬按照个人或者团队绩效目标的实际完成

情况确定薪酬的一种薪酬设计。其最大特点是在绩效和薪酬之间建立了一种直接联系，这里的绩效可以是员工个人的业绩，也可以是某个部门、某个团队，甚至是公司的业绩。

业绩同时也是一个综合的概念，比产品的数量和质量的内涵更为宽泛，它不仅包括产品数量和质量，还包括雇员对企业的其他贡献，如成本控制、管理创新等。

（二）基于业绩的薪酬体系的特征

1. 基于业绩的薪酬体系的优点

（1）该工资模式有利于雇员工资与可量化的业绩挂钩，将激励机制融于企业目标和个人业绩的联系之中，能够把员工的努力集中在组织认为重要的一些目标上，有利于组织通过灵活调整员工的工作行为来达成企业目标。

（2）绩效薪酬实质上是一种可变成本，有利于组织根据自身经营状况灵活调整自己的支付水平。在整体效益不好时，企业无须支付过高的报酬，从而有利于节省人工成本，不至于因为成本的压力而陷入困境。

（3）绩效薪酬往往与直接的绩效改善联系在一起，有利于工资向业绩优秀者倾斜，以及组织总体绩效水平的改善。

（4）支付水平较高的绩效薪酬是解决工作无法监督或监督成本太高问题的最好途径。

2. 基于业绩的薪酬体系的缺点

（1）该工作模式过分强调物质刺激，长期或过度使用容易造成不良导向，使员工看重个人绩效，造成部门之间、员工之间的不正当竞争，影响员工间的合作与企业的和谐发展。

（2）在企业困难时员工得不到高报酬，可能会消极怠工甚至离职。

（3）绩效计划的设计和执行过程中有可能增加管理层和员工之间摩擦的机会，并且在绩效薪酬计划中使用的衡量标准很难做到客观、准确，这就可能造成新的不公平，影响其激励功能。

（4）绩效计划使员工收入增加后，企业可能会进一步出台更为苛刻的标准，从而影响员工提高绩效的积极性。

二、基于业绩的薪酬体系的实施

基于业绩的薪酬体系实质上是一种企业与员工风险分担的计划。而员工一般是风险规避型，他们更愿意获得比较稳定的薪酬而非风险较高的薪酬。因此，要让员工从内心接受这种风险性的绩效奖励计划，则必须为他们提供一个获得更高收入的机会。

在实践中，基于业绩的薪酬体系的实施步骤相对简单，一般包括以下几个方面：

（一）建立有效的绩效管理体系

组织实施绩效奖励计划必须首先建立有效的绩效管理体系。例如，职位职责体系要非常明晰，绩效目标分解比较合理，绩效评价公开、公平。其中绩效目标及衡量标准的确定是关键环节，否则，对员工的激励作用会大打折扣。

（二）绩效目标必须进行有效沟通，获得员工的充分认同

在制定了合理的绩效管理体系以后，还需要在既定的时间段内为绩效考核指标设定具体的标准，并获得员工的认同。

首先，绩效目标是具体的，工作绩效标准可衡量。只有明确具体、富有挑战性的绩效目标，才能对绩效产生较强的影响力。

其次，绩效目标的难度对个人来说是能够实现的。

最后，目标必须被个人内在化，符合个人理性。即组织应通过明确的方式与员工就绩效目标进行沟通，确保员工相信自己能够对绩效目标产生影响。

（三）建立绩效与工资之间的合理联系

有效的奖励计划必须在绩效和奖励之间建立起紧密的联系，绩效奖励必须在某种重要目标达成之时支付给员工，报酬的数量要与目标达成的难度相匹配。

但值得注意的是，对员工的行为和态度产生影响的是相对薪酬而不是绝对薪酬的数量；如果组织所提供的报酬达不到员工的公平性要求，员工则会采取对组织不利的负面行动来找回公平。因此，组织应建立一套严格的与薪酬的考核对接的机制，保证绩效优秀员工的报酬高于绩效不佳的员工。

三、基于业绩的薪酬体系的具体形式

现代社会市场竞争越来越激烈，按绩效支付报酬的趋势也越来越显著。由于绩效付酬适应的职位比较复杂，很难用一个模式来说明其设计方法，如生产职位可采用个人薪酬与个人生产产品的数量和质量直接挂钩的计件薪酬制，销售部门可实施直接按销售额的一定比例确定销售人员薪酬的销售提成制，高级管理人员可实行以会计年度为考核周期，把经营者的薪酬多少与企业经营业绩和承担的责任、风险挂钩的年薪制等。

对于上述三种基于业绩的薪酬体系模式，本章在这里只对个别企业在“计件工资制”和“销售提成制”中的创新做法做简要介绍，详细论述参见本书第六章的相关内容。

（一）差异化的计件工资制

基于业绩的薪酬体系的前身是计件工资，计件工资制的基本特征是将雇员的薪酬收入与个人业绩挂钩。这种工资模式虽然有利于提高个体的工作效率，但也存在不利于团队合作和经验共享，容易引导员工只去做那些有利于他们获得报酬的事情等弊端。

就管理实践而言，计件工资制发展到目前，已不是简单意义上的工资与产品数量挂钩的工资形式，而是建立在科学的工资标准和管理程序基础上的工资体系。具体而言，计件工资制包括以下几种实践形式：

1. 基本计件工资制

这是最原始的计件工资制，即在产品单价确定的情况下，个体的产量越高，获得的报酬越高。当然，企业也可以根据实际情况，设置工人在既定时间段内获得报酬的最高限额。

2. 标准工时计划

这主要是指首先确定正常技术水平的工人完成某种工作任务需要的时间，然后再确定完成这种工作任务的标准工资率。例如，修理一只轮胎，标准时间是1小时，半小时完成该工作仍应按1小时来支付报酬。

3. 差额计件工资制

这种模式是基本计件工资制的改进。目标是引导工人进一步提高工作效率。具体的思路为：完成标准任务的100%以上的是0.7元/件，完成标准任务的83%～100%的是0.6元/件，完成标准任务83%以下的是0.5元/件。

4. 与标准工时相联系的可变计件工资制

具体包括甘特作业奖金计划、海尔赛计划、100%时间奖工计划、卢文计划等方法。[①]

1）甘特作业奖金计划

此计划近似泰勒计件计划，所不同的是甘特计划是以标准时间为基础。其目的在于奖励工人于限期内完成工作，以充分利用机器设备，降低成本。

该计划可用公式表示为：

$$E=TR\text{（工作在标准以下）}$$

$$E=SR+PSR\text{（工作在标准以上）}$$

其中，E为工人所得薪酬；R为每小时薪酬率；T为实际工作时间；S为标准时间；P为奖金率。

---

① 康士勇等.薪酬理论与管理实务[M].北京：中国经济出版社，1998：33.

例如，某企业中有标准时间为 10 小时的工作，每小时工资率为 5 元，奖金为 30%。

工人 A 以 11 小时完成工作，未达到标准时间，则其工资为：

$$E=TR=11\times5=55(\text{元})$$

工人 B 以 10 小时完成工作（按标准时间），则其工资为：

$$E=SR+PSR=10\times5+0.3\times10\times5=65(\text{元})$$

此计划最重要的是要有精确的标准时间。因其对未在标准时间内完成任务的工作者，对其多耗用的时间仍计发薪酬，具有保障薪酬意义，较为公平合理，该计划易被接受。缺点是在效率高低不同的情形下，奖金率均相等，缺乏弹性。

2）海尔赛计划

这是一种以节省时间为计算基础的奖工计划。此计划可保持工人的最低薪酬，即各工人除按小时（日）应得薪酬外，如其工作效率超过标准，还可按其所节省的时间给予奖金，以资鼓励。

其公式为：

$$E=TR(\text{工作在标准以下})$$

$$E=TR+[(S-T)R]P(\text{工作在标准以上})$$

其中，E 为工人所得薪酬；R 为每小时薪酬率；T 为实际工作时间；S 为标准时间；P 为奖金率。

例如，完成某一项工作的标准时间为 8 小时，某人实际 6 小时完成时，基本工资率为每小时 3 元，奖金率为 50%，则此人所得工资为：

$$(6\times3)+[(8-6)\times3]\times50\%=21(\text{元})$$

其中，18 元为基本工资，3 元为奖金。

海尔赛计划的薪酬标准不是根据“时间研究”决定，而是按已经工作的记录统计平均数而定的，故较容易应用。工人因有每日保障薪酬，并且节省时间还能得到奖励薪酬。当生产量超过工作标准时，节约的薪酬由工人和企业分享，虽然工人报酬增加，但每一件产品薪酬成本反而减少。

3）100%时间奖工计划

与海尔赛计划不同，100%时间奖工计划的工作时间标准是通过“时间研究”及“工时抽样”规定的，因而将奖金率定为 100%。以上例而言，工人所得的薪酬为：

$$(6\times3)+[(8-6)\times3]\times100\%=24(\text{元})$$

其中，基本薪酬为 18 元，奖金为 6 元。

所以，100%时间奖工计划与计件制相仿，所不同的是前者计算薪酬的依据是“标准时间”，后者是“标准单价”。工人完成“标准时间”规定的工作，其节省时间完全为工人收益，企业不再分享，故称为 100%奖工计划。

该计划同计件制相比，优点是将每小时应完成的工作保持不变，可将每小时薪酬率增加或减少。如将计件制的薪酬单位减少，工人将认为是降低薪酬。

4）卢文计划

该计划是以工作时间为基础，奖金以节约的时间占定额标准时间的百分比成比例增加，方式上接近海尔赛计划。与海尔赛计划不同的是，当节省时间较少时，奖金给予较海尔赛计划有利；但节省时间越多，所得奖金的比例反而减小。该计划公式为：

$$E=TR（工作在标准以下）$$

$$E=TR+TR[(S-T)/S]（工作在标准以上）$$

其中，E 为工人所得薪酬；R 为每小时薪酬率；T 为实际工作时间；S 为标准时间。

例如，完成某一工作的标准时间为 12 小时，某人以 8 小时完成，基本工资率每小时 2 元。则此人所得工资为：

$$(8\times2)+(8\times2)(12-8)/12=21.33（元）$$

其中，16 元为基本工资，5.33 元为奖金。

卢文计划适用于缺乏明确工作标准的企业——依该计划，不论标准时间如何，因奖金自行设限，工人都不能获得 2 倍于计时制薪酬的薪酬。

（二）“销售增量”提成制

在管理实践中，大多数企业的销售部门采用了“大区销售模式”，员工大致分为大区经理、业务经理、业务员和销售管理人员四种类型。其中，大区经理、业务经理和业务员往往采用“基本工资＋销售提成”模式。例如，某企业规定，大区经理、业务经理和业务员的基本工资分别为 1500 元/月、800 元/月和 600 元/月；大区经理、业务经理和业务员的销售提成分别为月度大区销售回款额的 1%、0.5%和 0.4%。此外，各业务区域可以从当月回款额中抽取 8%作为销售业务费，由各区域单列建账管理等。

总体而言，在销售提成制模式下，销售人员的动力体系比较完善，涉及基本工资、销售提成、业务费用报销、超额完成任务奖等多种形式。但另一个方面，这种模式下销售人员的压力体系却有待改进。

在实践过程中有些企业创新了一种“增量考核”模式，即销售提成奖励的重点是“销售增量”（本年度销售回款增加额），而不是“销售存量”（上年度销售回款额）。销售员完成与上一年度相同的销售回款额（即销售存量），只应该拿到去年工资收入的 80%或 90%左右，即销售人员要拿到与去年相同的工资收入，其销售回款额必须有 20%或 10%左右的增长，以促使销售人员不断开发新客户或增加原有客户的订单比例。不同企业可以根据实际情况设置不同销售存量的工资折算比例。

阅读材料3-5

某企业大区经理的增量考核模式

某企业大区经理工资＝基本工资＋职位工资＋销售提成。其中，基本工资和职位工资每月按照制度发放，销售提成按以下方法提取：销售提成＝销售回笼存量80%以上部分×计提系数Ⅰ＋销售回笼完成计划回笼增量50%的部分×计提系数Ⅱ＋销售回笼完成计划回笼增量50%以上小于100%部分×计提系数Ⅲ＋销售回笼完成计划回笼增量100%以上部分×计提系数Ⅳ。

其中，销售回笼存量以上年度的本部销售回笼为依据，销售回笼增量＝当年完成的销售回笼－上年度销售回笼存量。以大区经理的提成系数为例：

(1) 本年实际完成销售回笼额低于本年度销售回笼存量80%，则销售回笼存量计提系数为零；

(2) 完成上年度销售回笼的80%＜当年完成的销售回笼≤上年度实现的销售回笼部分，销售回笼存量所对应的计提系数为0.8%；

(3) 当本年度销售回笼存量＜当年销售回笼增量完成计划回笼增量≤计划回笼增量50%的部分，销售回笼存量所对应的计提系数为1.1%；

(4) 50%＜当年销售回笼增量完成计划回笼增量≤计划回笼增量100%的部分，销售回笼存量所对应的计提系数为1.3%；

(5) 计划回笼增量100%＜当年销售回笼增量完成计划回笼增量的部分，销售回笼存量所对应的计提系数为1.5%。

思考与提示

1. 案例中大区经理的增量考核模式适合哪些企业或行业？
2. 增量考核模式有何弊端？

在案例中，如果该大区经理2010年最终销售回款为1000万元，2011年计划增加10%，即销售增量为100万元；如果最终完成了1200万元，则最终销售提成为：1000×0.8%＋50×1.1%＋50×1.3%＋100×1.5%＝8＋0.55＋0.65＋1.5＝10.7(万元)。

如果计划增加20%，即增量为200万元，最终也完成1200万元，则最终的销售提成为：1000×0.8%＋100×1.1%＋100×1.3%＝8＋1.1＋1.3＝10.4(万元)。

如果计划增加20%，即增量为200万元，最终完成1100万元，则最终的销售提成为：1000×0.8%+100×1.1%=8+1.1=9.1（万元）。

本章重要概念

薪酬体系（compensation system）
职位等级工资（post level wage system）
职位薪点工资（position-points wage system）
职位效益工资（post benefit wage system）
技术等级工资（technology level wage system）
职位技能工资（post and ability wage system）
计件工资（piece-rate system）
“销售增量”提成制（incremental sales commission system）
谈判工资制（negotiation wage system）

本章思考题

一、简答题

1. 薪酬体系设计的基本原则是什么？
2. 薪酬体系的基本类型有哪些？
3. 基于市场的薪酬体系适用于哪些职位？
4. 基于职位的薪酬体系有何优缺点？
5. 基于能力的薪酬体系有何优缺点？

二、案例分析题：MT企业销售部门的绩效薪酬模式

MT企业是一家大型药业生产企业，产品涉及妇科类、儿科类等多个系列，企业目前正处于高速发展期，员工人数在1200人左右浮动。

（一）MT企业销售部门的薪酬构成

MT企业规定，员工的总工资由固定收入（职位工资+年功工资）和可变收入（绩效工资）两部分构成。

（1）固定收入。固定收入反映职位责任的大小，员工的固定收入是对其工作职位和所负责任的回报，不随个人工作表现和企业整体绩效的浮动而变化。

（2）可变收入。可变收入不但取决于个人的工作表现，还要随企业和部门同期整体销售业绩的变化而变化。对管理层和重要职位，其个人的工作表现用绩效计分卡评分来评定；对一般员工，则通过对其工作量和工作表现等因素的衡量来考核。

企业的当期销售表现用当期实际销售完成情况同计划销售情况的比值衡量，并将此系数作为当期公司月度可变收入的调整系数。

（二）MT 企业销售部门的薪酬形式与水平

根据员工工作职位不同，MT 企业将所有员工分成销售人员和非销售人员：一线销售人员总收入中固定收入和可变收入之比设为 40％和 60％；IT 信息服务销售类员工实行“佣金制”；对于非销售人员，其相应比例为 60％和 40％。

员工的实际收入水平由其职位的薪资水平、个人工作表现和企业整体表现三方面因素综合决定。以某一线销售人员为例：

某销售代表 A，其核定年度薪资标准为 36000 元。按照划定的固定收入和可变收入比例，其月度固定收入应为（36000/12）×40％＝1200（元），其平均月可变收入基数为（36000/12）×60％＝1800（元）。

我们假设在某月，A 的个人绩效评分为 1.2 分，其实际收入将随企业整体销售情况变化而变化：员工应得月度收入＝月度固定收入＋月度可变收入基数×员工个人当期考评得分×公司当期收入调整系数

情况一：公司完成计划销售额的 120％，月度调整系数为 1.2 时，其平均月应得收入为 1200＋1800×1.2×1.2＝3792（元）。

情况二：公司完成计划销售额的 80％，月度调整系数为 0.8 时，其平均月应得收入为 1200＋1800×1.2×0.8＝2928（元）。

分析与探讨

1. 试评价 MT 企业销售人员基于业绩的薪酬模式的优点和缺点有哪些？
2. MT 企业销售人员基于业绩的薪酬模式如何进行优化？其理论依据是什么？

本章推荐阅读书目

1. 康士勇. 薪酬设计与薪酬管理[M]. 北京：中国劳动社会保障出版社，2005.

该书内容共 2 篇。第一篇偏重于薪酬设计基础理论的阐释，涉及的理论包括市场经济工资决定理论、工资差别理论、按劳分配与按生产要素相结合理论等。第二篇侧重于薪酬设计时事政策的评价，涉及的内容包括中国工资制度的发展与改革，政府对收入分配的监控指导等。

2. 李志畴. 薪酬体系设计与管理实务[M]. 南京：凤凰出版社，2012.

该书是一本适用于中小企业的薪酬体系设计与管理实务的操作手册。全书以丰富的实战案例、全面翔实的设计与管理工具图表、详尽细致的操作流程和五大职位类别的实施方案，向读者全方位地展现了企业的薪酬设计流程与薪酬的日常管理。

薪酬结构管理

本章导读

公平性与竞争性是组织薪酬管理的两个基本目标，组织的薪酬结构也是员工个人价值和职位价值的体现，决定着组织中员工的薪酬水平和薪酬上涨空间。限于浮动薪酬的多变性以及基本薪酬“对人不对岗”的特殊性，本章中所讲的薪酬结构仅涉及组织中固定薪酬中的职位薪酬。要求了解和理解薪酬结构的内涵、类型；掌握企业中薪酬结构设计的流程，部门间的薪酬结构管理、部门内部各职位间的薪酬结构管理，职位评价与外部市场薪酬调查数据对接，以及薪酬结构的静态管理与动态管理等技术。

第一节 薪酬结构管理概述

一、薪酬结构的相关概念及其类型

（一）薪酬结构的内涵

薪酬结构是指组织中各个职位的相对价值与其对应的实付薪酬之间的关系，强调职位或技能等级的数量、不同职位和技能等级之间的薪酬差距，以及用来确定这种差距的标准。

薪酬结构管理的最基本依据是职位的职责或工作本身。它主要通过对职位进行系统、客观的评价来明确组织中各种职位工作的相似性或差别性，以及这些工作对组织整体目标实现的相对贡献的大小，并在此基础上确立组织中的职位结构。这种职位结构是由一个系列工作中的不同级别构成的体系。当把某一组织的薪酬标准的各种水平与职位结构的各种水平结合在一起时，便得到了组织的薪酬结构。可见，薪酬结构就是指一个组织中各种工作之间报酬水平的比例关系，包括不同层次工作之间报酬差异的相对比值和绝对水平。

有效的薪酬结构集内部公平性和外部竞争性于一体，不但可以充分体现职位和员工的工作价值，还能起到良好的激励作用，推动企业战略目标的实现。不合理的薪酬结构对组织整体竞争能力的提升具有负面影响。如果报酬差别过小，那些职位责任重大、内容复杂和工作比较辛苦的员工就会感到自己的工作没有得到合理的补偿，可能产生不满情绪或辞职。如果报酬差别过大，那些从事相对比较简单、任务比较轻松的工作的员工又可能产生不满情绪。

（二）薪酬结构的三大构成要素

完整的薪酬结构一般包括以下三项内容：薪酬的等级数量，同一薪酬等级内部的薪酬变化范围（如最高值、最低值和薪酬变动比率），相邻两个薪酬等级之间的交叉与重叠部分。

1. 薪酬的等级数量

薪酬的等级是指根据工作的复杂程度和责任大小，将员工薪酬进行等级划分，不同的等级应体现出工作要求的差异。薪酬等级是在工作分析和职位评价的基础上建立起来的，它将职位价值相近的职位归入同一个薪酬等级，并采取一致的管理方法处理该等级内的薪酬管理问题。在工资结构中，设计较多的工资等级要求明确区分每个等级的工作能力，操作难度较大，而工资等级太少又无法体现工作中有关薪酬的显著差异，所以一般考虑如下因素：

（1）需要评价的职位数量；

（2）它们在组织中的职位等级分布；

（3）职位之间的汇报、负责关系。

2. 薪酬区间与薪酬变动比率及其确定

1）薪酬变动比率的内涵

薪酬区间是指在某一薪酬等级内部薪酬水平变动的最大幅度，也就是最高薪酬水平与最低薪酬水平之间的绝对差。薪酬变动比率是指同一薪酬等级内部的最高薪酬水平与最低薪酬水平之差与最低水平的比率，计算公式为：

$$上半部分薪酬变化比率=\frac{最高值-中间值}{中间值}$$

$$下半部分薪酬变动比率=\frac{中间值-最低值}{最低值}$$

通常,这两种计算方式得到的结果是相同的。但在制度实践中,也可能存在微小偏差。

以表 4-1 中的第 4 级为例,该区间的薪酬变动比率为(1880－1400)/1400＝34％,也就是说第 4 等级的薪酬变动幅度为中值 1640 的 34％。此外,通过计算得出,上半部分薪酬变动比率＝(1880－1640)/1640＝15％,下半部分薪酬变动比率＝(1640－1400)/1400＝17％。

在实际运用中,不同薪酬等级的薪酬变动比率可以有所差异。以表 4-1 中的第 1 级为例,该区间的薪酬变动比率为(3300－2400)/2400＝37.5％,要高于第 4 等级的薪酬变动比率。企业在进行薪酬结构决策时,可以依据不同的情况来分别确定不同等级的薪酬变动比率。

表 4-1　某部门的宽带薪酬结构表　　单位:元

等级	职位工资金额							各级中间值	档差	中值级差
	1 档	2 档	3 档	4 档	5 档	6 档	7 档			
1 级	2400	2550	2700	2850	3000	3150	3300	2850	150	
2 级	2000	2105	2210	2315	2420	2525	2630	2315	105	535
3 级	1600	1690	1780	1870	1960	2050	2140	1870	90	445
4 级	1400	1480	1560	1640	1720	1800	1880	1640	80	230
5 级	1200	1270	1340	1410	1480	1550	1600	1410	70	230
6 级	1000	1060	1120	1180	1240	1300	1360	1180	60	230
7 级	800	850	900	950	1000	1050	1100	950	50	230
8 级	650	690	730	770	810	850	890	770	40	180

2) 薪酬变动比率的具体设计

实践中,组织的薪酬变动比率一般取决于以下因素:

(1) 特定职位所需要的技能水平。一般而言,所需技能水平较低的职位薪酬变动比率要小一些,而所需技能水平高的职位所对应的薪酬等级变动率就会大一些。比如管理类职位与生产类职位相比,绝大多数情况下前者的薪酬变动比率要大于后者。因为,在管理类职位内部,职位的提升通常是建立在管理技能与能力提高的基础之上,而管理技能与能力的提高不是简单的模仿或者训练能达到的,它需要长时间的经验积累与学习,并且随着管理职位的提升,个人工作的努力程度将会对企业的经营成果产生很大的影响。所以,较大的薪酬变动比率能鼓励他们努力工作,而且薪酬的不断增长能留住这些优秀员工。相比之下,生产类职位的薪酬变动比率就会小些，因为生产所需的技能员工很快就能学会，同时，生产类职位的员工人数众多，如果采用较大的薪酬变动比率，一旦员工在较短时间内获得了技能的提高，企业就得给众多的人以较高的涨薪幅度，这对企业来说是很重的负担。

(2) 员工所在职位的晋升空间。对于处在较低的薪酬等级的员工，可以通过薪酬等级的提升来提高自己的薪酬水平；而对于已处于较高薪酬等级的员工来说，只能通过提高薪酬变动比率来提升他们的薪酬水平。表 4-2 和 4-3 分别显示了目前市场上对各类职位的薪酬变动比率的确定和不同薪酬变动比率对薪酬差距的影响。

表 4-2　不同职位类型及其薪酬变动比率

薪酬变动率	职 位 类 型
20%～25%	生产、维修、服务等职位
30%～40%	办公室文员、技术工人、部长助理
40%～50%	专家顾问、中层管理人员
50%以上	高层管理人员、高级专家

表 4-3　不同薪酬变动比率下的薪酬差距

职位	薪酬区间变动比率	最低值	中值	最高值
车间统计员	30%	1385	1800	2340
	40%	1285	1800	2520
	50%	1200	1800	2700

从表 4-3 中能看出，随着薪酬区间变动比率的增加，在中值相等的情况下，区间最高值和最低值之差越大，说明薪酬差距比较大。

3. 薪酬中值级差与薪酬区间叠幅

1）薪酬中值级差

薪酬中值代表的是某个薪酬等级中的职位在外部劳动力市场上的平均薪酬水平。例如，表 4-3 中的 1800 元代表了在外部劳动力市场上车间统计员职位的平均薪酬水平。薪酬中值级差指的是不同薪酬等级的区间中值的等级差异。在某个薪酬结构中，如果薪酬等级之间差距太小，则不能体现薪酬分配的激励性原则，会影响员工积极性；差距太大可能会造成员工的不团结，也可能会使薪酬成本超过企业支付能力。

薪酬中值级差反映了职位之间的差别，职位之间的劳动差别越大，工作价值差别越大，则薪酬级差差距也就越大，所以在高级别职位（如副总经理与部门经理）之间的薪酬级差要比在中级别职位（如车间主任与车间班长）之间的薪酬级差要大一些。另外，对于在最高等级的薪酬中值与最低等级的薪酬中值固定的情形下，中值级差越大，薪酬等级的数目越少。

2）薪酬区间叠幅

薪酬区间的重叠幅度一般出现在宽带薪酬模式下，主要是指除了最高薪酬等级的最高薪酬水平与最低薪酬等级的最低薪酬水平外，其他各相邻薪酬等级的较高值与较低值中间会有一定的交叉与重叠区域。工资等级间的交叠使得较低职位等级上的优秀员工，可以凭借较高的业绩获得相当于更高等级职位的工资。薪酬区间重叠区域的大小取决于区间中值级差的大小和同一薪酬等级的变动比率。区间中值越大，薪酬变动比率越小，则薪酬区间的重叠区域就越小，反之就越大。随着现代组织结构的扁平化，薪酬区间的重叠可以避免因晋升机会不足而导致的薪酬增长限制，同时也能给晋升者以更大的薪酬增长空间。

（三）几种主要的薪酬结构

组织中的薪酬结构通常有三种类型，即单一型的薪酬结构、可变型的薪酬结构和涵盖型的薪酬结构。

1. 单一型的薪酬结构

单一型的薪酬结构类型是一职一薪，即每个职务（或职位）只有一个对应的薪酬标准（如图 4-1）。如果有 8 个职务等级，则只有 8 个工资额，员工只有在改变职务（职位）时才能调整薪酬。显然这是一种很简单的薪酬结构，该制度模式下员工的薪酬晋升空间有限。

对于这种简单划一的工资结构所存在的缺陷，企业在具体的薪酬管理中可以采取奖金、津贴等办法加以补偿。

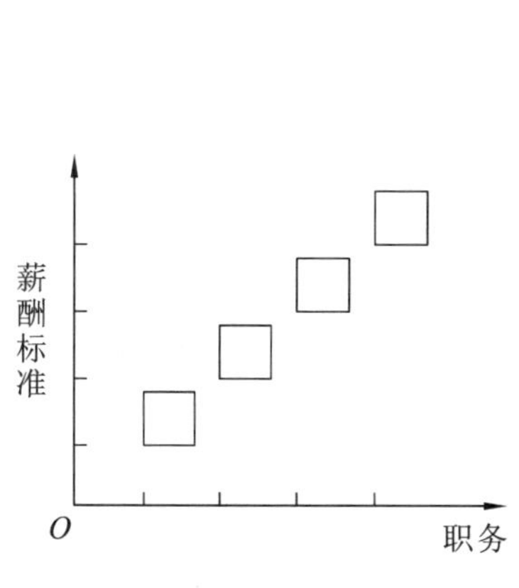

图 4-1　单一型的薪酬结构

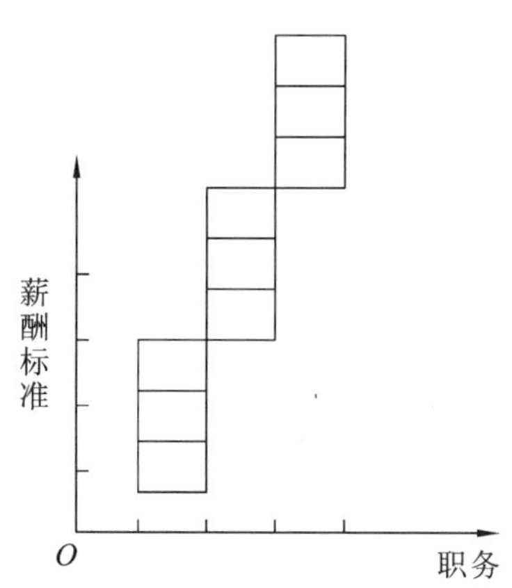

图 4-2　可变型的薪酬结构

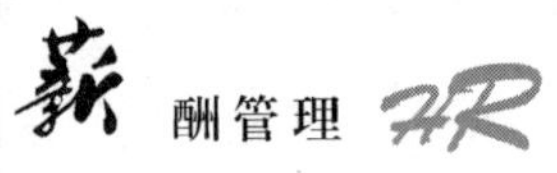

2. 可变型的薪酬结构

可变型的薪酬结构也称范围型工资结构，它是一种一职多薪即在每一个职务（或职位）等级内设置若干个薪酬标准，允许同一职务（职位）的员工有不同的薪酬标准。具体见图4-2。在实行职务工资制的组织多采用这种薪酬结构，如美国联邦政府的薪俸表和我国公务员的工资等级表都属于这种类型。

这种可变型的薪酬结构同单一型的薪酬结构相比具有以下两个优点：首先，具有灵活性。组织可以根据外部劳动力市场的变化对组织内部某个职务的工资进行调整，比如为了吸引人才，组织可以选择其与某个职务等级内较高级别的工资待遇相对应。其次，使薪酬更具激励性。在同一职务等级内不同的工资级别可以对绩效好坏的员工加以区别对待，这可以成为对人力资源进行长期管理的有效手段。

3. 涵盖型的薪酬结构

这种薪酬结构从本质上来说是范围型薪酬结构的一种。它是在同一职务（职位）内部仍设立不同档的薪酬标准，但低职务（职位）的高等级薪酬标准与相邻高职务（职位）的低等级薪酬标准间适当交叉。具体见图4-3。

这种薪酬结构能使处在不同职位但是职责履行程度差别不大职位的工资差距不致过分悬殊，有利于更开放地使用人才。但值得注意的是，不同职位之间的工资标准不宜交叉过大，否则就是平均主义。

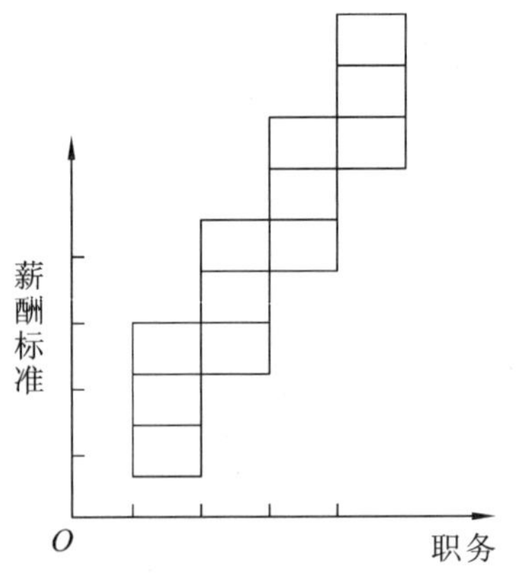

图4-3 涵盖型的薪酬结构

（四）薪酬结构的内部一致性

薪酬的内部一致性也称内部公平性，是指同一组织内部不同职位之间或不同技能水平之间的比较，它是以各自对完成组织目标所作贡献大小为依据的，它对薪酬目标的实现有重要影响。薪酬结构设计过程中需要分别在部门之间，以及部门内部重点把握内部一致性和内部公平性两大原则。而对企业薪酬结构的内部一致性和公平性程度影响最大的因素就是企业内部的职位评价，以及由职位评价决定的职位等级结构。

薪酬的内部一致性受三个因素的影响：薪酬水平的等级、薪酬水平之间的级差和决定这种级差的标准。归根到底也就是职位薪酬差距的确定，薪酬差距间接地影响着工作效率，进而影响整个组织的效率。

薪酬结构的内部一致性包括水平一致性和垂直一致性（如表4-4所示），也就是部门内部各职位的薪酬公平性与部门之间职位薪酬的公平性。

表 4-4 薪酬结构内部一致性剖析① 单位：元

垂直内部一致性（部门内部）	水平内部一致性（不同部门之间）			
	职位	部门 A	部门 B	部门 C
	前台接待员	2500	2600	2900
	行政秘书	3000	3100	2500
	高级秘书	3500	3600	5000

表 4-4 中部门 A 和部门 B 之间在三个职位上都具有内部一致性，两个部门横向薪酬大体一致，并且在纵向上不同等级职位的薪酬增长幅度大致类似。但对部门 C 而言，则不具有内部一致性，即在横向上，它同部门 A 和部门 B 相比没有一致性；在纵向上，部门内部前台接待员、行政秘书和高级秘书之间的薪酬差距也不具备一致性。

薪酬的水平一致性与垂直一致性并非两个独立的概念，它们之间是有关系的。行政秘书和高级秘书的薪酬应高于前台接待员（垂直一致性），但高出多少则与其余两个部门的情况有关（水平一致性）；同时，薪酬的差距还要考虑个人绩效因素等。

我国企业对薪酬管理的一个重要原则就是公平，内部一致性强调的也就是公平问题。在中国的传统文化中，历来存在“不患寡而患不均”的心理。因此，薪酬的内部一致性问题值得企业关注。

阅读材料4-1

关注企业薪酬的内部一致性

A 公司是集药品研发、生产于一体的新上市制药企业。公司为了应对市场变化，推行了扁平化管理，将公司原有的 26 个处室合并为 9 个部门，原有管理层级由 11 个降为 8 个。

A 公司在调整之前长期实行职位技能等级工资制：管理、研发、生产、销售四大系列职位的工资结构在总体上呈现为典型的倒“Y”模式。在此模式下，员工薪酬水平的增长必须以行政管理层级的上升为前提。另外，技能工资比重偏高，由于技能工资主要和职称挂钩，同一职位相同绩效的员工薪酬水平却因职称不同、资历不够而差别较大。

① 刘昕. 薪酬管理[M]. 北京：中国人民大学出版社，2002：170.

此次改革中的组织结构扁平化改革减少了中高层管理职位，进一步加大了靠晋升管理级别而提高薪酬水平的操作难度。导致大部分毕业生在工作一两年、掌握核心技术之后就离开公司，从而造成研发、销售人员梯队断层，市场占有份额逐步下降。为此，A公司付费参与了北京地区制药行业薪酬调查，调查结果却表明该公司核心技术、研发类、销售类职位的员工工资水平普遍处于市场较高分位，也就是其薪酬的外部竞争性良好。

针对上述问题，公司对员工进行薪酬满意度抽样调查。结果显示，影响员工薪酬满意度的两个最重要因素分别为：组织内部对职位的价值判断不一致；薪酬调整的标准不清晰，同工不同酬。即以上内部、外部薪酬调查结果及离职分析表明，薪酬结构内部公平的缺失是造成A公司人员流失的最主要原因。

思考与提示

1. A公司员工流失的主要原因有哪些？
2. 如何提高A公司薪酬的内部一致性？

当然，尽管薪酬结构着重强调的是组织内部的一致性问题，但它不是脱离外部竞争性而独立决策的过程。事实上，薪酬结构决策是在内部一致性和外部竞争性这两种标准之间进行平衡的一种结果。这一观点将在本章后面的组织薪酬结构静态管理的论述中得到体现。

二、薪酬结构的设计流程

如前所述，薪酬结构的本质是一个组织中各个职位的相对价值与其对应的实付薪酬之间的关系，同时也会考虑外部薪酬市场上的各种情况。一般来说，职位等级越高，对外部市场的关注越多。通过薪酬结构的设计，可将企业内所有职位的评价分数按统一的原则转换为组织中各个职位的职位工资。

下面对组织薪酬结构设计的六个步骤分别进行介绍。

（一）制定企业薪酬战略模式

这一步骤的核心是如何根据企业的战略和核心价值观确定企业的人力资源战略，并且根据企业的人力资源战略、外部的法律环境、行业竞争态势及企业的发展特点制定切合企业需要的薪酬战略。

组织在进行薪酬体系设计时，薪酬结构的选择、薪酬计划的制订、薪酬方案的设计、薪酬的发放及沟通，均应体现企业战略、核心竞争优势和价值导向对人力资源尤其是对激励机制的要求。显然，对于符合企业战略和价值取向的行为和有助于提高企业核心竞争优势的行动，组织应在薪酬上予以倾斜，以强化员工的绩效行为。否则，企业的战略目标和核心价值观将得不到真正的贯彻。

（二）进行职位价值评估

这一步需要组织根据自身所处的发展阶段和行业特征，选择职位价值评估方法，并综合考虑企业经营战略和薪酬管理战略，对组织内部的各个职位进行价值评估和职位价值等级排序。表 4-5 为某企业的职位价值评估分数排序表的具体示例。

表 4-5　某企业的职位价值评估分数排序表

点数排序	职位名称	评估点数	点数排序	职位名称	评估点数
1	市场部经理	857	8	总经理秘书	593
2	计划部经理	853	9	行政秘书	593
3	总经办主任	820	10	工会主管	593
4	后勤部主任	738	11	行政主办员	590
5	会计主管	660	12	主管助理	455
6	招聘主管	655	13	出纳	433
7	报销会计	640	14	打字员	320

值得注意的是，职位价值评估需要强调或突出组织的发展战略。企业发展阶段不同，其战略目标也不同，各职位对于组织的重要性和价值也不同。也就是说，同一个职位在组织不同的战略导向下其评价分数是不同的。

（三）确定职位的价值等级

该步骤需要在职位价值评估的基础上，按照一定方法对职位点数的分布进行初步分组。各职位虽然评价点数有差异，但是有些点数是相当接近的，因此将各职位评估分数所在的分数段对应到每一个薪级。

在实际管理实践中，组织确定职位评价分数分组的方法一般包括“等差法”和“递增法”两种。“等差法”主要是指以最低的职位价值评估得分为基数，依次以相同额度（如 100 点或 50 点）来划分职位价值等级。“递增法”则是指以最低的职位价值评估得分为基数，依据依次递增的额度（如 100 点、120 点、140 点）来划分职位价值等级。当然，这里的分数分组无论如何设计都存在一定的主观性，往往需要综合考核企业原有的职位等级划分、职位原有的工资水平，以及企业未来对该类职位的价值定位等因素来确定。这一步也是组织薪酬结构设计过程中技术含量比较高的环节之一。

（四）将职位评估点数与市场薪酬水平对接，形成初步的工资曲线

在完成职位价值评估和等级分组的基础上，组织还需要对标杆职位进行市场薪酬调查，以得到市场上同类标杆职位的平均薪酬水平。

在通过市场调查得到了各类标杆职位的市场薪酬水平以后，组织会得到与被评价职位相关的两组数据，一组是职位评价点数值，另一组是市场薪酬水平值（见表 4-6）。

这样就能运用最小二乘法得到一条拟合的能体现不同职位市场平均薪酬水平的变动趋势的直线，这个方法可以直接利用 SPSS 统计软件得到拟合直线，如上例得到的拟合直线为：

$$y=-2297.381+8.405x$$

其中，x 表示职位点数；y 表示市场平均薪酬水平。

表 4-6　职位评价点数与市场薪酬水平　　单位：元

等　级	职位名称	点　数	市场薪酬水平
1	市场部经理	857	5700
	计划部经理	853	5300
	总经办主任	820	4900
2	后勤部主任	738	3600
3	会计主管	660	3160
	招聘主管	655	2920
	报销会计	640	2560
4	总经理秘书	593	2430
	行政秘书	593	2300
	工会主管	593	2300
	行政主办员	590	2030
5	主管助理	455	1800
	出纳	433	1600
6	打字员	320	1200

那么，组织将上述职位的点数代入上述直线方程就可以求出相应的 y，即该职位在该点数下的市场平均薪酬水平。通过处理就可得到表 4-6 中的各职位点数所对应的市场平均薪酬水平和所在薪酬等级的薪酬区间中值，具体见表 4-7。

表 4-7 经处理后各职位点数所对应的市场平均薪酬水平 单位:元

等级	职位名称	评价点数	处理后的平均薪酬水平	薪酬区间中值
1	市场部经理	857	4905.703	4750.21
	计划部经理	853	4872.083	
	总经办主任	820	4594.718	
2	后勤部主任	738	3905.508	3905.508
3	会计主管	660	3249.918	3165.868
	招聘主管	655	3207.893	
	报销会计	640	3081.818	
4	总经理秘书	593	2686.783	2674.176
	行政秘书	593	2686.783	
	工会主管	593	2686.783	
	行政主办员	590	2661.568	
5	主管助理	455	1526.893	1434.438
	出纳	433	1341.983	
6	打字员	320	392.2179	392.2179

（五）根据公司薪酬策略和财务支付能力，对薪酬区间中值进行调整

企业的薪酬政策与策略对员工价值的评价、对薪酬差距的确定、对薪酬与福利的分配比例有着重要的指导作用。因此，在得出理论的薪酬等级中值之后，企业还需要根据自身的薪酬策略与财务支付能力对区间中值进行调整。

例如，某些职位在组织内部的价值评价较高，而在市场上的价值相对较低，通过上述方法就会得到一个明显高于市场平均水平的薪酬值。当然，如果企业的财务支付能力较好，薪酬成本在企业看来并不很重要，则无需对这个薪酬值进行调整。但若是企业内部评估价值低于市场价值，则必须调高该职位的薪酬中值，否则会很难招到合适的人来承担该职务。

（六）根据各职位的等级和薪酬等级的区间中值建立起薪酬结构

在完成上述步骤的基础上，还需要组织对照标杆职位，对那些没有进行外部市场薪酬调查或没有进行职位价值评估的职位进行薪酬等级挂靠。一般依据“就高不就低”的原则，形成企业利益大致均衡的一个职位薪酬区间中值序列，然后再依据各职位的评估价值分数、职位等级以及市场薪酬水平和薪酬区间，建立一个多等级、多档次的宽带薪酬结构。

在宽带薪酬体系内，每个职级内部可以建立一个薪酬区间，这个区间既可以与相邻区间相互衔接，也可以相互重叠。此外，在同一个企业对于不同类别的职

位可设计不同的薪酬结构，如销售人员的销售提成制和后勤辅助人员的职位工资制就是完全不同的薪酬结构。

第二节 薪酬结构与职位评价

职位评价是在职位描述的基础上，对职位本身所具备的特征（如职位对企业的重要性、职责范围、任职条件和环境条件等）进行评价，以确定职位相对价值和职位等级结构的过程。职位评价的最终目标是为组织中不同职位的薪酬结构设计提供依据。

一、职位评价的原则与方法分类

在一个企业中，如何确定某个职位在组织中的地位？如何对不同职位的贡献价值进行衡量？这些都需要职位价值评估，它是组织进行薪酬结构设计的基础环节。

职位评价的核心目标是实现薪酬的内部公平，主要是通过建立客观的工资等级结构，减少对工资的抱怨和投诉，使员工感受到职位评价与工资分级的科学性。

（一）职位评价的要求与原则

（1）反映职位的相对价值，而不是绝对价值。

（2）针对职位，而非对人员的价值判断。

（3）针对职位目前正常水平，而非过去或者将来的判断。

（4）职位评价必须是建立在对职位信息充分掌握和理解的基础之上的。

（5）注重职位评价事前设计、事中评价和事后结果应用的科学性，提高员工对薪酬差距的认同度。

例如，要使员工感受到职位评价的科学性，应该注意以下细节：强调职位价值评估的参与人应该包括各级层的员工；职位评价的指标、标准、打分范围应有严格的界定；职位评价参与人必须经过培训（了解评价的目标、方法与标准等）；职位评价的结果处理应该有严格的方法（如弃掉最低分和最高分）；对标杆职位进行试打分；做好职位评价的过程控制（如时间、地点、主持人选择等）。

（二）职位评价的方法分类

职位评价通常的方法有四大类，见表 4-8。

表 4-8　职位评价方法分类

常用的职位价值比较方法	常用的评价方法	
	考虑职位要素(量化方法)	考虑职位整体(非量化方法)
职位与职位比较	因素比较法	排序法
职位与尺度比较	点数(分)法	分类法

二、职位评价的四大系统要件

职位评价体系一般包括四个子系统，即评价指标子系统、评价标准子系统、评价方法子系统、评价控制子系统(组织与控制)。

(一) 评价指标子系统

设计评价指标子系统的核心是确定职位所共有的、可衡量的、决定职位价值的、组织愿意为之支付报酬的本质性要素(报酬因子)，并将这些报酬因子转化为评价指标。

1. 职位评价指标的特征

(1) 评价要素或指标要具有代表性。能够衡量多数职位的共性价值。

(2) 评价要素或指标要具有区分性。通过这些要素或指标，能够拉开职位价值的差距。

(3) 评价要素或指标要具有战略导向性。这些评价要素是组织愿意为之支付报酬的依据，必须与企业战略相关，并且具有引导性和前瞻性。

(4) 评价要素或指标要具有清晰性和单一性。评价要素或指标间不能重叠交叉，避免由此引发的职位价值评价误差。

(5) 评价要素或指标要具有可测量性。为避免评价时的主观标准误差，评价要素或指标应是可以定量化、数量化或客观化的。

(6) 评价要素或指标要数量适中。评价要素或指标一般是 4～12 个要素为宜。

2. 主流的职位评价要素模式

1)"五要素法"模式

"五要素法"模式涉及的要素主要是技能、责任、劳动强度、工作环境和社会心理因素五个方面，共 22 个指标。简单分解如下：

(1) 技能要素。包括技术知识要求(文化水平和技术等级)、操作复杂程度、看管设备复杂程度、品种质量难易程度、处理与预防事故复杂程度等 5 个指标。

(2) 责任要素。包括质量责任、产量责任、看管责任、消耗责任、安全责任、管理责任等 6 个指标。

(3) 劳动强度要素。包括体力劳动强度、工时利用率、劳动姿势、劳动紧张程度、工作班制等 5 个指标。

(4) 工作环境。包括粉尘危害、高温危害、噪音危害、有害毒物危害等 4 个指标。

(5) 社会心理因素。包括职位的社会地位、人员流向等 2 个要素。

2) “四要素法”模式

“四要素法”模式应用较为广泛，包括技能、责任、努力程度、工作条件四个方面。

(1) 技能指标。主要包括教育水平、经验、培训时间、准确性等指标。

(2) 责任指标。主要包括设备材料责任、安全责任、产品责任、监管责任等指标。

(3) 努力程度指标。主要包括独立性、智力消耗、体力消耗、劳动强度等指标。

(4) 工作条件。主要包括工作地点、危险性、工作时间等指标。

美国不同行业“四要素”因子及其分布情况如表 4-9 所示。

表 4-9　美国不同行业“四要素”因子及其分布

报酬因素	CWS 公司	美国钢铁系统	金属贸易系统	通用电气公司	加利福尼亚飞机厂
技能	24%	45%	50%	62.5%	60%
责任	52%	24%	20%	12.5%	12%
努力程度	12%	16%	15%	12.5%	12%
工作条件	12%	15%	15%	12.5%	16%

3) “三要素法”模式

“三要素法”模式的典型代表是海氏点数法，适合于大型企业或管理类和专业技术类职位的评价。

海氏点数法主要包括诀窍或技能、解决问题的能力、承担的责任等三个要素。

(1) 技能要素。主要包括科学知识、专门技术和实践经验，管理能力与管理技巧(计划、组织、执行、控制)，人际关系技巧(沟通、协调、激励、培训、关系处理)等。

(2) 解决问题的能力。主要包括思维的环境(解决问题有无规章可以遵循)、思维难度(创新性思维的程度)等。

(3) 责任。主要包括行动的自由度(个体或制度的控制与指导程度)、对结果的影响(对工作结果的影响是间接还是直接的)、责任大小(经济性正负后果)等。

4) “CRG7 要素法”模式

“CRG7 要素法”模式是由瑞士国际资源管理集团引进的方法，适合于高科技组织或以室内工作为主的组织。

“CRG7 要素法”模式涉及的评价要素包括组织影响力(职位在组织的作用、

影响有多大)，监督管理(管理多少部门、多少人)，责任范围(工作独立性、责任的宽度和广度)，沟通技巧(交往的频率和难度)，职位复杂性(学历和经验要求)，解决问题的难度(创造性如何)，以及环境条件等指标。

5)"美世国际职位评价要素法"模式

该方法由美世咨询公司开发，适合于大型组织。该方法共4个评价要素，19个维度，104个级别，总分1225分。

其中的四大类评价要素包括影响(职位在组织的作用、影响有多大)，沟通(范围、难度、频率)，创新(复杂性、创新性)，知识(深度、广度)。另外，美世国际职位评价要素法还有第五类可选的评价要素，即"风险度"，主要是指任职者在正常工作环境下的最大限度的精神和身体上的危险。下面以"风险度"指标为例，简要说明指标的维度和内涵，具体见表4-10。

表4-10　风险度指标的内涵和维度

			环境		
			低频率	中等频率	高频率
			会发生不便，暂时影响健康	风险经常发生，健康会受影响	不断地身处于一个导致身体永久性伤害的环境中
危险性	正常	暂时发生不便，但通常不会导致工伤或健康问题	正常的工作条件。在符合国际安全标准的环境下进行体力和脑力劳动		
	精神	影响健康、持续的高风险和精神压力	在严格和紧迫的时间压力下工作；有威胁和故意的口头冲突	长时间在严格和紧迫的时间压力下工作；有政治动乱的威胁	高频率地身处于暴力中，一再地和/或长期地在政治不稳定地区工作
	工伤	身体受伤的风险	完成一种需要保持高度警觉，并将警觉性作为工作内容一部分的任务	在避免工伤的有效保护措施不完全达成的环境下工作	在可能发生身体受伤的环境内持续工作，安全保障在组织内失控
	残疾	身体残疾或死亡的风险	如果不坚持按照安全保障指引去工作的话，身体残疾和对生命有威胁的事故会发生	坚持按照安全和保障指引去工作，工作时仍然存在着身体残疾和对生命有威胁的事故发生的可能	高频率地处于永久性伤害的可能中；意外事件在本人可控制之外

（二）评价标准子系统

在明确了职位评价的指标系统之后，还需要进一步明确指标评价的标准，即将指标细分为二级或三级指标，并制定每一级指标的评价标准。

一般而言，职位评价标准＝权重＋等级＋分级标准。

例如，在某企业的职位评价指标体系中，“努力程度”是一级指标，“工作内容不确定性”是二级指标。该二级指标的权重、分级及分数分布如表4-11所示。

表4-11　工作内容不确定性指标的权重、分级及分数分布

指标	权重	等级及分级标准				
		1级(32)	2级(64)	3级(96)	4级(128)	5级(160)
工作内容不确定性	160分(40%)	工作内容大致或基本确定，相对独立地完成工作	工作内容存在一定的确定性，在他人指导下或参考有关经验完成	工作内容存在不确定性，需要将多个相互独立的问题联系起来权衡解决	工作内容存在较大的不确定性，需要统筹考虑相关的管理或技术目标	工作内容存在很大的不确定性，需要创新性工作和通盘考虑

在设计职位评价标准表时，如何确定各个二级指标或三级指标的权重是一个难题。实践中用来确定指标权重的方法主要有直接比较法和层次分析法。

1. 直接比较法

直接比较法的核心是先找出所有指标中最重要或最不重要的一个指标，将其赋权为“1”，然后用其他指标与该指标一一比较，得出其他指标分别是该指标权重的多少分之一或多少倍，然后再将每个指标比较后的权重分别与加总后的所有指标权重比较，即可得出各个指标转化后的权重。

例如，在组织管理能力、领导能力等6个指标中，假定将指标中重要程度最小的指标（智力水平）设为“1”。考虑各指标之间重要程度的差异，将另外5个指标与之比较，对其倍数的重要性程度作出判断。这里的“倍数”没有限定，可以是1.2倍、1.5倍、1.7倍、2.0倍、3.5倍等随机倍数，主要依据指标间的相对重要程度来确定。具体见表4-12。二次转化后的指标权重见表4-13。

表 4-12　一次比较后的指标权重

一级指标	比较倍数
组织管理能力	3.0
领导能力	3.0
运营管理能力	2.5
人格特性	1.5
个人品质	1.5
智力水平	1

表 4-13　二次比较后的指标权重

一级指标	比较倍数
组织管理能力	3.0/12.5=24%
领导能力	3.0/12.5=24%
运营管理能力	2.5/12.5=20%
人格特性	1.5/12.5=12%
个人品质	1.5/12.5=12%
智力水平	1/12.5=8%

2. 层次分析法

层次分析法(the analytic hierarchy process,简称 AHP),在 20 世纪 70 年代中期由美国运筹学家托马斯·塞蒂(T. L. Saaty)正式提出。它是一种定性和定量相结合的、系统化的、层次化的分析方法。

层次分析法是将决策问题按总目标、各层子目标、评价准则直至具体的备择方案的顺序分解为不同的层次结构,然后用求解判断矩阵特征向量的办法,求得每一层次的各元素对上一层次某元素的优先权重,最后再用加权和的方法递阶归并各备择方案对总目标的最终权重。层次分析法比较适合于具有分层交错评价指标的目标系统,而且目标值又难于定量描述的决策问题。该方法的核心是构造判断矩阵,并利用 T. 斯塔的相对重要性等级表求出其最大特征值,及其所对应的特征向量 $\boldsymbol{W}$,归一化后,即为某一层次指标对于上一层次某相关指标的相对重要性权值。

T. 斯塔的相对重要性等级表如表 4-14 所示。

表 4-14　T. 斯塔的相对重要性等级表

重要程度	定义	说明
1	$a_{ij}=1$	元素 i 与元素 j 对上一层次因素的重要性相同
3	$a_{ij}=3$	元素 i 比元素 j 略重要
5	$a_{ij}=5$	元素 i 比元素 j 重要
7	$a_{ij}=7$	元素 i 比元素 j 重要得多
9	$a_{ij}=9$	元素 i 比元素 j 要极为重要
2,4,6,8	$a_{ij}=2n,n=1,2,3,4$	元素 i 与 j 的重要性介于 $a_{ij}=2n-1$ 与 $a_{ij}=2n+1$ 之间

假设有 A、B、C、D、E 五项职位评价指标,需要我们选用层次分析法确定其权

重。

在表 4-15 中，假定 A 与 B 相比，若认为 B 比 A 稍微重要时，则在 B 行 A 列交叉处给 B 记 2，在 A 行 B 列交叉处给 A 记 1/2。A 与 C 相比较，若 C 比 A 略为重要，则在 C 行 A 列处给 C 记 3，在 A 行 C 列给 A 记 1/3；以此类推，直到全部考评指标比较完毕。具体比较数据如表 4-15。

表 4-15 测评指标权重确定一览表

权重指标	A	B	C	D	E	**W**
A	1	1/2	1/3	1/3	1/2	0.08
B	2	1	1/4	1/4	2	0.12
C	3	4	1	1	7	0.36
D	3	4	1	1	7	0.36
E	2	1/2	1/7	1/7	1	0.08
	11	10	2.7	2.7	17.5	

在比较出相应的指标权重后，还需要逐列求和，得出表 4-15 中最后一行的数据：11，10，2.7，2.7 和 17.5。

最后利用公式 $\boldsymbol{W}=\frac{1}{n}\sum_{i=1}^{n}\left(a_{ij}/\sum_{i=1}^{n}a_{ij}\right)$，即可得出表 4-15 中的最后一列数据：0.08，0.12，0.36，0.36 和 0.08。这列数据即为各个指标转化后的权重。

（三）评价方法子系统

1. 排序法

排序法是由评价人员对各职位的重要性作出判断，并根据职位相对价值按升序或者降序来确定职位等级的一种评价方法。这种方法的好处是操作简单，容易实行，耗用的时间和资源较少。这种方法是根据职位的“总体情况”而不是根据一系列细分的评价因素而排序的，所以在实际操作中过分依赖“主观估计”，并且排序法并没有给出测量每项职位相对其他职位价值的标准。

按职位排序的方法有三种：卡片排序法、交错排序法和配对比较法。其中，交错排序法和配对比较法的使用较为广泛。

交错排序法相对简单。首先挑出最重要的职位和重要性最小的职位，然后再挑出重要性在第二位和倒数第二位的职位，依此类推，直到最后一个职位，这样便得到了所有职位的相对顺序。

配对比较法相对客观。其实施过程如下：首先将所有要进行评价的职位排列在一起，两两配对比较，其价值较高者可得 1 分；将各职务所得分数相加，其中分数最高者即等级最高者；最后按分数高低顺序将职务进行排列，即可划定职务等级。具体如表 4-16 所示。

表 4-16　配对比较法操作示意图

被比较职务 比较职务	A	B	C	D	E	F	G	得分合计	得分排序
A		1	1	0	1	1	1	5	6
B	0		0	0	1	0	1	2	3
C	0	1		0	1	1	1	4	5
D	1	1	1		1	1	1	6	7
E	0	0	0	0		0	0	0	1
F	0	1	0	0	1		1	3	4
G	0	0	0	0	1	0		1	2

当有多个主体对职位进行评价时，评价的结果还需要进一步的权衡和折中。具体如表 4-17 所示。

表 4-17　配对比较法职务评价结果的权衡

职务	A	B	C	D	E	F	G
甲评定结果 乙评定结果 丙评定结果	1 2 1	3 1 —	4 4 2	2 3 3	5 — 6	6 5 4	7 — 5
评判序数和($\sum$)	4	4	10	8	11	15	12
评定本职务总人数	3	2	3	3	2	3	2
平均序数	1.3	2	3.3	2.07	5.5	5	6
职务相对价值排序	1	2	4	3	6	5	7

2. 分类法

分类法是排序法的改革，又称归级法。它是在职位分析基础上，采用一定的科学方法，按职位的工作性质、特征、繁简难易程度、工作责任大小和人员必须具备的资格条件，对企业全部(或规范范围内)职位所进行的多层次的划分，即先确定等级结构，然后再根据工作内容对工作职位进行归类。

分类法具体的操作步骤如下：

(1) 划分职位类别。将企业所有的职位大体分为管理类、技术类、操作类等。

(2) 职位分级。按照生产经营过程中各类职位的作用和特征，首先将全部职位划分为若干个大类，然后在划分大类的基础上，依据每类职位的复杂程度、所承担的职责轻重、所需掌握技能的难易等标准划分为若干等级。

(3) 制定标准。就是要为职位等级的评定分类提供标准，通常是从每类每级职位中挑选出一个具有代表性的职位，并对该职位的主要职责和规范进行描述，从而形成职位级别标准。

(4) 评价和分级。即将待定级的职位与制定的职位级别标准进行对照，并根据对照结果将其编入相应的级别中。

分类法可以克服排序法由于缺乏明确的评价标准所造成的误差，但仍然克服不了如同排序法不能确定各级别之间的具体差距大小的缺陷，给具体的工资定额带来困难。同时，由于主观成分过多，只适用于小型、结构简单的企业。

3. 因素比较法

因素比较法是在排序法基础上改良而成的一种量化的职位评价方法。它是以工作难度为绝对标准，以几个预先确定的标杆职位和工作因素为参照系，依次以每个标杆职位的每个因素为基础来进行多次比较而形成的职位评价结果，然后将评价结果数值化，得出每一职位的总分。因素比较法一般包括以下几个步骤：

1) 根据企业特点确定职位评价因素

通常包括从事某职位所需要的技能、智力与体力消耗的大小，所承担的责任轻重与工作条件等。

2) 选择标杆职位

所谓标杆职位是指企业员工比较了解和熟悉的，能够代表企业内部各种类型职位的标准职位。选择标杆职位并且对每个标杆职位提供简单而明确的工作说明和规范要求，标杆职位一般以15～20个为宜。

3) 按照评价因素排列标杆职位

如下表4-18为按职位因素排列的标杆职位。

表4-18　按职位因素排列的标杆职位

职　　位	技　　能	工作条件	职　　责
市长	30	0	40
警察局长	30	0	25
刑警队长	30	10	25
警官	20	10	10
警员	10	30	10

4) 为各标杆职位的各因素分配薪值

即把各职位的工资总额分配到各个因素，确定各因素的工资比例。

还是以上例来说明，假设目前市长的工资标准是5600元，那么在这5600元中，技能因素占2400元，工作条件因素占0元，职责因素占3200元。按此方法，将其余所有的标杆职位的工资标准都按既定的因素进行分配。具体见表4-19。

表4-19　给各因素分配薪资待遇后的标杆职位排列

职位	薪金/(元/月)	技能/元	工作条件/元	职责/元
市长	5600	2400	0	3200
警察局长	4400	2400	0	2000
刑警队长	5200	2400	800	2000
警官	3200	1600	800	800
警员	4000	800	2400	800

5）比较并调整标杆职位各因素的排序

显然，从表4-19中看到了某些不公，刑警队长比警察局长的工资高。当出现这种违反常规和现实的结果时，就需要职位评价小组进行协调，对各因素进行重新界定或改变赋值比重。具体见表4-20、表4-21。

表4-20　调整后按因素排列的标杆职位

职　　位	技　　能	工 作 条 件	职　　责
市长	20	0	60
警察局长	20	0	45
刑警队长	20	10	30
警官	14	20	15
警员	7	20	0

表4-21　调整后给各因素分配薪资待遇后的标杆职位排列

职位	薪金/(元/月)	技能/元	工作条件/元	职责/元
市长	5600	1400	0	4200
警察局长	4550	1400	0	3150
刑警队长	4200	1400	700	2100
警官	3430	980	1400	1050
警员	1890	490	1400	0

6）排列其他职位

组织内的其他职位可以通过与标杆职位相比较来确定出自己的位置和薪资水平。

因素比较法是一种比较准确、系统的量化职位评价方法。由于赋予了各因素货币价值，工资结构也可在评价中自然形成。但是，它的开发难度比较大，它的准确性与科学性受主观成分的影响。

4. 点数法

点数法是自20世纪40年代开始被应用的在现实中应用最为广泛的一种定量职位评价方法。它的基本原理是：首先组织将影响工作的主要报酬因素进行界定；然后再对每一个报酬要素进行排列和评分，采用一定点数（分值）表示每一因素；再次确定每一种职位中的每一个报酬要素所处的等级，评价人员对它们进行加权求和，得到各项工作的总点（分）值；最后再根据每一个职位的总点值的大小对所有职位进行排序。最终，每一职位的总点数就是该职位的价值指标，以此作为核定薪酬的标准。

点数法的优点在于将每个职位分解成具体因素进行全面系统的评价，使评价结果更加客观。点数法的缺点在于评分方案的制订需耗费大量时间和人力，且定义和权衡要素的技术要求很高，所以不一定适合于规模较小的组织。

1）点数法的实施流程

点数法的具体操作过程一般包括以下六个步骤。①

（1）确定报酬要素。即确定不同职位都包括的一些对其有价值的特征要素。一般有三大类和四大类两种报酬要素分类法。三大类即个人条件、工作类别和环境，四大类即责任、技能、努力程度和工作条件。在对工作要素分类后，还要进一步确定工作要素的具体因子，即确定工作要素因子，实际上也就是选择报酬因素，即选择能够为各种工作相对价值的比较提供依据的工作特性。所选择的因素因子一般以4～12个为宜（如表4-22），过多则耗费时间更多且难度加大。

表4-22 责任、技能、努力程度和工作条件的四类要素

评价因素	子因素
责任	决策权、控制的组织范围、影响的组织范围、失败的影响或工作的风险、在没有监督下完成工作任务的时间长短
技能	技术水平、专业知识、教育水平、专门培训、工作资历、人际关系技能、监督技能

① 周文，黄宝明．薪酬福利管理[M]．长沙：湖南科学技术出版社，2005：69.

续表

评价因素	子因素
努力程度	任务的多样性和复杂性、思考的创造性、技能的体力运用、得到协助的程度
工作条件	工作的潜在伤害性、受到别人伤害的威胁程度、特定的运动神经或注意力程度、工作过程的不舒服感、暴露性或肮脏程度等

(2) 确定各报酬要素的档次及分档标准。以能区分职位为原则将每一个评价因素再分成等级,通常每个因素等级不超过 6 个,并且对每个等级进行操作化定义。

(3) 确定不同报酬要素在职位评价体系中所占的权重。这里利用"直接比较法"来确定指标权重。首先,将因素按重要程度由高到低排列,将最重要的因素价值设定为 100%,然后对其他因素进行评价。以行政职位类为例,其评价因素价值分别为:人际交往能力 100%,决策能力 55%,受教育程度 50%,生理条件 45%。其次,将评价因素的百分率相加并进行转换,确定权重。依照此方法,上述评价因素的权重分别为:人际交往能力的权重为 100%÷250%=40%,决策能力的权重为 55%÷250%=22%,受教育程度的权重为 50%÷250%=20%,生理条件的权重为 45%÷250%=18%。

(4) 确定每个因素在内部不同等级或水平上的点值或分数。首先,要确定各影响因素点数之和的总点数,然后再根据对各因素进行评价所得的百分比换算出该因素的分数。通常为 1000 点,它的多少以便于划分工作等级和转换成货币工资为原则。如人际交往能力权重为 40%,则该因素的点值为 1000×40%=400 点。

(5) 建立职位等级结构。首先确定各因素等级的配点,形成职位评价点数表,然后将所有被评价职位根据点数高低排序,建立职位等级结构。

点数越多的职位,职位等级越高;点数越少的职位,职位等级越低;点数相同者,职位等级应该相同。对于各个职位等级的划分就先用该因素的最高点数除以该因素的级数,即得最低点数,这也是各级间的点数差,然后用级数乘以点数差就得到了该级别的点数。

如表 4-23 即是以上述假设为例得出的等级分表。

表 4-23 职位点数等级表

	一级	二级	三级	四级
人际交往能力	100	200	300	400
决策能力	55	110	165	220
受教育程度	50	100	150	200
生理条件	45	90	135	180

(6) 根据所有职位的等级排序。根据预先规定的工资等级表划分点数幅度表，把各个职位归入相应的等级。这个阶段实质上是薪酬转换阶段。但是将各职位等级转换成具体的薪酬数还需要进一步的计算。我们将工资总额除以所有职位的点数之和就得到了每点的工资率，然后将各等级的点数乘以工资率就可以计算出各等级的工资标准。

用公式表示为：每点工资率＝工资总额(元)/所有职位点数之和

职位工资标准＝职位评价标准点数×每点工资率，其中的职位评价标准点数可以采用每个职位等级的中值点数。

2) 海氏点数法

值得注意的是，在点数法中运用比较广泛的方法是海氏系统方法。

海氏系统方法是一种职位评估系统方法，是由美国公司设计专家爱德华·海于 1951 年开发出来的。它从"知识与技能"、"解决问题的能力"、"应负责任"三个方面来对职位价值进行评估，并且通过较为正确的分值计算确定职位的等级。其中，"知识与技能"模块包括专业理论知识、管理诀窍、人际技能，"解决问题的能力"模块包括思维环境、思维难度，"应负责任"模块包括行动自由度、职务责任、职务对后果形成的作用。以"行动自由度"因素为例，主要涉及任职者在独立工作中拥有的解决和处理职位工作的自由程度，具体划分为 9 个分数等级，包括有规定的、受控制的、标准化的、一般性规范的、有指导的、方向指导性的、广泛指导性、战略性指导性、一般性指引。

在此基础上，海氏系统方法根据职务评价因素内部结构的差异，认为企业中的职务可分为上山型、下山型和平路型三种类型，并依据这一思路确定评估指标权重。其中，"上山型"职位(如营销副总)的"责任"没有"技能与解决问题"的能力重要(二者的权重比为 4∶6)；"下山型"职位(如产品开发工程师)的"责任"比"技能与解决问题"的能力重要(二者的权重比为 7∶3)；"平路型"职位(如司机班班长)的"责任"和"技能与解决问题"的能力并重(二者的权重比为 5∶5)。

海氏系统方法有效地解决了不同职能部门的不同职务之间相对价值的相互比较和量化的难题，也是目前世界上应用最广泛的职务评价方法。例如，世界 500 强企业中有 1/3 的企业采用海氏点数法。

上述几种职位价值评估方法没有绝对的好坏之分，具体采用哪种方法要依据企业的具体情况而定，根据企业现状和相关因素进行综合考虑，最终确定较为适合的办法。

(四) 评价控制子系统

企业在实施职位评价的过程中会产生诸多主观或组织管理方面的偏差，因此，为提高职位评价的效度和信度，需要注意两个方面的控制：

1. 评价的流程控制

实施职位评价的步骤一般包括准备阶段、培训阶段、实施阶段和反馈阶段等四个方面。实施过程中的细节如图 4-4 所示。

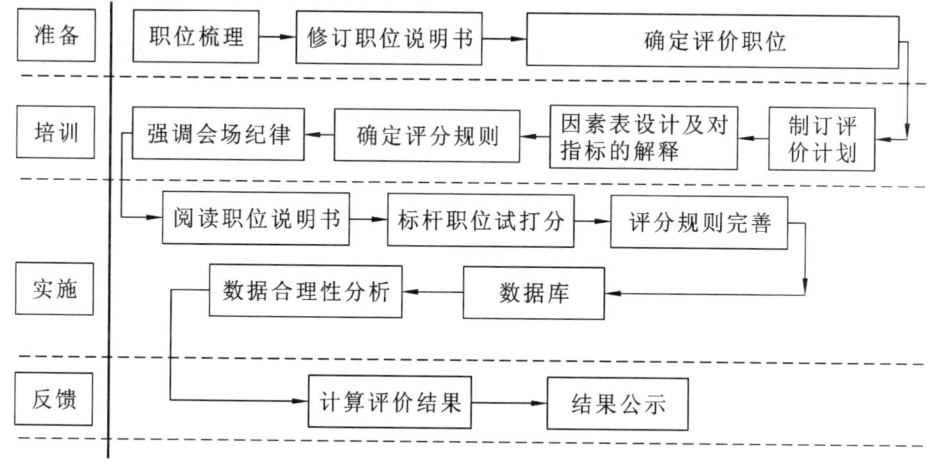

图 4-4　职位评价的实施流程

在评价过程中应注意规避以下问题：

(1) 考官不清楚所比较的各职位间的不同；

(2) 对各职位的评分普遍高于其他成员；

(3) 对各职位的评分普遍低于其他成员；

(4) 对某一评价要素比较重视，因为会过高评价某些职位；

(5) 对某一评价要素不重视，因为会过低评价某些职位；

(6) 由于利益关系，打分明显高于其他成员；

(7) 由于认识某些员工，往往对职位的评价演化为对个人的评价。

2. 评价的方式控制

实施职位评价的方式一般有两种：专家委员会制和企业内部评估法。

专家委员会制要求在同一时间、同一地点、同一评价主体对同一被评价对象实施评价。优点在于评价主体不变，其评价的尺度容易保持一致；缺点是评价主体不能对所有职位都十分了解，信息方面存在偏差，并且用专家委员会完成企业所有职位的职位评价工作需要耗费大量的时间。

企业内部评估法主要采用从高到低、分层进行上级评估和同级评估的方式完成。例如，员工类职位的评分＝分管副总打分×60%＋部长打分×40%，部长类职位评分＝总经理打分×40%＋分管副总打分×40%＋部长间相互评分×20%，副总类职位评分＝董事长打分×40%＋总经理打分×40%＋副总间相互评分×20%。这种评价方式的优势在于评价主体对职位都比较了解，评价过程耗费的时间较少，但缺陷在于部分评价主体可能存在本位主义。

第三节 职位评级与外部市场薪酬调查数据对接

薪酬公平是影响员工忠诚度和责任心的重要因素。薪酬公平包括薪酬内部公平（职位间的差距）和薪酬外部公平（行业或企业间的差距）。其中，内部公平涉及企业内部的职位价值评估，外部公平涉及外部市场薪酬调查。在企业薪酬结构的设计和动态调整过程中，职位评价仅仅是就职位本身的价值进行内部平衡，内部一致性问题终归要落脚到货币薪酬上，即职位价值评估的分数必须与外部市场的薪酬水平对接，转化为各类职位的工资数。

目前国内外的相关研究大都集中于职位价值评估技术，以及外部市场薪酬调查方法的改进或创新，而针对职位评估与外部薪酬水平对接与转化技术的论著相对分散和匮乏，但其恰恰是目前各类人力资源管理者最欠缺和最需要的。本节拟对企业中职位价值评估和外部薪酬水平对接的具体技术进行分析。

一、企业薪酬内外部公平对接的模式与技术

在实践中，企业内部职位价值评估与外部市场薪酬水平对接的模式可以归纳为三种，即薪等制、薪点制和宽带薪酬模式。每种模式内部又包括多种对接或转化技术。

（一）薪等制中的职位价值评估与外部市场薪酬水平对接技术

薪等制又称职位等级工资制，在本质上属于“职位导向”的工资分配模式。基本原理是将职位按重要程度划分类别和等级，再结合外部市场的薪酬水平，最终确定职位的薪酬等级及其水平。

薪等制中职位价值评估与外部市场薪酬水平的对接一般采用最小二乘方程法。

最小二乘方程法需要对企业内部标杆职位价值评估分数及其对应的市场薪酬水平进行拟合，并通过 $Y=a+bX$ 模型（X 为内部标杆职位价值评估分数，Y 为市场薪酬水平）估计出系数 a 和 b。其中，

$$a=\frac{\sum y_i}{N}-b\,\frac{\sum X_i}{N}=\overline{Y}-b\,\overline{X}$$

$$b=\frac{N\sum X_iY_i-\sum X_iY_i}{N\sum X_i{}^2-(\sum X_i)^2}$$

公式中的 $\overline{Y}$ 和 $\overline{X}$ 分别代表样本 X 和 Y 的均值。最后可以得到企业的标准工资水平线 $y=a+bx$，通过这一公式即可计算企业中其他非标杆类职位的薪酬水平。

（二）薪点制中的职位价值评估与外部市场薪酬水平对接技术

薪点制是一种基于职位、企业效益和个人绩效导向的弹性工资分配模式。原理是将职位工资和效益工资转化为薪点工资，并通过薪点工资值与企业效益联动，使同一职位的薪点在不同的考核周期具有不同的工资值，进而使员工与企业结成利益共同体，实现风险共担。

薪点制中职位价值评估与外部市场薪酬水平的对接技术可以概括为"以职位为主确定薪点数、以绩效考核增减薪点数、以企业经济效益好坏和外部市场工资行情核定工资总额、以结算工资总额确定薪点值"。

首先，要通过职位价值评估确定企业内部各个职位的分数，即薪点数。其次，根据本企业的经济效益、薪酬战略（领先型、跟随型、滞后型），以及同行业中规模类似企业的人均薪酬水平确定本企业当期的工资总额。再次，根据本企业各职位的绩效考核结果动态调整各职位的薪点数，并进行加总。最后，将本企业当期的工资总额减去基本工资和福利费用后，得出当期的结算工资总额，再用结算工资总额除以加总的薪点数，得出当期每一个薪点的工资值，进而计算各个职位的薪点工资。

（三）宽带薪酬制中的职位价值评估与外部市场薪酬水平对接技术

根据美国薪酬管理学会的定义，宽带型薪酬结构就是指对多个薪酬等级以及薪酬变动范围进行重新组合，从而变成只有相当少数的薪酬等级以及相应的薪酬变动范围。

宽带薪酬制中的职位价值评估与外部市场薪酬水平的对接技术主要涉及以下三个方面。

一是通过职位价值评估获取每个标杆职位的点数，并依据一定的规则将不同点数的标杆职位进行分等分级。例如，点数在 500 点以上的职位，可以归入到职位分级表中的职位 1 级；点数在 400～499 点的职位，可以归入到职位分级表中的职位 2 级等。

二是确定某等级职位的薪酬变动比率（p），即每一级的最高档（y）和最低档（x）的差再除以最低档，用公式表示为

$$p=\frac{y-x}{x} \quad \text{（公式 1）}$$

三是确定该等级职位的市场平均薪酬水平($\overline{w}$)，用公式表示为

$$\overline{w}=\frac{x+y}{2} \quad \text{（公式 2）}$$

当依据行业和职位惯例确定了某类职位的薪酬变动比率 p（一般为 25%～50%），并依据市场薪酬调查获取该等级职位的市场平均薪酬水平 $\overline{w}$ 以后，可以很容易通过公式 1 和公式 2 求出该等级职位工资的最高档和最低档，进而可以求出该职位等级其他档次的工资水平。同理，可推算出其他等级职位的全部工资档次，最终实现薪酬内外部公平的衔接。

二、企业薪酬内外部公平对接技术的评价

显然，上述三种对接技术的原理与特征之间存在较大差异，其适应范围也并不相同。

（一）三种对接技术的原理与特征的比较

薪等制中的职位价值评估与市场薪酬水平对接技术的主要特征是“对岗不对人”。核心是通过基准职位模拟测算出企业职位价值评估点数的薪资均值，并通过职位价值评估点数薪资均值实现内部公平与外部公平的衔接。显然，薪等制设计完成以后，企业中每一个职位的点数，以及每一个点数的薪资值都是相对稳定的。而个人绩效和企业效益对工资的影响往往通过企业薪酬结构中的效益工资或奖金模块来体现。

薪点制中的职位价值评估与市场薪酬水平对接技术的主要特征是“对岗又对人”。薪点制中职位价值评估分数的获取技术与薪等制类似，但其却通过企业薪酬总额或薪酬均值的确定来实现外部公平。同时，薪点制中每一个职位的点数（与个人绩效相关）、每一个点数的薪资值（与企业效益相关）都是浮动的，在本质上兼具了职位工资和效益工资的双重属性。

宽带薪酬制中的职位价值评估与市场薪酬水平对接技术的主要特征是“对岗又对人”，但个人能力、绩效影响职位工资的方式与薪点制存在显著差异。在宽带薪酬中，主要通过职位的市场平均薪酬水平($\overline{w}$)来体现外部公平，并通过职位分级以及职位的薪酬变动比率来体现内部公平。每一职位等级中不同工资档次水平主要体现职位本身的因素，个人能力、绩效对职位工资的影响主要通过职位工资档次的动态调整来实现。例如，职位 1 级的员工工资，在试用期可以从本级别的第一档计发，转正后从第二档计发，当其年终绩效优异或获得“优秀员工”之后，就可以再晋升一档。

（二）三种对接技术的适应范围

从以上分析可以看出，薪等制中内部公平与外部公平的对接技术相对简单和粗放，一般适用于薪资福利水平相对较高的垄断行业，内部分工专业化以及操作程序标准化程度高、较少的管理幅度和较多的管理层级、工资晋升空间较大的企业。如公共部门，或电力、电信等人才资源稳定性强的行业等。

薪点制中内部公平与外部公平对接技术的弹性较大，员工在其中承担了较大风险，并且后续每年薪点值的重复测算比较烦琐和耗时。一般适用于强调组织对外部影响或环境因素反应快捷的企业，市场发展空间比较大的企业或新建企业，或企业内部易于量化考核的职位。如营销部门或保险业、证券业等外部竞争激励的行业。

宽带薪酬制是对传统的那种带有大量等级层次的垂直型薪酬结构的一种改进，在强调内部公平与外部公平对接的基础上，给员工提供了足够的工资晋升通道和空间。例如，每个薪酬级别中的最高值与最低值之间的区间变动范围比率有时能达到200％～300％；而传统的薪酬结构通常超过20个等级，每个等级的区间变动比率通常只有40％～50％。最为重要的可能是某些职位的薪酬因为市场原因出现突然大幅度提高时，企业可以在不破坏原有薪酬体系和框架的范围内适应这种变化。因此，虽然宽带薪酬中内部公平与外部公平对接技术最为复杂和专业，但目前在世界范围内都得到了较为广泛的应用。一般适用于强调组织扁平化、流程再造、团队导向、能力导向等企业和部门，如项目管理部门或知识型行业、服务型行业等人才资源流动性强的行业。[①]

第四节 薪酬结构的静态与动态管理

一、薪酬结构的静态管理

（一）薪酬差距的确定

企业内部薪酬差距在任何组织、任何情况下均存在，它是组织内部基于不同类型、不同水平的工作或不同员工的技能而形成的薪酬差异。基于计划经济时

① 王斯多，余慧．企业薪酬内部公平与外部公平对接研究[J]．科技创业月刊，2011(4)．

期企业内部分配的平均主义带来的各种问题，伴随着企业改革的深入，我国企业内部薪酬差距也在逐渐拉大，并且这种趋势还在进一步加剧。

对于薪酬差距大小的理论研究，目前影响较广泛的是以 Lazear 与 Rosen (1981)为代表的锦标赛理论(tournament theory)和行为理论。锦标赛理论将员工看成是锦标赛中的竞争者，在采取某种顺序淘汰的锦标赛中，高额的竞赛奖金——大的薪酬差距是必需的，会给竞赛者更大的动力，降低监督约束成本。因此，企业内部较大的薪酬差距可以提高业绩。行为理论则从心理学的角度对薪酬差距进行研究，认为过大的薪酬差距会带给团队成员不公平感和被剥削感，可能导致员工对组织漠不关心，甚而可能发生怠工、罢工等负面行为。因此，行为理论认为薪酬差距不应该过大，强调缩小薪酬差距。

事实上，薪酬差距的分析应该是分层次的，即这种薪酬差距的确定包括两种情况：一是各部门之间因工作性质、责任的不同，以及市场水平的差异，部门与部门之间整体薪酬水平不必也不可能一致，其差距应为多少，应从外部因素(市场水平、行业惯例)和内部因素(工作范围、工作责任、企业战略定位)等多个角度进行综合评定；二是部门内部也就是同一职位类别间薪酬差距，如上下级之间的差距，这些差距必须反映职位职责的价值高低和个人能力的大小。

1. 部门间的薪酬差距确定

我国的企业在确定总体的薪酬结构时，也就是在进行薪酬分配时，首先考虑的就是各个部门的薪酬定位，应在实施“按劳分配”的基础上保持部门之间大致的利益均衡，如行政管理部门和生产部门的薪酬关系，营销部门和研发部门的薪酬关系等。毕竟，企业的生产和经营是一个整体的流程或体系，任何一个环节出现问题，都会影响整个企业的运营效率。

阅读材料4-2

某企业生产类职位与销售类职位的工资关系

某大型国有企业是一家在行业中有一定地位的标准件生产企业，主要为飞机等生产企业提供零部件，生产过程和质量要求比较高。在产品质量要求比较高的条件下，该企业原先执行了“生产优先”战略，企业的生产类职位工资在行业内或区域内都比较高。但随着市场竞争的加剧与技术的进步，企业为了扩大市场份额，就必须不断进行技术革新，以适应各类飞机生产企业新的技术标准，甚至在最开始就要竞争成为飞机企业某种新机型的设计项目组成员之一。在这个背景下，企业逐步由“生产导向”转向“研发导向”，生产类职位的工资开始降低，研发类职位和销售类职位的工资开始上升。

但由于工资刚性导致的管理问题接踵而来。首先,由于考核体制管理的不完善,企业生产类职位的工作效率开始下降,机器的维修率上升,产品的生产周期开始拉长,直接导致产品供货不及时,这成为该企业的主要管理难题之一。其次,销售类员工为了提高自己所负责客户的供货及时性,往往通过请客吃饭等非正式管理手段来激励车间工人的积极性,并且行之有效。在这种情况下,各个业务员都相互效仿,导致企业销售类员工每年或每月 1/3 的时间都消耗在与生产部门的协调、沟通上,企业的销售业绩开始受到影响……

思考与提示

1. 该企业的薪酬差距调整是否支持企业的战略实施?
2. 对该企业部门间的薪酬差距该如何管理?

但是在实际的操作中还有一种情况,也就是本书上面已经提到过的横向一致性问题。在组织中每个部门里都会有一些责任程度没有实质性区别,任职资格也没有特殊限制的职位,那么这类职位的部门薪酬差距如何确定呢?这也是影响员工薪酬满意度的一个重要因素,需要组织慎重考虑。

1)企业各个部门的薪酬水平定位的确定

这里所说的各部门薪酬水平定位强调的是薪酬的内部分配情况。通常企业内部各部门的薪酬水平定位受以下因素的影响:

(1)组织文化。组织文化是企业分配思想、价值观、目标追求、价值取向和制度的土壤,企业文化不同,必然会导致观念和制度的不同,从而会影响到薪酬模型和分配机制,间接地影响到薪酬水平。美国著名咨询公司海氏集团公司将企业文化分为职能型、流程型、时间型和网络型四种,对于不同的企业文化,其薪酬管理的制度不同,薪酬结构不同,从而影响了组织中每个部门的薪酬定位。比如对一个职能型文化的组织,它的组织模式基本上属于单一职能型结构,强调的是部门功能、管理层级。那么,组织通常的薪酬方案是数量多但跨度不大的工资,也就是每个部门的工资水平差不多,行政职位是薪酬水平的主要决定因素。

(2)组织发展战略。企业不同的经营发展战略需要由不同的薪酬战略支持,比如一个以强调新产品开发为发展战略的高科技企业,会大量需要具有创新精神的科研人员,这些人为企业的核心人力资源。在这种情况下,科研部门的薪酬水平在组织中肯定是处于上流地位的。而一个强调产品市场占有率的企业,其核心业务是产品原有市场的维护和新市场的开发,营销部门的薪酬水平肯定相对较高,等等。

(3)组织的发展阶段。企业的薪酬政策除了考虑其经营战略外还需要结合企业所处的不同发展阶段来确定各部门的薪酬水平。对一个处在成长阶段的企业来说，企业的产品开发和产品市场的维护需要大量的优秀科研人员与营销人员来支撑企业发展。那么，该阶段科研部门和营销部门较高的薪酬水平是不容置疑的；而对一个已处在成熟阶段的企业来说，则强调在稳定中求发展，企业也就应该以平均水平的报酬为主，均衡各部门的薪酬水平差异。

(4) 组织的性质。组织的性质决定了组织的文化与发展战略，从而对组织的薪酬政策造成较大的影响。如一个事业单位性质的组织，必然会对应一个职能型的组织文化，其薪酬政策就是以职位决定薪酬水平，并且各部门薪酬水平相差不大。而对于一个营利性的企业而言，在组织的成立阶段是一个生产性质的企业，产品市场较为稳固，企业的生产部门将会是主导部门，其薪酬水平将会较高。在经过组织发展与市场需求变化之后，转变为一个科技研发和营销性质的企业后，企业就应该着重奖励研发部门和营销部门。

在多数情况下，企业各部门的薪酬水平定位要受上述多种因素的影响，企业应该根据自身的特殊情况对各部门薪酬水平进行定位。

2) 不同部门但职责大小相同，任职资格条件也没有特殊限制职位的薪酬差距确定

在中国特殊历史文化背景下，员工对薪酬的定位是“不患寡而患不均”，比较他们在企业中承担职责的重要程度常常是员工判别其薪酬是否公平的关键因素之一。在本质上，员工不公平感的产生受到周围环境的影响是相对而言的，并不存在绝对的公平。可见，对于薪酬差距的大小问题并不存在一个绝对精确的数，它与员工对差距的认可程度有关，受到企业文化传统背景等多种因素的影响。因此，当员工对于相互间的薪酬差距的关注程度越高时，在最优状态下，企业应使内部员工的薪酬差距缩小。

一般情况下，企业在确定薪酬水平差异时，除了以员工所在的部门为依据，还要综合考虑员工所担任职务的性质。如一个在职能管理部门担任文员的员工和在营销部门同样担任文员的员工，虽然他们所处的部门不同，但同属于一般管理职位系列，那么这时候他们的薪酬水平应该按照职位性质的标准来确定。

2. 部门内部各职位的薪酬差距

在对部门的薪酬水平有了一个总体的定位之后，需要进一步明确部门内部各职位之间的薪酬差距。实践中，在企业整体水平确定，以及各部门薪酬水平差异大致公平的前提下，影响部门内各职位薪酬水平的因素主要包括员工个人的能力、员工个人的绩效，以及工作的性质或价值等。

1) 员工个人能力因素

随着知识经济时代的到来，员工的知识资本对企业业绩的贡献愈来受到关注，并且伴随着组织结构的扁平化，中层管理职位的缩减，如果严格按照其所在

职位的价值来确定其薪酬水平，将会由晋升机会的减少而导致更多员工的不满。在这种情况下，基于员工个人能力提高的激励模式就成为激励员工的切入点。这是一种根据员工所达成的能力或掌握的技术，建立一种评价模型，并且依据一定的评价标准通过对员工具体情况的评定，确定其所在的薪酬等级和薪酬等级标准。实践中，具体的表现形式包括工龄工资、学历工资、职称工资等形式及其组合。

2）员工个人的绩效表现

为了调动员工的工作积极性，企业通常会建立相应的绩效考核体系，并在约定的期限内对员工的实际工作表现进行评定，根据评价结果对其薪酬分配进行调整，对员工的不恰当行为给予约束，对好的行为进行正向的激励。特别是在宽带薪酬模式下，对于那些连续表现优秀的员工予以薪酬等级标准调整，即通常所说的绩效加薪。

当然，薪酬等级调整标准和薪酬档次的调整标准会针对不同类型的员工，做一些调整和变通。比如：对于需要专业性和技术性很强的人员，他们个人所需要达到的研究水准会对组织效益有着深刻影响，这时个人所掌握的技术成为其主要的工资提升标准，因此对于掌握了较高技术等级的员工予以薪酬等级的调整；对于行政管理人员，员工自身所达到的技术等级标准和其工作成果无较大的联系，这时可以以绩效作为调整薪酬等级的主要标准。

例如，在表 4-1 中，3 级和 4 级均为主管级的薪酬等级标准，二者的最低档次起薪相差 200 元，假如 4 级薪酬标准的要求为普通主管人员的任职标准，那么，3 级则是获得了管理学硕士学位的主管人员的起薪标准，这就是依据员工所达到的能力来确定起薪标准。再如在 3 级内部的主管人员如果连续两年部门考核为优，则处在 1 档的工资标准可提升到 2 档，上述几个方面都是组织在合理确定部门内部各个职位的薪酬标准时所需要综合考虑的因素。

3）工作的性质或价值

这里所说的工作性质主要是指完成既定职位的工作是否需要来自其他职位或部门的合作。在企业设计内部薪酬差距时，必须考虑这种薪酬差距有没有鼓励团队合作、增进团队中的信任关系。在需要团队合作的技术性工作中，需要的是知识共享、相互启发，很难划清团队成员的具体职责。在这样的工作性质下，薪酬差距过大可能会带给工作团队负面的影响。而相应的，对于独立完成任务的职位而言，薪酬差距的拉大一定程度上有助于调动员工的积极性。

4）薪酬差距设计的程序公平

薪酬差距可能带来的负面影响一般是由于员工对薪酬程序公平的怀疑造成的。需要注意的是，程序公平比结果公平更能激发员工的积极性和创造性，更能使他们感觉到公平和满足。薪酬决策与管理过程、薪酬政策的实施方式也会影响员工对企业薪酬制度的公平性的看法，“暗箱操作”式的薪酬决策方式以及薪酬保密的政策往往导致员工对企业薪酬制度的不信任，而公开、透明和通过与员工的沟通所作出的薪酬决策则很容易获得员工对企业薪酬公平的认同。而且，向员工解释说明薪酬差距也会对员工的态度和行为产生重要影响。

因此，让员工了解并认同薪酬制度制定的依据和过程，能及时、准确、方便、高效地获得企业在薪酬方面的各种信息，包括企业的薪酬结构是怎样的，员工的薪酬是如何决定的，调薪政策是怎样的，等等，对增强员工的薪酬公平感，激发员工的工作积极性有重大作用。

（二）宽带型薪酬结构设计

在实践中，如何合理设计部门间以及部门内部合理的工资差别以保持组织薪酬的纵向和横向的一致性呢？在追求公平、效率，以及组织结构扁平化等多重因素的约束下，宽带型薪酬结构逐渐成了各类企业最为青睐的应对策略选择。

1. 宽带型薪酬结构的概念和特点

宽带型薪酬结构是作为一种与企业组织扁平化、流程再造、团队导向、能力导向等新的管理战略相配合的新型薪酬结构设计方式而产生的。它是一种新型的薪酬结构体系，是对传统的那种带有大量等级层次的垂直型薪酬结构的一种改进或替代。根据美国薪酬管理学会的定义，宽带型薪酬结构就是指对多个薪酬等级以及薪酬变动范围进行重新组合，从而变成只有相当少数的薪酬等级以及相应的薪酬变动范围。具体来说，就是在组织内用少数跨度较大的工资范围，来代替原有数量较多的工资级别的跨度范围。近年来，宽带型薪酬结构在世界范围内都得到了较为广泛的应用。

宽带型薪酬结构应用于企业所透露的信息是，企业不再期望员工是“单一频率”的，而期望员工具有多种技能和能力。在传统的薪酬等级下，员工如果想要获得更高的报酬则必须通过调高行政职位来获得薪酬的晋升，他们的薪酬等级层级是垂直向上的。如一个普通的技术员只有通过调整为技术组长或者是其他行政职位，才能获得加薪。而在宽带型薪酬体系下，普通的技术人员通过获得新的能力与技能、承担新的责任，或者是改善绩效，那么就有机会获得更高的薪酬。

与传统的薪酬结构相比，宽带型薪酬结构具有以下几个方面的特征和作用。

1）压缩薪酬级别数量

宽带型薪酬结构最大的特点就是压缩级别，将原来十几个甚至是二三十个级别压缩成几个级别，并将每个级别对应的薪酬范围拉大，从而形成一个新的薪酬管理系统及操作流程，支持现代企业扁平型的组织结构。它有利于企业提高效率及创造参与型和学习型的企业文化，同时对于企业保持自身组织结构的灵活性以及迎接外部竞争都有着积极的意义。

2）能够引导员工重视个人技能的增长和能力的提高

在传统等级薪酬结构下，员工的薪酬增长往往取决于个人职务的提升而不是能力提高，因为即使能力达到了较高的水平，但是在企业中没有出现职位的空缺，员工仍然无法获得较高的薪酬。而在宽带型薪酬体系设计下，员工即使职位暂时得不到提升，也可通过提升自身的技术和能力而提高自己在同一宽带内的工资等级。这样，员工就只需要注意发展企业所需要的那些技术和能力就可以获得相应的报酬。因此，宽带型薪酬体系是一种真正鼓励员工爱岗敬业的薪酬体系，它不鼓励员工拼命挤向高职位晋升的独木桥，而引导员工重视自身技能的增强和能力的提升。

3）有利于职位的轮换

由于宽带型薪酬结构减少了薪酬等级数量，将过去处于不同薪酬等级之中的大量职位纳入到现在的同一薪酬等级当中，甚至上级监督者和他们的下属也常常会被放到同一个薪酬宽带当中，并且可能会出现处于较低等级职位的薪酬高于相邻高一等级职位薪酬的现象。这样，在对员工进行横向甚至向下调动时所遇到的阻力就小多了。此外，企业还因此而减少了过去因员工职位的细微变动而必须做的大量行政工作，如职务称呼变动、相应的薪酬调整、更新系统、调整社会保险投保基数、更新档案等。

4）有利于反映劳动力市场上的供求变化，实现薪酬的外部公平性

在宽带型薪酬结构中，薪酬水平是以市场薪酬调查的数据以及企业的薪酬定位为基础确定的。因此，它完全能够针对这些市场变化相应地降低或提高员工的薪酬，而不会影响原有的薪酬结构，从而也能使员工从注重内部公平转向更为注重个人发展及自身在外部劳动力市场上的价值。

5）有利于管理人员和人力资源专业人员角色转变

在宽带型薪酬结构设计情况下，即使是在同一薪酬宽带当中，由于薪酬区间的最高值和最低值之间的变动比率至少也会有100%，它使管理者在薪酬决策方面拥有了更多的权利，直线管理者可以充分利用薪酬这一杠杆来引导员工的行为，提升企业的业绩。人力资源管理人员由于职级调整的减少而摆脱一些事务性工作，转而更多地扮演好直线部门的战略伙伴和咨询顾问的角色

6）能够较好地发挥薪酬激励作用，从而推动良好的工作绩效

在传统的薪酬体系下，上级即使知道哪些员工的能力强、业绩好，也无法向这些员工提供薪酬方面的倾斜。宽带型薪酬将薪酬与员工的能力和绩效紧密结合起来，灵活地对员工进行激励。在宽带型薪酬体系下，上级对表现优秀、业绩突出的下级员工有较大的加薪影响力，从而能更好地激励下级员工提高工作绩效。

2. 引入宽带型薪酬所需具备的条件

虽然这种盛行于外企的薪酬管理模式相对于传统的薪酬模式有诸多的好处，诸如它在某种程度上使企业在薪酬改革方面有了更大的选择空间，员工在工资领域的竞争力和上升空间进一步加大等，但由于薪酬结构类型的选择依赖于企业的组织结构、企业文化、企业发展战略以及企业的状况，所以并不是所有的企业都适宜采用宽带型薪酬模式，它必须以技术、创新、管理等智力因素做支撑。具体来说，采用宽带型薪酬模式的企业必须具备以下一些基本条件。

1）具备积极参与型的管理风格

宽带型薪酬的一个特点就是部门经理将有更大的空间参与其下属员工的薪酬决策。如果没有成熟的管理队伍和积极的参与风格，在实施宽带型薪酬的过程中就会遇到阻力。如果各部门普遍存在部门本位主义，人力资源部就很难发挥作用。这样一来，宽带型薪酬在实施中就会大打折扣。此外，还要求企业必须形成绩效文化、团队文化、沟通文化，因此，如果想在企业内部实施宽带型薪酬管理模式，就需要首先倡导、塑造上述文化氛围。

2）绩效考核与薪酬挂钩，以工作表现作为决定报酬的重要因素

如果企业想使宽带型薪酬能够顺利的推行，就要求企业有比较完善的绩效考核体系，并且绩效考核的成绩可以在每个员工的薪酬中体现出来。既要鼓励员工冒尖，又要对工作绩效差的员工薪酬进行扣减，通过拉开薪酬差距来从整体上限制薪酬的无限上涨，只有这样，宽带型薪酬管理模式才有其意义。

3）有良好的沟通机制

如果企业想使宽带型薪酬的改革顺利推行，就必须和员工进行及时的沟通。只有当员工了解到宽带型薪酬模式的特点和实施用意后，才会清楚地了解到自身的发展方向，鼓励员工努力致力于个人技能的提高和产品的创新，使其工作行为和结果与企业发展方向保持一致。另外，还需要人力资源专业人事经理和各部门经理就宽带型薪酬结构的操作进行培训、沟通，一起给新职位或员工定级，扮演好专业顾问角色。

4）有积极的员工发展计划

宽带型薪酬的重要特点就是鼓励员工努力提高自身的能力，掌握更多的技能。为达到这一目的，企业就需要在实施宽带薪酬的同时为各个级别提供配套的培训和完整的开发计划。只有这样才可以使员工不断获取新的技能，知道各级别薪酬标准对于员工自身能力的要求以及所需要掌握的技巧。帮助他们充分利用薪酬结构所提供的薪酬增长空间，这无疑为员工提供了一种强大的内在激励。[①]

---

① 刘昕．薪酬管理[M]．北京：中国人民大学出版社，2002：196.

3. 宽带型薪酬结构设计与实施流程

1）确定宽带型薪酬对本企业的适应性

也就是审核企业引进宽带型薪酬结构模式所必须具备的基本条件。如果不具备甚至与上述条件相悖，则这个组织就不适宜推行宽带型薪酬模式。

2）进行薪资调查——保持外部公平性

为了满足宽带型薪酬设计中应考虑的外部公平性因素，就必须进行外部市场薪资调查，它包括同行业其他企业的薪资调查、同地区的薪酬水平调查以及薪酬支付的调查，这在确定雇员报酬时起着关键的作用。同时，薪资调查还能起到帮助查找企业内部工资不合理的职位，帮助了解同行业企业调薪的时间、水平、范围，了解薪资动态与发展潮流等作用。

3）进行职位评价

通过职位评价，确定职位的相对价值以保持内部公平性。具体的操作方法前面已讲到过，这里不再赘述。

4）对不同的职位进行归类并确定宽带数量

经过第三步对职位相对价值的确定后，人力资源部门就可以根据这些数据将各个不同职位归入同一宽带等级。在这种结构中宽带数量没有统一标准，有些企业设计4～8个薪酬宽带，有些设计10～15个，还有些只设计两个，即一个为技术人员的薪酬宽带，另一个为管理人员的。但其数量的决策依据还应当是组织中能够带来附加价值的不同员工的贡献等级应该有多少，而且每相邻两个宽带之间的分界线往往是在工作或技能、能力要求存在较大差异的地方。

5）宽带型薪酬定价

在这一个环节中，可能会出现在每一个宽带中会都有包括生产、财务、研发以及市场营销等各类工作，但只是不同宽带中的相同类别工作所要求的技能或能力会存在一定的差异，同时还会有在同一宽带内各种不同类的职能工作之间的薪酬水平差异问题。因此，对于宽带型薪酬的定价则包括两个方面，一是不同宽带的定价，二是同一宽带内不同职位的定价。

（1）对于不同宽带的定价。对于不同宽带的定价的前提是组织对宽带的划分依据的确定。如果组织是基于技能或能力薪酬体系下对薪酬宽带进行划分，如划分为事务助理类、专业技术类、职能管理类及营销类。第二步就要根据企业的性质、发展阶段以及长远发展战略等来确定每个宽带的定价，同时相邻两个宽带的薪酬差距则通过外部市场薪酬调查及组织自身的薪酬战略（如领先型、跟随型和滞后型，当然每一个宽带可采用不同的薪酬战略）来确定。如果组织是基于职位薪酬体系下对薪酬宽带进行划分，如分为普通员工、主管、部门经理以及总经理级别，那下一步就要根据他们各自责任的大小、工作的难易程度、管理幅度等因素确定其所在宽带的薪酬变动范围。

(2) 对于同一宽带内部不同等级的薪酬定价。这里可以以营销类宽带等级为例来具体说明对这一等级内部的差异性定价。假定根据企业的具体发展阶段,企业的营销工作在企业中仅次于研发类职位,因此它处在第二个宽带上。而在营销类工作内部,企业对核心营销人员的工资采用“市场领先型”战略(假定市场上大区营销经理的平均工资为4500元/月),而对劳动力市场上供过于求的营销辅助人员采用“滞后型”的薪酬战略。那么,企业就可以根据市场上的薪资调查数据和组织内部的职位价值评估得到营销类每个职位的市场平均水平及其职位相对价值,然后通过这一宽带的最高薪酬水平和最低薪酬水平以及平均薪酬水平得到该等级内的薪酬变动率和每个职位的理论薪资水平,最后可以根据企业的实际情况进行微调。

6) 将员工放入薪酬宽带中的特定位置,也就是员工个人工资的定位

这一步的前提是企业已经做好了任职资格评定工作,然后企业在确定宽带之间和每个宽带内部的薪酬标准时会对这些标准依据不同的原则制定定薪规范。这通常有以下三种方法。

第一种方法是绩效曲线法,即根据员工个人的绩效将其放入工资宽带中相应的位置,这适用于那些着重强调绩效的企业。如在3000元/月这一档的大区经理如果连续两年绩效考核为优,则在第三年度将其调到4500元档。

第二种方法是严格按照员工所获得的新技能来确定他们在工资宽带中的定位,这适用于那些强调新技能获得的企业。

第三种方法是混合型。即对于强调员工个人能力的企业会将员工个人的工资定位分为两种情况:对那些低于市场平均水平的职位根据员工个人的知识、技能和绩效进行定位,而对于那些高于市场平均水平的职位则根据员工关键能力的开发情况进行定位。如大区经理这一职位则是根据大区经理个人所具备的营销与管理沟通能力来进行个人工资定位。

7) 员工工资的调整

在实行宽带型薪酬结构时,员工工资的调整包括在一个宽带内不同等级的调整和同一等级内不同档次的调整以及跨宽带的调整,这些都需要企业在设计宽带薪酬结构时就要制定其调整标准,然后依据标准实行。

二、薪酬结构的动态管理

企业的薪酬制度一经建立就应严格执行,在通过及时的沟通、必要的宣传和培训,使企业的薪酬制度能相对稳定并且顺利实施的前提下,还应建立薪酬制度的动态机制,即根据企业经营环境的变化和企业战略的调整对薪酬制度作出相应调整。

在组织已设计和制定好一套薪酬制度后,往往存在由于劳动力市场价格、组

织结构、竞争对手薪酬结构等方面的调整，以及新员工的加盟，或者绩效考核体系等配套措施不完善，促使原薪酬结构失去合理性的现象。进而不被多数员工所认可，丧失了应有的激励作用。此时，必须对薪酬结构作适当的调整，使之与变化了的情况相适应。

例如，有关资料表明，高薪并不是唯一激励员工工作热情的手段。员工的工作业绩是否被正确地衡量，激励手段是否到位，员工是否认为自己被尊重，认为自己在企业中是有用的人才，这些是影响员工工作热情的更主要的因素。因此，薪酬的调整一定要注重与工作业绩挂钩，从而达到激励员工的效果。

总之，组织薪酬结构的调整应该体现企业对员工的激励导向，合适的薪酬结构对于维持薪酬体系的适应性和激励性都有极其重要的作用和意义。

（一）薪酬结构调整的基本思路

1. 工作导向法和技能导向法

薪酬结构调整最常用的方法是以工作评价为基础，以员工所承担的工作为导向来调整薪酬结构。但近年来，以技能为导向的薪酬结构日益普遍。

技能导向的薪酬结构有两种表现形式：一种是以知识为基础，即根据员工所掌握的完成工作所需要的知识的深度来调整薪酬；另一种是以多种技能为基础，即根据员工能够胜任的工作种类数目或技能的广度来调整薪酬。

技能导向法与工作导向法的一个重要区别就在于前者强调的是员工方面的特征，后者强调的是工作方面的特征。

2. 市场导向法

市场导向法即根据市场上本组织竞争对手的薪酬水平来调整组织的内部薪酬结构。

首先，根据本组织内所有工作职位对组织目标实现的贡献大小进行排序；其次，调查市场上与本组织有竞争关系的若干组织的薪酬状况，并按照这些竞争对手与本组织相同工作职位的薪酬平均水平，来调整这些可比较的工作职位的薪酬水平；最后，参照这些可比较的职位的薪酬水平调整那些不可比较的工作职位的相应薪酬水平。

薪酬结构调整的市场导向法实际上是依据外部劳动力市场上的薪酬关系来调整组织内部的薪酬结构，它的重点是组织人工成本的外部竞争力，而不是组织内部各种工作之间在对组织整体目标贡献上的相对关系。换言之，市场导向法是让竞争者来调整组织内部的薪酬结构，有可能导致本组织内部薪酬结构的不一致。

（二）薪酬结构调整的具体方式

企业对薪酬结构的调整主要是对工资标准和工资等级的调整。工资标准的调整主要是参考市场工资率的变动，而工资等级的调整主要是出于企业管理的需要。

这些调整主要体现在两个方面：一是对某一工资等级的人员的调整，例如，在工资总额不变的情况下，对高、中、低不同层次的人员进行缩减或增加；二是调整工资表，对工资等级线、工资级差进行调整。

实践中，一些现代企业常用的具体调整方式包括以下几种。

1. 降低和提高高薪人员的比例

通过降低高薪人员的比例可以使企业降低人工的工资成本。或企业为了改变经营方向，需要进行技术调整，而急切需要科研人员就可以通过提高高薪人员比例来获取和激励优秀人才，加强企业的人才竞争力。

2. 调整底层雇员的薪资比例

这种调整一般是改变雇员的薪酬要素结构。例如，为了降低雇员的薪资水平，企业就可以采用压低浮动工资的方法，将奖励标准提高，使得雇员在一般情况下，只能获得基本工资，很难获得奖金和浮动工资。同时，在合法的范围内，尽量压缩企业规定的带薪休假制度。

3. 调整工资标准和工资率

也就是对薪酬水平的调整，这种调整是为了适应绩效工资制和弹性工资制的需要，以便企业在员工收入分配上有更大的灵活性。

通常导致企业薪酬水平调整的原因有两个：一是企业的经济效益发生了变化；二是物价指数发生改变，从而导致员工维持生活的需求发生变化。从操作上来看，对工资标准和工资率的调整体现了对薪酬总量调整的两种方法：一是等比调整法，也就是调整工资率，就是所有员工都在原有薪酬基础上调高一定的百分比，这样保持了薪酬结构内在的相对级差；另一种是等额调整法，也就是调整工资标准，即全体员工不论原有的薪酬高低，都给予等额的调整，这种方法有助于提高员工的整体士气。

（三）薪酬结构调整的程序

薪酬结构的调整通常是与薪酬水平的调整结合在一起进行的，其步骤如下：

1. 调整薪酬等级数目

在薪酬结构以技能为导向时，薪酬等级应根据职务（工种）的技术（业务）复杂程度和从业人员所需具备的劳动熟练程度来进行调整。通常某一职务（工种）的技术越复杂，对从业人员的技术要求越高，则薪酬等级数目就越多。

在薪酬结构以工作为导向时，薪酬等级应根据各职位的价值差异，即依据工作评价的分数调整薪酬等级。调整时既可增加也可减少薪酬等级。增加薪酬等级的主要目的是为了将职位之间的差别细化，从而更加明确按职位付薪的原则。

具体的增加薪酬等级的方法很多，关键是选择在哪个层次上或哪类职位上增加等级，而且具体数目的多少应考虑组织规模、每一工作群所包括的工作种类、各工作评价点数的聚散状况等。减少薪酬等级就是将等级结构“扁平化”，这是薪酬管理的一种流行趋势，比如将工资等级线延长，将工资类别减少，由原有的十几个减少至三五个，而在每种类别上，包含着更多的工资等级和工资标准，并且各类别之间工资标准交叉。

2. 调整各工作（职务、工种）的薪酬等级

各工作（职务、工种）薪酬等级的调整，其一是依据劳动复杂程度、精确程度、繁重程度、劳动条件、培训时间和费用多少、创造价值大小等选择典型工作进行比较，其二是当组织的发展战略、业务流程发生变化从而导致各工作的重要程度等改变时也可调整各工作的薪酬等级。比如一个生产性质的组织为适应现代社会发展的需要转变为科技研发型企业，该组织的研发部门的工作流程和对企业发展的重要程度也相应发生了改变，这时应对研发职位的薪酬等级进行调整。再如，对于一个刚起步的企业，产品市场很不成熟，迫切需要营销人员艰苦地开发新市场，这个时候营销职位的薪酬等级应该处于较高的水平。但是随着企业产品市场的成熟，组织已形成自己的营销品牌，组织营销工作的拓展主要依靠广告投入，这时营销职位的薪酬等级在整个组织中的定位将会发生改变。

3. 调整薪酬等级线

薪酬等级线是指在薪酬等级数目内，各工作（工种、职务）所跨越的最低等级与最高等级的界限。即各工作（工种、职务）薪酬的起点和顶点。

一般来说，技术复杂、熟练程度要求较高、责任重大的工作（工种、职务），其薪酬起点应该较高。反之，则要低些。而劳动复杂程度与劳动熟练程度差别较大的工作（职务、工种），薪酬等级线应长些。反之，薪酬等级线应短些。对于那些条件艰苦、工作繁重，但技术要求不高的工作（职务、工种），薪酬起点可以稍高，但薪酬等级线则不宜太长。

4. 综合分析调整薪酬关系

首先绘制散布图，描述各种工作（职务、工种）的价值与薪酬率之间的关系。

其次，画出组织中的薪酬趋势线，说明工作价值或技能高低同薪酬的平均关系。通常利用最小二乘法计算出趋势线的方程。

再次，参照组织内薪酬趋势线的绘制方法，利用薪酬调查资料绘出市场薪酬趋势线，并将两条趋势线绘入同一坐标系中进行薪酬比较，如图 4-5 所示。

由图 4-5 可知，组织的薪酬线与市场薪酬线间存在差异，较低级的工作较市场上一般的薪酬水平低，而较高级的工作则普遍较高。因此，要适当调高低级工作的薪酬，并适当调低高级工作的薪酬。调低高级工作的薪酬，对员工的工作热情打击很大，因此，通常采取暂时冻结薪酬或减缓薪酬的增加幅度，使偏高的薪酬在一段时期内回复到市场水平。还可以采取增加员工的工作量，提高工作效率，使偏高的薪酬合乎经济效益原则。当然，调整工作还要考虑组织的薪酬策略，即组织是愿意配合市场支付薪酬，还是希望支付高于市场的薪酬以吸引或保留住优秀的员工。

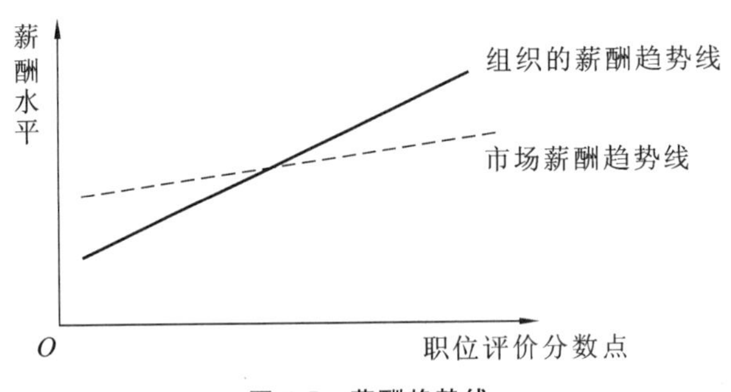

图 4-5 薪酬趋势线

最后，从薪酬满意度的角度听取广大员工的看法，并对薪酬结构中的不合理部分进行修改。

5. 将调整过的薪酬制成薪酬表，建立正式的薪酬结构

上述薪酬结构的调整过程可用图 4-6 示意如下。

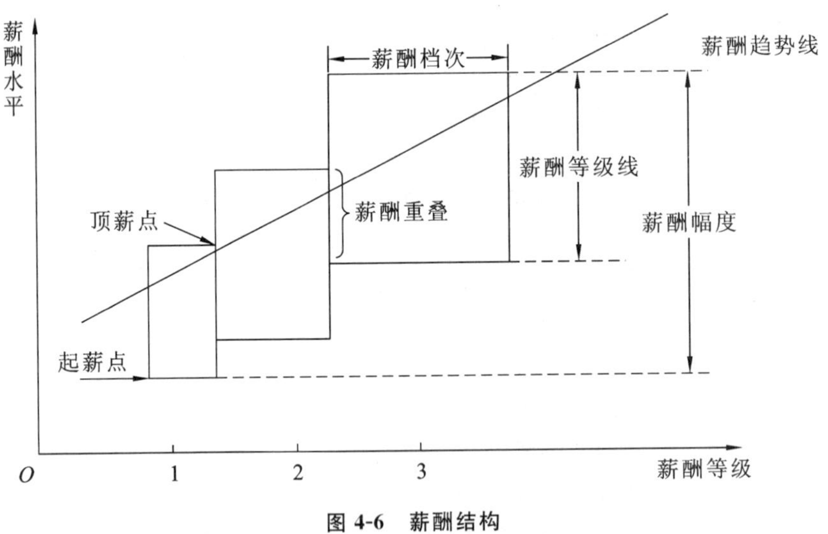

图 4-6 薪酬结构

在薪酬结构调整中，既可以采取扁平化的薪酬结构，也可以采取阶层化的薪酬结构。所谓的扁平化的薪酬结构是指组织的薪酬层次比较少，最高薪酬水平与最低薪酬水平之间的差距比较小，相邻的薪酬档次之间的差距也很小。所谓阶层化的薪酬结构是指组织的薪酬层次比较多，最高薪酬水平与最低薪酬水平之间的差距比较大，相邻薪酬档次之间差距也比较大。在美国，公司的最高层与最基层员工之间的薪酬差距为 35:1；在日本，这一比例为 15:1。

从理论上讲，组织的薪酬结构采取扁平化还是差异化，应该取决于该组织中工作的组织方式。如果工作的完成主要是以工作团队和部门为核心，则扁平化的薪酬结构也许更合适些；而如果工作的完成是以员工个人为核心的，则实行差异化的薪酬结构可能更合适些。

最后，薪酬调整作为人力资源部门的一项重要工作，其主要目的是为了平衡员工薪酬的稳定性、激励性、竞争性与风险性，所以应该遵循以下原则：

（1）薪酬结构调整应该对企业战略目标的实现具有一定的效能；

（2）薪酬结构的调整应该体现在核心人才及重要员工的持续满意度方面；

（3）薪酬结构调整的结果应该确保公司经营成本的负荷能力；

（4）薪酬结构调整并不是所有员工应得的权力与利益；

（5）薪酬结构的调整重点应该体现在年度调薪而非所有项目的调薪上。

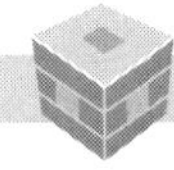

本章重要概念

薪酬结构（compensation structure）

薪酬变动比率（compensation change ratio）

薪酬中值级差（the median compensation differential）

薪酬区间叠幅（compensation range overlap）

涵盖型薪酬结构（overlapped compensation structure）

可变型薪酬结构（variable compensation structure）

本章思考题

一、简答题

1. 薪酬结构有哪几种类型？
2. 涵盖型薪酬结构有哪些特点？
3. 如何评价企业薪酬结构的内部一致性？
4. 组织薪酬结构的设计流程是怎样的？
5. 薪酬结构与职位评价的关系如何？
6. 宽带型薪酬结构设计与实施流程是怎样的？
7. 如何实现职位评价与外部市场薪酬调查数据的合理对接？
8. 如何确定职位评价的指标权重？

二、案例分析题：××公司的薪酬改革

（一）××公司的薪酬设计概况

××公司现在的薪酬管理所存在的问题有：①企业薪酬分配原则不明晰，不同职位之间、不同个人之间的薪酬差别，基本上是凭感觉来确定；②不了解外部特别是同行业的薪酬水平，无法准确定位薪酬整体水平，给谁加薪、加多少都缺乏合理的依据；③企业薪酬结构和福利项目有待进一步合理化，固定工资、浮动工资、奖金的比例如何设计亟待确定。

（二）××公司的薪酬再设计

针对上述问题，××公司对其薪酬系统进行了重新设定，步骤如下：

(1) 明确企业的总体战略。包括有关薪资分配的政策和策略，如薪资等级间差异的大小，工资与福利费用的分配比例等。

(2) 进行职务分析和工作评价。××公司采用了点数法来对职务的相对价值进行评估，评价因素为学历、技能、体力、责任和特殊知识，其最终评价结果见表 4-24。

表 4-24　××公司职位价值表

排序	职位名称	职位评估点数	排序	职位名称	职位评估点数
1	总工程师	756	6	车间主任	520
2	总经理	740	7	班组长	430
3	工程师	680	8	技师	430
4	部门经理	600	9	技工	400
5	业务主管	550	10	文员	310

(3) 进行薪酬调查。调查的内容首先是本地区、本行业，尤其是主要竞争对手的薪资状况。参照同行或同地区其他企业的现有薪资来调整本企业对应工作的薪资。

(4) 薪资分级和定薪。××公司规模并不是很大(员工 500 余人)，企业将其职位分为职能管理类和技术类两种，并依据职位价值评价建立了不同的薪资等级与结构。

分析与探讨

1. 以上案例对于组织职位价值评估采取的是何种方法？这种方法有无漏洞？

2. 上述组织的薪酬结构属于哪种类型？其薪酬结构的设计流程是怎样的？这种类型的薪酬结构有何优缺点？

本章推荐阅读书目

1. 蒋伟良. 任职资格管理与宽带薪酬设计[M]. 北京：企业管理出版社，2011.

任职资格管理体系并不是一个新诞生的概念和系统，其科学性、系统性和有效性得到了管理者和员工的认可。但建立任职资格体系对很多企业的人力资源管理体系来说依然是一个巨大的挑战和变革。该书建立了任职资格管理体系，并建立了与之相配套的培训体系、职能工资系统等。

2. 李中斌. 薪酬管理[M]. 北京：科学出版社，2012.

该书注重理论与实践的紧密结合。全书共分 12 章，内容包括薪酬管理导论，战略性薪酬管理，薪酬体系，薪酬水平及其决策，薪酬结构及其差别，薪酬奖励计划，员工福利管理，薪酬支付、设计及其分类管理，薪酬诊断与评估，薪酬调控与沟通，跨国公司的薪酬制度与管理，与薪酬管理相关的法律规定。

薪酬水平与薪酬支付管理

本章导读

任何企业的薪酬制度都要满足薪酬管理中“外部竞争性”、“内部公平性”、“激励性”和“合法性”四大原则。因此，在现代企业人力资源管理中，要想吸引、留住和激励关键人才、核心人才，企业必须充分考虑其薪酬水平是否具有外部竞争力，内部是否公平，以及以何种方式向员工支付薪酬等问题。本章要求了解薪酬水平的内涵、类型，薪酬支付形式和周期；掌握市场薪酬调查方法与流程、薪酬水平的决策类型和薪酬成本控制等内容。

第一节 薪酬水平与薪酬竞争力及其决策

一、薪酬水平与薪酬竞争力

（一）薪酬水平与薪酬竞争力的含义

从广义来说，薪酬水平是指一个组织实际支付给员工正常工作时的报酬，包括经济性报酬和非经济性报酬。从狭义来说，薪酬水平可以直接定义为工资率，即基本的劳工价格，指支付员工在正常工作时所赚取的经济性报酬。

一般来说，薪酬水平是用来衡量不同组织之间薪酬支付能力强弱的。薪酬水平决定了企业薪酬的外部竞争力，它是企业吸引、留住人才的重要砝码，也直接制约了企业在劳动力市场上所能获取的劳动力质素的高低。因此，通常将一个企业薪酬水平的高低，以及由此而产生的企业在劳动力市场中的竞争能力称为薪酬竞争力。

在现代市场竞争中，企业薪酬水平的高低与企业的薪酬竞争力高低之间并不存在必然联系。现实中，如果说甲企业的平均薪酬水平比乙企业高，那么，能否说甲企业薪酬的外部竞争力就一定比乙企业高呢？

实质上，薪酬的外部竞争力不是笼统地将一个组织所有员工的平均薪酬水平与另外一家企业的平均薪酬水平进行比较，而是更多地体现在不同组织中类似职位或职系之间。因此，笼统地说，甲企业的平均薪酬水平比乙企业高，甲企业薪酬的外部竞争力就一定比乙企业高，可能是错误的。例如，甲企业的平均薪酬水平很高，内部差距很小，重要职位和不重要职位的薪酬差距很小；而乙企业的平均薪酬水平低于甲企业，但其对重要职位支付的薪酬远远高于甲企业，而对不重要的职位支付的薪酬水平则低于甲企业。那么，乙企业薪酬的外部竞争力就高于甲企业。

在市场竞争日趋激烈的今天，薪酬水平应充分拉开差距，向关键职位、核心人才靠拢。而在现代劳动力市场上，对一般劳动力的需求是远远小于劳动力的供给，而对高级人才的需求却恰恰相反。因此，即使企业对一般职位支付的薪酬水平低于其他企业也不会对企业薪酬的外部竞争力产生严重威胁，真正能影响薪酬竞争力的是企业支付给关键职位、核心人才的薪酬水平。

以上观点可以很好地解释在加入 WTO 后，我国国有企业比以往更加重视人才、薪酬支出的成本不断增加的背景下，企业的人才流失率却越来越高。其根本原因就在于虽然国有企业的整体薪酬水平很高，但其职位薪酬水平差距很小，体现不出关键职位和一般性职位的区别。企业的初衷是避免内部由于薪酬差距过大而产生员工间的冲突，希望通过“平均主义”来解决矛盾。相反，这造成虽然技术含量高的职位对企业的贡献率远远高于技术含量低的职位，但其在薪酬水平上却几乎没有差距。而外资企业和私营企业内部的薪酬差距分布一般比较合理，严格按照职位的价值支付报酬。最后，导致在一些技术含量和贡献度高的职位上，国有企业的工资水平明显低于外资或私营企业，而在一些技术含量相对不高、人才市场上人员供给过剩的职位上，国有企业的工资水平却明显高于外资或私营企业，进而导致了国有企业高技能人才的频繁跳槽。

（二）薪酬水平与薪酬竞争力的作用

1. 提高吸引力和留置率

（1）薪酬水平和工作吸引力是正相关关系。在正常的劳动力市场上，愿意支付更高薪酬水平的企业，其申请人比率和申请人质量往往明显高于其他企业，大大降低了职位空置率，节约了招聘成本，并缩短了非正式培训所花费的时间。

（2）薪酬水平高的企业可以提高员工忠诚度，增加其归属感。研究表明，高薪酬水平的企业很少面临外部不平等问题或由此导致的员工跳槽问题。

2. 有利于激励核心员工提高技能和工作效率

（1）较高的薪酬水平能吸引或留住的员工在质量和努力程度方面有显著优势，但高薪必然要求高标准。由于高薪酬的企业位于劳动力需求方的顶端，可以有更多、更合适的劳动力可供选择，且大都素质优良。因此，高薪酬水平支付的组织，一方面可以通过外部招聘更新人才；另一方面也可以促使员工不断提高自身素质，以避免被替代或淘汰。

（2）根据“效率工资”理论，高薪会加大失去工作的惩罚力度，即较高的薪酬水平提高了在岗员工因偷懒、怠工而被解雇的机会成本，进而可以降低企业管理过程中的监督约束成本，防止员工的机会主义行为。

3. 塑造企业形象

企业形象，归根到底是一种公众态度。而人们对企业的了解往往只能通过一些外在标志，比如产品特点、人员风格、薪酬水平等。其中，薪酬水平给人们的印象更为直观。

（1）较高的薪酬水平给人们的第一感觉是这是一个赢利颇丰的规模型企业。

（2）企业的薪酬支付能力会增强消费者对企业以及企业所提供的产品和服务的信心，从而在消费者心目中造成一种产品差异，提高消费者对企业产品的忠诚度。

（3）高薪酬水平反映出企业对于人才的一种积极态度，重视和肯定人才的企业必然会成为最受员工欢迎的企业。在行业内，企业形象也会得到大大提升，甚至成为行业中的标杆企业。

二、薪酬水平与薪酬竞争力的决策类型

（一）企业薪酬水平的决策类型

实践中，企业薪酬水平决策类型分为“市场领先型”、“市场追随型”、“市场滞后型”和“综合型”等四种。[①]

上述薪酬决策模式的竞争力影响着组织实现不同目标的能力，这种能力反过来又会影响组织的效率。例如，“市场领先型”决策最大的优点在于吸引员工，减少员工在薪酬方面的不满。“市场追随型”决策没有独特的优势。“市场滞后

①盖勇，马恩．薪酬管理[M]．济南：山东人民出版社，2004：48．

型”决策的优势在于控制成本。“综合型”决策则把薪酬扩大到非货币范畴，关注的是员工获得的总体报酬对员工产生的心理效用，用灵活的组合来替代简单的薪酬水平差别，为企业创造吸引力和竞争力。但“综合型”的决策组合也可能造成操作方面的困难，进而导致员工的不公平感。

这里将对几种常见的薪酬水平决策类型进行具体分析。

1. “市场领先型”薪酬模式

“市场领先型”薪酬模式就是将企业的薪酬水平定位在高于市场平均水平之上，在市场中处于领袖地位。

采用“市场领先型”薪酬决策一般基于以下几点考虑：市场处于扩张期，有很多的市场机会和成长空间，对高素质人才需求迫切；企业自身处于高速成长期，薪酬的支付能力比较强；在同行业的市场中处于领导地位等。

充当市场领先型薪酬水平的企业，并非是为了出风头。企业一般都期望从自己的高成本支出中获得相应的收益，为企业获得竞争优势，进而打击竞争对手。

(1) 通过领先薪酬在人才争夺上打击对手。较高的薪酬水平最明显的优势就是能够吸引高素质求职者。支付高薪必然制定高的用人标准，从而会帮助企业筛选一部分不合格应聘者。同时，高薪也可以吸引在竞争对手中工作的员工为自己效力。一般来说，从竞争对手中挖角得来的员工比从社会上外部招聘的员工更具有竞争力，对竞争对手造成的威胁更大。所以，很多企业不惜高金通过猎头公司在竞争对手企业中寻觅合适的中高级人才，并用高薪利诱，成功挖角。

(2) 通过领先薪酬在赢利水平上打击对手。调查显示，企业80%的效益是由20%的核心员工创造的。企业需要优秀人才，而人才的获得往往需要支付高薪，这是新经济时代的基本规则。因此，很多企业宁可支付高薪聘请人才赚取高的投资回报率，将精力集中在赢利水平上，而不是成本。

(3) 通过领先薪酬打击对手士气。薪酬在企业里是一个很敏感的话题，员工会将自己和社会上同类型职位的报酬进行比较。如果感到不公平，士气就会受到极大的打击，消极对待工作任务，或者选择离开。不可避免地会引发一系列劳资纠纷，损害了企业的公众形象，让竞争对手得渔翁之利。

虽然市场领先型决策可以获得多方面的优势，但现实中企业却面临多方面的压力。

(1) 成本管理压力。企业在通过支付较高的薪酬吸引了大批有能力的员工以后，如果不能通过各种管理手段将高投入转化为高回报，那么，高薪给企业带来的就不是资本，而是一种负担，最终会因为“骑虎难下”而造成被动。

(2) 效率工资的“电影院效应”。所谓“电影院效应”是指在看电影时，前排的人如果站起来，后排的人必须站得更高才能看到。这种效应在工资方面表现为企业竞相提高工资水平，以获得人力资源方面的优势，但这样做的可能严重后果就是人力成本方面的压力使得行业中的多数企业反而失去竞争力。在其他企业不用或很少采用效率工资的情况下，某一企业使用效率工资的收益是显著的，但如果许多企业都提高工资，那么就会出现"电影院效应"。例如，有些行业的行业性高薪往往无法使企业获得效率工资的优势。

2. "市场跟随型"薪酬模式

"市场跟随型"薪酬模式是企业最为通用的薪酬水平策略，主要是根据市场平均水平来确定本企业的薪酬定位。实施这种薪酬水平策略的企业为取得外部的平等，又要使自己支付的薪酬看起来对现有员工和潜在员工是公平的，往往试图追随本行业的平均薪酬水平，力求与竞争对手保持基本一致，以免在产品市场上处于不利地位。同时，又希望自己能够吸引并留住员工，不会在劳动力使用方面输给竞争对手。

采用这种策略的企业，一般都建立或找准了自己的标杆企业，企业的经营与管理模式都向标杆企业看齐。市场跟随型薪酬给企业带来的最大好处在于企业承担的风险最小，企业出于对成本的考虑，不想因为增加薪酬水平而增加产品的成本，也不想在劳动力市场上输给竞争对手而招不到足够数量的员工。

一般来说，实施市场跟随型决策的企业很难吸引优秀人才，企业所招聘的员工只能在数量和质量上满足企业运作的基本需求，但是在同行业中没有竞争优势。他们往往会参加大型招聘会，通过多花时间、广泛搜寻、精挑细选的方式来招聘高素质的员工。此外，这类企业要做好市场的薪酬调查，确切掌握市场薪酬水平，随时关注外部劳动力市场变化来调整自身的薪酬水平。因为，在大多数情况下，企业的薪酬水平调整具有一定的滞后性，往往是在员工流失率增加的事实后才意识到企业的薪酬水平落后于市场平均水平。

但这并不表明，这类企业必须完全依附外部市场变化，对激励员工工作积极性方面只能采取被动措施。例如，可以在企业内部，选择合适的薪酬结构策略，针对不同职位的员工设置基本薪酬和绩效薪酬的不同比例，也会在一定程度上给予员工安全感和工作动力，争取自己的相对优势。

3. "市场滞后型"薪酬模式

"市场滞后型"薪酬模式也叫成本导向决策，即企业在制定薪酬水平策略时不考虑市场和竞争对手的薪酬水平，只考虑尽可能地节约企业生产、经营和管理的成本。这种企业的薪酬水平一般比较低。

实施薪酬水平滞后决策的企业往往处于起步阶段，一般特征是规模较小，组织结构简单，产品的边际利润较低，成本的承受能力很弱。由于企业的规模小，组织结构简单，所以采用简单的薪酬结构更加适合。例如，一般是采用职位薪酬体系，这样的体系操作简单而且管理成本低。

滞后的薪酬决策显然对吸引高质量的员工是非常不利的，而且在这种薪酬战略下的企业员工流失率会很高。这时企业必须制定一些措施来进行弥补。虽然处于起步阶段的企业无法提供高水平的薪酬，但可以通过提高未来的收益来作为补偿。例如，在一些高科技的企业中，企业支付给员工的基本薪酬会低于市场的水平，但员工却可以获得企业的股票和股票期权。这种基本薪酬和未来的较高收入结合在一起的薪酬组合不但不会影响企业员工的招募和企业保留员工的能力，反而会有助于提高员工对企业的忠诚度，培养他们的团队意识，改善绩效。

4. "综合型"薪酬模式

"综合型"薪酬模式也称混合薪酬决策，即在企业中针对不同职位类型或者员工类型，采用不同的薪酬水平决策。

例如，对于企业核心与关键性人才和职位，采用"市场领先型"薪酬水平决策，而对一般的人才、普通的职位采用"市场跟随型"或者"市场滞后型"薪酬水平决策。此外，有些公司在不同的薪酬构成上实行不同的薪酬政策，在基本薪酬方面处于稍微低一点的拖后地位但在激励性薪酬方面则处于比平均水平高得多的领先地位。这样，尽管企业员工的基本薪酬水平比市场水平偏低点，但如果企业得到创新的产品和市场将会有较高水平的奖励，这对鼓励创新是非常有意义的。

"综合型"薪酬模式的优点在于其灵活性和针对性，对于稀缺的人才及企业希望保留的关键职位的人才采取薪酬领先型策略，而对于人力资源市场中的富足人员及低职级的员工采用跟随型甚至滞后型策略。这不仅有利于控制企业的人力成本，而且还有利于企业保持自己在劳动力市场的竞争力。综合型薪酬设计既可以激励低绩效员工主动提高其技能水平，同时又能鼓励高绩效员工帮助其他员工，从而在避免了"统一报酬"和"绩效报酬"主要缺陷的同时，又保留了二者的有利之处。

在现实中，"综合型"薪酬决策甚至把薪酬扩大到非货币范畴，关注的是员工获得的总体报酬对员工产生的心理效用，用灵活的组合来替代简单的薪酬水平差别，为企业创造吸引力和竞争力。

总之，出于薪酬竞争力的考虑，企业不可能采取单一的薪酬水平决策，而是对上述四种典型的决策进行修正，以便利用某些差异化优势。这样，企业既能吸引和留住自己所需的员工，又可以合理控制薪酬开支。此外，企业还应该对企业薪酬的不同构成部分采用不同的策略，以传递企业的价值取向以及经营导向。

（二）外部薪酬水平与内部职位价值评估的均衡

在薪酬管理实践中，由于人才市场供求比的不断变化，外部薪酬水平与企业内部职务评价之间得到的结果往往不一致。比如，根据企业内部职位价值评估，A、B两个员工的得分分别为300分和600分，而他们所从事职务在市场上的月平均薪酬水平分别为4000元和3000元，在这种情况下，企业必须面对是根据企业内部职位评价来定薪酬，还是根据外部劳动力市场来定薪酬的选择。

对于先后被不同批次招聘，但职务相同相似的员工而言，虽然在企业内部职务价值并无不同，但是由于外部人力市场供求比的变化，员工心理容易不平衡。

当企业外部竞争性与内部公平性发生矛盾时，企业可以参考以下解决措施。

1. 将职务评价得分形成的薪酬比例结构与市场薪酬比例结构按照一定比例进行换算

按照上例，职务评价得分比例是 A∶B=1∶2；市场薪酬比例是 A∶B=4∶3，假设按照内部职位评价和市场薪酬分别占 40%和 60%的比例折算方法，则 A=1×40%+4×60%=2.8，B=2×40%+3×60%=2.6；那么二者的职务评价的得分相对比是 A∶B=14∶13。显然，这种综合性的折算方法比单独考虑各因素更合理。①

2. 实行宽带型薪酬，加大业绩考核在薪酬中所占的比重

在以职务为基础的薪酬纵向结构体系设计中，可以通过一次性奖励或者增加业绩部分薪酬在总薪酬结构中比例等手段，来弥补内部员工与市场同类职位的薪酬差距。薪酬浮动幅度加大，激励作用加强。

此外，可以设立年度奖金、资深员工奖励等其他薪酬方案，并动态调整企业薪酬，以弥补因强调企业内部公平性可能导致的与薪酬市场外部公平性的矛盾。

3. 重视内在报酬

这类报酬主要是基于工作任务本身的报酬，如对工作的胜任感、成就感、责任感、受重视、有影响力、个人成长和富有价值的贡献等。事实上，对于知识型员工，内在报酬和员工的工作满意感有很大的关系。因此，企业可以通过改善工作制度、重视人力资源政策等途径来执行内在报酬，让员工从工作本身得到最大满足，以此来弥补经济报酬的相对损失。

总之，有效的薪酬水平必须满足内外公平兼顾的原则。外部公平性要求企业的薪酬水平与其他企业比要有竞争力，内部公平性要求的是让内部员工感到自己与同事之间在付出和所得上关系合理。

三、薪酬水平与市场薪酬调查

（一）市场薪酬调查概述

1. 薪酬调查的含义和作用

人才是企业获取核心竞争优势的源泉所在，对于要建立竞争优势的企业而言，薪酬的市场竞争力可以帮助企业获得创造优势的优秀员工。但是，薪酬水平过高既会阻碍公司产品的市场灵活性，也会限制企业在人力资源其他方面的投入，比如培训、开发等；而薪酬水平过低则不利于公司对人才的吸引和保留。解决二者之间平衡关系的现实方法就是借助薪酬调查。

---

① 王凌峰.薪酬设计与管理策略[M].北京：中国时代出版社，2005：211.

薪酬调查是指企业通过合法手段，搜集同行业相关职位的薪酬水平信息，以此来判断企业支付薪酬水平高低的系统过程。企业通过薪酬调查了解其内部薪酬水平在市场上的相对位置，弥补由于劳动力市场信息不对称造成的损失。

2. 薪酬调查的类型及利弊

薪酬调查得到越来越多企业的重视，但是目前我国薪酬调查没有形成体系，任何机构或者组织都可以出具薪酬调查报告，其准确性和权威性让人不得不产生质疑。一般来说，薪酬调查的类型从主体上划分有以下几种。①

1）政府部门薪酬调查

政府薪酬调查主要是国家劳动、统计等相关部门，针对全国范围内各行业不同类型人才的薪酬水平作出的总体评估。

政府部门可以通过行政手段搜集信息，了解劳动力市场各行业的薪酬状况，从宏观上给予指导。这种类型的薪酬调查范围广泛，样本数量多，具有很高的权威性。但这些信息针对性差，只能帮助国家宏观把握各行业的整体薪酬状况，不能满足企业需要。

此外，它具有明显的偏离性和滞后性。现实中，企业在配合政府信息搜集时，报出的薪酬水平往往偏低，统计不全面，这主要是考虑企业薪酬总额和税收问题。例如，实践中，政府公布的薪酬水平明显低于其他调查机构公布的薪酬水平。同时，政府的薪酬调查由于范围广，特别耗时，在及时性上大打折扣。

2）专业薪酬调查咨询公司

这类调查主要是企业委托商业性、专业性的咨询公司，针对企业特定需要完成的薪酬调查。目前专业薪酬调查公司主要是国外独资或合资公司，比如德勤事务所、翰威特（Hewitt）、美世顾问（William Mercer）等。国内的薪酬调查机构也在兴起，比如中华英才网、中国薪酬调查网等。专业咨询公司最大的优势在于可以为企业“量身定做”薪酬调查，可以根据企业本身的薪酬水平和机构状况，设计有针对性的薪酬调查指标，为企业的薪酬诊断和薪酬调整给出有利依据。同时，由于专业咨询公司处于第三方，与其他被调查的企业不存在利害关系，因此所搜集的信息比较客观准确，提供的意见也比较中肯可靠，对客户来说薪酬调查的价值也就越高。但问题在于专业咨询公司收费往往很高，一般的小规模企业对此望而却步。

3）企业薪酬调查

由于各方面限制，单个企业自行进行外部薪酬调查的情况很少。近几年，企业与企业之间的相互调查悄然兴起，它是通过企业之间或是企业家协会等形式联合展开调查的方式。

一般来说，薪酬水平是一个企业的商业机密，企业之所以愿意与其他同行业

---

① 周文，黄宝明．薪酬福利管理[M]．长沙：湖南科学技术出版社，2005：91.

企业一起参与薪酬调查，目的是要了解行业组织的薪酬标准，以及竞争对手的实际薪酬水平，确保企业在劳动力市场上的竞争优势。从另一个角度来说，企业之间的薪酬调查可以帮助企业在与其他企业合作的过程中，学习对方高效的工作方式。但就我国现行的市场机制来看，薪酬政策和薪酬数据属于商业机密，很少有企业愿意与竞争对手交换薪酬信息。所以，目前企业之间薪酬调查的比例不高。但随着我国市场机制的日渐完善，企业作为主体的薪酬调查将会发挥重要作用。

（二）市场薪酬调查的流程

市场薪酬调查的流程一般包括“准备”、“实施”与“分析与结果应用”等三个阶段。具体见图 5-1。

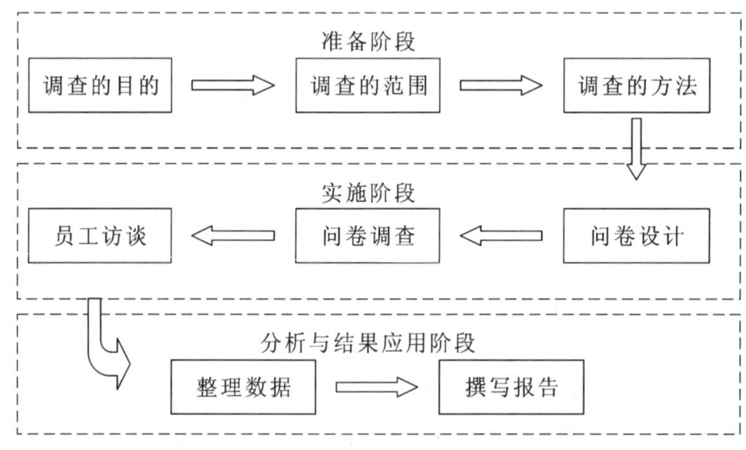

图 5-1　薪酬调查流程图

1. 准备阶段

1）确定调查的目的

企业在进行市场薪酬调查之初，首先要明确进行市场薪酬调查的目的和调查的用途。这样才能有针对性的实施调查，避免调查工作流于形式。

一般来说，企业组织薪酬调查意在对本企业薪酬水平有一个明确的定位，在劳动力市场上更具有竞争力。具体来说，企业进行外部市场薪酬调查的主要目的有以下几个方面。

（1）明确企业的薪酬水平定位。企业期望通过分析同行业的薪酬数据后，结合自身实际情况选用不同的薪酬水平，确定企业薪酬占企业成本的比例。一般情况下，企业都会定期根据企业的经营状况、支付能力、员工个人努力等内部因素，调整自己的薪酬水平。但是竞争对手的薪酬水平对于企业来说也是不得不考虑的问题。企业需要通过薪酬调查来了解竞争对手的薪酬变化情况，并针对企业目前的薪酬水平进行调整，以确保在劳动力市场上的优势地位。

(2) 薪酬结构调整。企业内部职位评价形成的职位结构与外部市场形成的职位结构可能存在不一致的情况，因此，企业希望通过市场薪酬调查来检验本企业职位评价的结果。如果市场调查显示两个职位的薪酬水平在劳动力市场上基本一致，但是企业通过内部职位评价得到的结果是将两个职位归入不同的薪酬等级，那么，企业就需要对自己的职位评价过程进行检查，适当调整自己的薪酬结构或职位的职责分工。

(3) 试图了解竞争对手的劳动成本。对于竞争激烈的企业，常常运用市场薪酬调查得到的数据来关注竞争对手的劳动成本开支，并进一步估计竞争对手的产品定价和生产制造成本。这些都是企业获取竞争优势的重要因素。

2) 确定调查的范围

(1) 确定调查企业的类型和数量。在选择要调查的企业时，要本着与本企业薪酬管理有可比性的原则。薪酬调查的范围不能局限于本行业，因为如果要衡量企业的薪酬水平在整个劳动力市场的状况，必须将本企业的薪酬竞争力与其他类型的组织进行比较。一般来说，可供选择的调查企业有三类：

第一类，行业相关，即同行业中直接竞争对手，如可口可乐和百事可乐；

第二类，职位相关，即其他行业中有相似职位或工作的企业；

第三类，区域相关，即在本地区劳动力市场上，与本企业的薪酬水平、企业规模、经营状况处在同一水平的企业。

根据不同类型，选择具体的目标企业时必须考虑企业规模、行业可比性、类似的职位、工作地点和环境等因素。只有保证所选机构具有代表性，才能更真实地反映目前劳动力市场的状况。

在确定要调查的企业类型之后，就要确定调查的企业数量，这与抽样的回收率紧密相关。一般来说，10～20个具有代表性且可以提供有效、可靠信息的企业就可以满足薪酬调查需要。如果涉及的企业过多，会增加调查工作的难度，在后期的数据处理上也会失去针对性。如果选择的企业太少，数据信息就不全面，不能准确地反映出劳动力市场的实际状况。

(2) 确定调查的职位。确定目标企业后，就要确定具体的调查职位。由于受到调查时间和费用的限制，不可能对所选择企业内的所有职位进行调查，只能选择具有典型意义的标杆职位，再将其他职位与典型性职位的价值大小进行比较。我国各个行业还没有建立规范的职位名称体系。在实践中，即使职位名称相同，在不同企业中也有可能承担不同的工作职责，重要程度也不同。因此，往往会出现外部市场调查中不同企业职位名称一致，但工作职责差异较大的现象。比如，二者都是人力资源部主管，但是所在企业不同，其管理幅度、职位职责和权力大小是不一样的。因此，在选定被调查职位时，调查的组织者最好能向企业提供职位描述。职位描述一般先用一两句话概括某一职位的主要工作职责和目标，然后再以简洁、通俗的语言列举出该职位的主要工作职责和关键职责。具体见表5-1。

表 5-1　薪酬调查中的职位描述举例

<table>
<tr><td rowspan="3">基本情况</td><td>职位名称</td><td>财务部部长</td><td>所属部门</td><td>财务部</td><td>代码</td><td>SW001</td></tr>
<tr><td>编制人数</td><td>1</td><td>辖员人数</td><td colspan="3">6</td></tr>
<tr><td>直接上级</td><td>厂长</td><td>直接下级</td><td colspan="3">财务部员工、子公司财务负责人</td></tr>
<tr><td>工作概要</td><td colspan="6">主持全厂财务战略的制定、财务管理及子公司财务工作，建立和完善财务部门，建立科学、系统且符合企业实际情况的财务核算体系和财务监控体系，进行有效的内部控制；协调外部审计、银行、税务关系，深度参与公司决策；进行有效的资金管理，为企业经营发展创造良好财务环境</td></tr>
<tr><td>KPI（关键职位绩效）指标</td><td colspan="6">各部门预算准确率，财务意见数量和实施效果；财务制度完善和实施执行率；财务费用控制目标实现率；投资收益率；所属部门客户关系评价得分；人才成长率和人员结构优化率；相关事项完成满意度</td></tr>
<tr><td rowspan="7">职位职责</td><td colspan="3">工作内容</td><td colspan="2">权　限</td><td>考核标准</td></tr>
<tr><td colspan="3">1. 组织编制全厂年度、季度、月度成本、利润、资金、费用等有关的财务指标计划，并定期检查、监督、考核计划的执行情况，结合经营实际，及时调整和控制计划的实施</td><td colspan="2">行使财务部长的指导、处置、裁决、监督、检查等职权</td><td>各部门预算准确率，财务意见数量和实施效果</td></tr>
<tr><td colspan="3">2. 建立健全厂内财务管理、会计核算、稽核审计等有关制度，督促、各项制度的实施和执行</td><td colspan="2">决策参与审议权，财务建议权，实施监督权</td><td>财务制度完善和实施执行效率</td></tr>
<tr><td colspan="3">3. 综合预测、动态控制成本费用，并对成本费用进行多层次分析，参与公司各类物资采购及工程项目招标工作，督促各部门降低消耗，节约费用开支</td><td colspan="2">行使财务部长的指导、处置、裁决、监督、检查等职权</td><td>各部门预算准确率</td></tr>
<tr><td colspan="3">4. 负责固定资产及专项基金的管理。会同销售、技术、行政等管理部门，办理固定资产的购建、转移、报废等财务审核手续</td><td colspan="2">行使财务部长的指导、处置、裁决、监督、检查等职权</td><td>财务费用控制目标实现率</td></tr>
<tr><td colspan="3">5. 参与基本建设投资、技术改造、新产品开发等重大方案的决策，并监督实施，提出专业化的意见</td><td colspan="2">公司考核参与权、建议权</td><td>投资收益率</td></tr>
<tr><td colspan="3">6. 协调外部审计、银行、税务关系</td><td colspan="2">决策审议权、财务建议权</td><td>客户关系评价得分</td></tr>
</table>

续表

	工作内容	权　限	考核标准
	7. 主管财务部会计日常工作，平衡各财务人员的工作量；行使职责范围内的公司财务职位设置、人员聘用、业务培训、绩效考核，确保财务部人员整体素质的提升和核算质量、管理水平的明显提高	部门职位设置建议权，人员任用权，部门人员考核权及奖惩建议权	人才成长率和人员结构优化率
	8. 完成领导交办的其他工作，确保企业战略目标的实现	部门人员职位调配权	相关事项完成满意度
专业资格	·财经类专业并具备会计师以上职称 ·熟悉税法政策、营运分析、成本控制及成本核算		
工作经验	·具有五年以上财务工作经验 ·具备丰富的财务管理、资金筹划、融资及资本运作经验		

（3）确定调查的数据。在选定了调查企业和调查的职位之后，还必须确定将哪些薪酬组成部分纳入调查数据中。薪酬调查收集的信息要全面，同时也要避免不相关的干扰信息。一般薪酬调查要重点掌握薪酬水平、薪酬结构等方面的数据，薪酬调查还应该关注企业的薪酬政策方面的其他信息。

3）确定调查的方法

薪酬调查方法有从公开资料中收集、书面问卷、电话访谈、个人面谈等，不同的调查方法对企业来讲其成本、效率和质量大不一样。

从公开资料中收集薪酬信息的成本最低、效率最高。国内各个地方政府，以及中国人力资源开发网等机构每年定期发布的薪酬数据，都可以作为参考，但其针对性的质量难以保证。

个人面谈是成本最高、最耗时间的调查方法，但能获得最有效的薪酬信息。

而企业自身常用的调查方法主要是书面问卷和电话访谈法。相比较而言，这两种方法具有比较经济、耗时合理、调查面比较大、信息可靠等特点。

2. 实施阶段

1）设计薪酬调查问卷

薪酬调查问卷所包含的信息应该尽量全面而完整。一般包括三个部分。

（1）基本信息。企业和个人的一般信息，如企业名称、企业规模、职位名称、行业类型等。

（2）核心内容。基本薪酬、奖金、福利、津贴等支付水平及结构。

（3）相关信息。涉及被调查企业的薪酬增长率、员工流失率等与薪酬水平密切相关的信息。

(4) 问卷还需设计一些开放性问题，让被调查者谈谈自己对本企业、同行业竞争对手的薪酬水平的看法或意见。

设计薪酬调查问卷时应该尽量考虑被调查者使用是否方便，所以问题和答案的设计要简明扼要、通俗易懂。为方便被调查者阅读题目，可以在关键句子或词语下加下划线。为方便后期的数据分析，调查者还应给每个问题标明序号。这些都是问卷设计的一些小技巧。在现实中，根据不同需要，问卷设计的方式也更加灵活。

2) 实施薪酬问卷调查

薪酬调查问卷设计好后，就可以开始实施调查。由于薪酬水平涉及企业的商业机密，在寄发问卷之前必须与各调查企业的总经理做好沟通工作，在企业自愿参与的前提下展开调查。问卷可以寄发给企业人事部门，然后在约定的时间回收。也可由调查人员亲自到企业发给员工，在员工填写问卷的过程中给予指导，避免员工因为对问卷问题理解不清而给出无效的回答，确保问卷的信息更有效。

3) 与关键员工面谈

如果问卷调查再配以关键员工面谈，薪酬调查的效果会更好，有助于提高数据的质量和有效性。在双方面谈的过程中，被调查者提供的信息可能是问卷中所遗漏的问题，而这些情况又是企业薪酬问题的关键所在，同时调查人员还可以就一些特殊问题直接征求被调查者的看法。

3. 分析与结果应用阶段

1) 整理和分析数据

在薪酬调查问卷回收之后，调查者首先要对问卷进行整理和筛选。核查每份问卷的答题情况，判断每个数据是否存在可疑之处，剔除明显属于无效信息的问卷。由于被调查者可能存在不能完全理解调查者的意图的情况，给出的信息就会与真实情况有所偏离。调查者需要检查企业所提供的薪酬浮动范围与其报告的职位实际薪酬水平之间是否存在不一致的现象，还需要检查企业实际参与薪酬调查的职位是否与之前调查者所选定的职位一致等。一旦有可疑之处，可以向被调查企业电话询问，再次核实数据的真实性。

在数据核查完成之后，要对数据进行统计分析。薪酬数据的统计分析方法一般包括频率分析、中心趋势分析、离散分析、回归分析等方法。

(1) 频率分析。即将调查所得到的与每一职位相对应的薪酬数据从高到低排列，然后看落入每一薪酬范围内的企业数量。数量越多，表示越接近目前市场薪酬水平。具体见表 5-2。在表 5-2 中，软件测试员薪酬的市场均值应该落在 77501～80000 元/年和 80001～82500 元/年的区间内。

表 5-2　某软件测试员薪酬数据频率分布表

工资区间/(元/年)	平均工资在此范围内的公司数	所占比例
70001～72500	1	3%
72501～75000	5	17%
75001～77500	4	13%
77501～80000	6	20%
80001～82500	6	20%
82501～85000	3	10%
85001～87500	2	7%
87501～90000	3	10%
总　计	30	100%

(2) 中心趋势分析。中心趋势分析法具体可以分为简单平均数法、加权平均数法和中值法三种数据分析方法。其中:简单平均数法使用起来比较简单,但极端值有可能破坏结果的准确性;中值法是将数据进行升序或降序排列,然后取中间位置上的那个数值,这种分析方法可以避免简单平均数法中的极端值影响结果的情况,但得出的结论很粗略。所以,下面重点介绍加权平均数法。

加权平均数法首先将不同的企业的薪酬数据赋予不同的权重,而权重的大小则取决于每一个企业中在同种位置上工作的员工人数。因此,规模不同的企业实际支付的薪酬状况会对最终的调查结果产生不同的影响。这种方法比简单平均数法更科学一些,而且经过加权的平均数比较接近劳动力市场的真实状况。具体见表 5 3。

表 5 3　加权平均数计算表

	工程师人数/人	平均月薪/元
甲公司	10	21000
乙公司	18	21200
丙公司	15	22200

加权平均数＝(10×21000＋18×21200＋15×22200)/(10＋18＋15)
＝21502(元/月)

(3) 离散分析。离散分析的方法包括标准差分析、四分位分析和百分位分析。

标准差分析法是指分析每个薪酬数据与平均数之间的差别,即观察值比平均值大多少或小多少。尽管标准差是离散分析最常用的指标，但在薪酬调查数据分析中很少使用，四分位分析法和百分位分析法更为常用。

百分位分析法是将某职位所有薪酬调查数据按照从低到高的顺利排列，并用百分位来表示特定企业薪酬水平在全部薪酬调查数据中的相对位置。这里百分位所代表的是有百分之多少的企业的薪酬水平是低于位于该百分位上的企业的薪酬水平。如果某企业在薪酬水平方面处于市场的第 70 个百分位上，这就意味着有 70%的企业的薪酬水平都比它低。在百分位序列中，第 50 个百分位是薪酬中值。这种分析方法在薪酬数据分析中最常用，它可以使企业明确其薪酬水平在劳动力市场的位置。常见的分析数据包括十分位(P10)、二十五分位(P25)、五十分位(P50)、七十五分位(P75)和九十分位(P90)等。

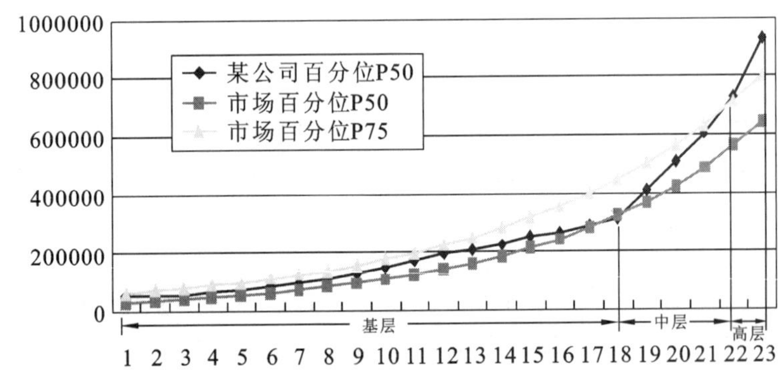

图 5-2　某公司高层、中层、基层的薪酬水平百分位定位

在图 5-2 中可以看出，该公司基层职位的薪酬水平介于市场薪酬水平的 50 分位和 75 分位之间，并且职位间的薪酬差距较小(斜率较小)。公司中层职位的薪酬水平明显高于市场薪酬水平的中位值(50 分位)，并且职位间的薪酬差距较大(斜率较大)。公司高层职位的薪酬水平则在 75 分位以上，并且职位间的薪酬差距也比较高。

四分位分析法与百分位分析法类似，是在将薪酬调查数据按照从低到高的顺利排列后，平均划分为四组(百分位是划分为十组)。处在第 2 组的最后一个数据就是所有数据的中值，它也可以近似地表示当前市场的平均薪酬水平。[①]

下面以百分位法为例，说明如何利用市场薪酬调查数据确定某类职位的薪酬水平。

① 某企业某类职位的市场薪酬调查结果如表 5-4 所示。

---

①盖勇，马恩.薪酬管理[M].济南：山东人民出版社，2004:80.

表 5-4 某企业某类职位的市场薪酬调查结果 (单位:元/月)

序　　号	薪 酬 数 据	序　　号	薪 酬 数 据
1	1000	10	11000
2	13000	11	5000
3	4000	12	7000
4	2000	13	8000
5	18000	14	12000
6	3000	15	1000
7	4100	16	13000
8	5100	17	15000
9	19000	18	16000

② 如果企业将该类职位的薪酬定位为市场薪酬的 80 分位或 75 分位,计算方法如下:

第一步,将数据按从低到高排序。排序结果如表 5-5 所示。

表 5-5 重新排序后的市场薪酬水平 (单位:元/月)

重新排序序号	重新排序后的薪酬数据	原始薪酬数据
1	1000	1000
2	1000	13000
3	2000	4000
4	3000	2000
5	4000	18000
6	4100	3000
7	5000	4100
8	5100	5100
9	7000	19000
10	8000	11000
11	11000	5000
12	12000	7000
13	13000	8000
14	13000	12000
15	15000	1000
16	16000	13000
17	18000	15000
18	19000	16000

第二步，利用公式 $r=1+p\times(n-1)$ 计算企业定位的薪酬分位对应的薪酬数据序号。

案例中，如果企业将该类职位的薪酬定位为市场薪酬水平的 80 分位，则 $n=16, p=0.8$，对应的薪酬数据序号为 $1+0.8\times(18-1)=14.6$。

如果企业将该类职位的薪酬定位为市场薪酬水平的 75 分位，则 $n=18, p=0.75$，对应的薪酬数据序号为 $1+0.75\times(18-1)=12.75$。

第三步，在表 5-5 中找到第 14.6 个薪酬数据、12.75 个薪酬数据，并采用插值法计算该职位具体的薪酬水平。

如果企业将该类职位的薪酬定位为市场薪酬水平的 80 分位，$r=14.6$，则对应表 5-5，按从小到大第 14.6 个数据（比第 14 个数据 13000 大，比第 15 个数据 15000 小）。

r 值为 14.6，其整数部分为 14，小数部分为 0.6。

80 分位的薪酬水平＝第 14 个数据＋0.6×（第 15 个数据－第 14 个数据）

＝13000＋0.6×（15000－13000）

＝13000＋0.6×2000

＝14200（元/月）

所以，在该例中，所计算的 P80 的薪酬水平为 14200 元/月。

同理，如果 $p=0.75, r=12.75$，则 75 分位的薪酬水平＝第 12 个数据＋0.75×（第 13 个数据－第 12 个数据）＝12000＋0.75×1000＝12750（元/月）。

（4）回归分析。常用的数据统计软件如 SPSS 等所提供的回归分析功能可以帮助企业进行薪酬数据分析。通过分析两种或多种数据之间的关系，从而找出影响薪酬水平、薪酬差距或者薪酬结构的原因，进而预测其变化趋势。

2）撰写薪酬调查报告

薪酬调查报告应该包括薪酬调查的组织实施情况分析、薪酬数据分析、政策分析、趋势分析、企业薪酬状况与市场状况对比分析及薪酬建议。当然，一些关于薪酬调查的基本情况的概述也应该归纳在薪酬调查报告中。

第二节 薪酬水平与薪酬成本控制

一、不同视角下薪酬成本内涵的界定

（一）从国家政策角度界定

1990 年 1 月 1 日国家统计局发布了《关于工资总额的规定》。其中，第三条

指出，工资总额是指各单位在一定时期内直接支付给本单位全部职工的劳动报酬总额。原国家统计局、劳动部、人事部共同颁发的国统字(1996)207号文《关于认真执行〈统计法〉准确统计工资数据的通知》，重申“各单位支付给职工的劳动报酬以及其他根据有关规定支付的工资，不论资金来源，不论是否计入成本，不论以何种形式支付，均应列入工资总额的计算范围”。

这是从国家政策的角度来讲的，主要是针对工业企业，将薪酬成本主要定义为企业工资总额。

（二）从企业人工成本角度界定

薪酬和人工成本在本质上是一个问题的两方面。

人工成本是指企业在一定时期内，在生产经营和提供劳务活动中因使用劳动力而支付的所有直接费用和间接费用的总和。人工成本的范围包括：员工工资总额、社会保险费用、员工福利费用、员工教育经费、劳动保护费用、员工住房费用和其他人工成本支出等。目前，大多数企业的人工成本已经占到企业总成本的1/3左右。而员工工资总额是企业人工成本的主要部分，是企业一项很大比例的人力资源管理支出。

显然，人工成本是从企业的角度广义来讲的，控制好了企业的人工成本，也有利于控制好企业的薪酬费用。

二、薪酬成本控制的流程

（一）薪酬预算

1. 薪酬预算的含义及作用

在整个营运成本中，薪酬成本占了一个重要的比例，对公司实现生产力和利润至关重要。薪酬预算是薪酬成本控制的前提，因此如何将财务资源分配为薪酬成本就成了企业一个重要的活动，而财务资源的分配就发生在薪酬预算过程中。

薪酬预算是企业在预算期内，综合考虑各方面因素，估计出企业可用于支付人工成本费用资金的过程。薪酬预算由所有与雇佣直接相关联的成本构成，是一个总数的概念，表示必须向为企业工作的人支付的总金额。

在薪酬预算的过程中，企业首先需要考虑外部市场环境，主要包括劳动力市场上相关企业薪酬水平和薪酬结构方面的信息。这对于企业准确把握外部市场形势、增强薪酬预算的及时性和有效性、增强企业的自身竞争力都非常重要。同时，企业的薪酬预算必须考虑企业的内部环境因素。内部环境主要取决于企业的财务状况、人力资源战略，以及组织既有的薪酬决策。比如，人员流动问题、招募新员工计划和市场领先型薪酬决策等。这些因素对薪酬预算都会带来不同程度的影响。

有效的薪酬预算可以帮助企业控制和评估人力资源合理的投入和产出，也能帮助企业有效地控制人力资源开支，确保在预算期内支出受到一定程度的协调与控制。从企业经营的角度看，企业进行薪酬预算是为了达到优化财务资源的目的。在一定的财务资源总量下，如何使劳动成本和企业收益找到一个均衡点，保证企业收益最大化目标实现。从企业人力资源战略角度看，薪酬预算是为了合理控制员工流动率，影响员工工作行为，促使企业和员工建立一种相互信任的劳动关系。

2. 薪酬预算的方法

一般来说，薪酬预算的方法有两种，即“自上而下”法和“自下而上”法。

1）“自上而下”法

“自上而下”法是指企业的高层管理者对公司的整体业绩作出预测，在对下一年的经营活动进行评估之后，形成收入和成本的方案，然后确定企业所能承受的新的薪酬总额，并按照一定比例分配给各部门，最后由各部门负责人把上级分配的薪酬额度按照企业分配政策和员工的实际情况分配给每个员工。

这种预测方法实质上是将员工的薪酬水平与企业的薪酬总额预算和部门内部分配挂钩，受到群体薪酬预算水平的制约。该方法的最大优点是可以控制住总体的薪酬水平，有利于企业高层从宏观上协调各部门之间的利益分配，但其同时也存在缺乏灵活性和监督性的弊端。例如，不论部门的工作绩效如何，薪酬总额是事先预定的，对员工缺少激励作用。而且，部门管理人员对部门薪酬总额有绝对的控制权，如何合理分配成为关键问题。一旦员工感到不公平，也无法进行及时的投诉，缺少监督机制。

2）“自下而上”法

“自下而上”法是指根据部门内每位员工的实际情况，部门管理者做出下一年的薪酬预算估计数，然后将各部门数据汇总，最后编制出企业整体薪酬预算方案。

通常情况下，“自下而上”法比较实际且可行性比较强。部门管理者只需按企业既定的薪酬政策调整部门内员工薪酬水平，分别计算出每个员工的增薪幅度和应得的薪酬金额，最后汇总交给公司高层。这种预测方法以企业基层实际情况为依据，预测的准确度比较高，但是不容易控制总体的人工成本。

从以上分析可以看出，两种薪酬预算方法各有利弊，企业通常将两者结合起来采用。首先决定各部门的薪酬预算额，然后预测部门内员工的增薪幅度，并确保其能配合部门的薪酬预算数。如果两个数据差距很大，要找出失衡点进行重新预算，最终保证预算的准确性。①

（二）薪酬水平的衡量

衡量企业薪酬水平最常用的指标有两个，即薪酬平均率与上年度的加薪幅度。

1. 薪酬平均率

薪酬平均率的计算公式为：薪酬平均率＝实际平均薪酬/薪酬幅度中间数。②

薪酬平均率的数值越接近1，则实际平均薪酬越接近于薪酬幅度的中间数（中位值），薪酬水平越理想。当薪酬平均率等于1时，说明企业所支付的薪酬总额符合平均趋势。若薪酬平均率大于1，表示企业支付的薪酬总额过高，因为实际平均薪酬超过了薪酬幅度的中间数。

导致该指标大于1的原因，一般有以下几个方面：

（1）员工的年功工资较高，薪酬因年资逐年上升使较多员工的薪酬水平接近顶薪点。因而，就同等职位而言，企业的薪酬负担较大。

（2）员工的工作表现极佳，绩效优秀者多，这使得员工的薪酬很快超过薪酬幅度的中间数，从而使薪酬平均率超过1。

（3）若新聘任的员工具有较高的资历和工作经验，薪酬便不是由起薪点计算，较高的入职点使得实际的平均薪酬较高。

若薪酬平均率小于1，表示企业实际支付的薪酬数目较薪酬幅度的中间数要小，大部分职位的薪酬水平是在薪酬幅度中间数以下。导致此现象的原因有：

（1）企业内大部分员工属于新聘任而又缺乏工作经验的人员，工龄较短，而且起薪点较低，薪酬水平低于薪酬幅度中间数。

（2）员工的表现不佳，大部分员工未能升上较高的薪酬水平，仍然停留在较低的薪酬水平上，从而使平均薪酬低于薪酬的中间数。

从以上分析可以看出，企业可以利用薪酬平均率指标，大致衡量企业支付的薪酬标准是否合理，控制企业薪酬的总支出。

2. 上年度的加薪幅度

加薪幅度是指企业的全体员工的平均薪酬水平增长的数额。相对于企业本年度的薪酬预算而言，上年度的加薪幅度可以作为参考，确保企业尽量保持不同年份之间薪酬政策的一致性和连贯性。

上年度的加薪幅度的计算公式为：年度加薪比率＝（年末平均薪酬－年初平均薪酬）/年初平均薪酬×100％

---

①刘昕．薪酬管理[M]．北京：中国人民大学出版社，2002：223．

②李严锋，麦凯．薪酬管理[M]．大连：东北财经大学出版社，2002：280．

加薪幅度越大，说明企业的总体人工成本增长得越快，要注意适当地加以控制，使其保持在企业所能承担的范围内。如果加薪幅度较小，说明企业的整体薪酬水平比较稳定，人工成本变化小。因此，应将企业的加薪幅度控制在合理的范围内，使其既不超出企业的承受能力，又能激励员工努力工作，为企业发展作出贡献。

（三）确定薪酬总额

工资总额预算的目的在于实现工资总额的控制，而工资总额控制的关键在于根据企业的实际情况确定一个合理的工资总额，然后以工资总额为标准，实施薪酬控制。

在实践中，薪酬支出是企业人工成本的主要构成部分，薪酬支出一般占到企业当期人工成本支出的70%以上。因此，企业可以首先依据一定指标确定企业的人工成本总额，然后再确定企业薪酬总额。

通常来说，人工成本总额的确定主要有人工成本比率法、劳动分配率法和盈亏平衡点基准法等三种方法。

1. 人工成本比率法

人工成本比率的计算公式为：人工成本比率＝人工成本/销售收入×100%

由上面的公式可以看出，如果销售收入较大，企业的支付能力比较强，则人工成本也可以相对地增加。同样，如果销售业绩不好，则应相应地减少人工成本的支出。

在实际中，企业可以根据过去几年的经营业绩计算出人工成本比率，再根据这个比率，求出合理的工资总额。通常情况下，人工成本比率根据行业的不同有所不同。该方法在企业经营业绩稳定且适当，人工成本比率合理的前提下适用性较强。

例如，某集团企业预计2008年的销售收入达到48亿元，根据过去三年的数据，得出本企业的合理人工成本比率为5%。那么，2008年人工成本总额＝48亿元×5%＝2.4亿元。

在实践中，也有部分企业使用薪酬费用比率的方法来测算工资总额。薪酬费用比率＝薪酬费用总额/销售额＝（薪酬费用总额/员工人数）/（销售额/员工人数）。依据薪酬费用比率方法计算企业工资总额的原理与人工成本比率法类似。

2. 劳动分配率法

劳动分配率法是指企业获得的增加值中用于人工成本分配的份额。它反映了企业人工成本与所创效益的比例关系。

劳动分配率的计算公式为：劳动分配率＝人工成本/增加值×100%

其中,增加值＝销售收入－外部购入价值。

人工费率＝人工费用/销售收入＝(增加值/销售收入)×(人工费用/增加值)＝增加值率×劳动分配率

例如,某集团企业(制造业)2008年销售收入目标为50亿元,其增加值率为25%。根据以往的数据显示,其劳动分配率为30%。那么,2008年人工费用总额＝50亿元×25%×30%＝3.75亿元。

3. 盈亏平衡点基准法

人工成本总额的支付限额率＝人工成本/损益平衡点的销售收入×100%

盈亏平衡点,也称为损益分歧点,是指在单位产品价格一定的情况下,与产品制造、销售及管理费用相等的收益额,或者说达到一定销售收入的产品数量。因此盈亏平衡点可以概括为公司利润为零时的销售额或销售量。

损益平衡点的计算公式为:损益平衡点＝固定费用/附加价值或边际利润率

其中,固定费用＝销售费用及一般管理费用＋折旧费用＋营业外支出。

例如,某集团企业的固定费用为4000万元,人工成本为2600万元,边际利润率为40%,则其人工成本支付限额的计算方法为:损益平衡点＝4000/40%＝10000(万元),人工成本的支付限额率＝2600/10000×100%＝26%。

因此,人工费用的支出不得超过销售收入的26%的限度,否则企业将亏损。

实践中,单位缴纳的养老保险金、医疗保险金、失业保险金均以工资总额为基数,工资总额的多少直接影响着企业劳动力成本的高低。同时,工资具有刚性,企业在进行薪酬体系设计时要充分考虑到包含市场波动等多种因素的影响,避免员工薪酬的大起大落。

三、薪酬成本控制途径

由于各方面因素的影响,薪酬体系的运行往往不能完全按照薪酬预算方案那样步步跟进,这就需要企业对薪酬预算方案及时进行监控和修改,以确保预定目标的实现。

薪酬预算和薪酬控制是相互作用的薪酬管理措施。企业的薪酬预算需要薪酬控制来加以实现,而在薪酬控制的过程中对薪酬预算的修改则意味着新一轮薪酬预算的产生。

薪酬成本控制主要是劳动力成本的控制,但绝对不仅仅是通过“减薪”来实现,控制人工成本要通过充分利用企业现有资源等途径来实现人工成本的节约。

实践中,企业进行薪酬成本控制的几个基本途径如下。

(一)控制雇佣量

企业的雇佣量是雇佣人数和工作时数的乘积的叠加。因此,控制雇佣量包括控制雇佣人数和控制工作时数两个方面。这是企业控制薪酬成本最普遍的做法。

1. 控制雇佣人数

在企业支付的薪酬水平一定的情况下，雇佣的员工数量越少，企业的经济压力也就越小。因此，员工的人数是企业控制成本的一个方面。但是，裁员不当可能带来的损失远远大于节省的人工费用。

一般情况下，企业会倾向于与核心员工建立长期的、彼此信任的承诺关系。一旦核心员工减少或被裁员，会给企业带来人才和技术上的流失，影响企业的整体经营效益。而对非核心员工，企业则以短期雇佣居多。因此，非核心员工与核心员工相比，其成本相对较低，流动性也较强。

2. 控制工作时数

企业控制工作时数比控制雇佣人数更具有灵活性，而且可以避免裁员给企业士气带来的负面影响。许多企业的工作职位是按照工时进行计酬的，企业可以通过控制总工时数来有效控制薪酬成本，特别是需要支付高薪的节假日加班工作时间。

例如，在超市行业，销售旺季时企业一般不会额外招聘员工，而是通过延长工作时间的做法。销售淡季时企业并不会裁员，往往通过缩短员工工作时间的做法来节约人工成本。

（二）调整薪酬结构

薪酬成本的控制，除了对企业雇佣量的控制以外，薪酬结构的调整也是相当关键的。薪酬结构主要涉及基本工资、浮动薪酬和福利支出等。不同的组成部分对薪酬成本的影响是不同的。

1. 基本工资

基本工资的增加对薪酬成本的上升和固定增加有重要影响，基本工资增加的方式一般涉及增长幅度、增加的次数和所涉及的员工规模等。

企业增加基本薪酬的主要目的是满足内部公平性和外部市场变化的需要。但是如果企业对基本工资的增加控制不当，很容易导致薪酬成本的支出超出预算。而且，过高的基本工资会使员工减少工作的积极性。特别是对于那些对薪酬水平心理期望不高的员工，他们容易满足于增加的基本工资而放弃只有努力工作才能得到的绩效工资。这种结果是与企业的初衷相悖的。所以，企业应合理控制基本工资的增幅，将薪酬成本控制在预算的范围内。

2. 浮动薪酬

浮动薪酬即可变工资或激励工资，是薪酬体系中与绩效直接挂钩的部分，侧重点在于激励员工表现、保持组织期望的某种行为和绩效。企业支付给员工的浮动薪酬主要是各种形式的绩效工资和奖金。

调整浮动薪酬主要是适当加大浮动薪酬相对于基本薪酬的比例，通过一次性支付奖金等方式来改善劳动力成本的可调节空间。这样不仅可以节约企业的人工成本开支，还可以鼓励员工提高绩效。

3. 福利支出

从福利内容来看，企业福利可以分为健康与安全福利、非工作时间报酬及为员工提供的服务等三大类。健康与安全福利与基本工资有联系，主要包括社会保险、商业保险、补充医疗保险等项目，在整体福利支出中所占比例最大。与基本工资相比，福利通常采取实物支付或延期支付的方式。

企业的福利分配有“平均主义”倾向，一般属于保健因素，而非激励因素，并且具有“只能增长不能降低”的刚性。因此，企业应采取比较灵活的福利政策，在控制福利支出方面要采取不同的方式，有针对性地进行调控。

（三）利用薪酬技术对薪酬进行潜在的控制

企业除了可以采取工作分析与工作评价、薪酬调查、宽带薪酬等薪酬管理方式外，还可以利用工资结构线、成本分析、最高与最低薪酬水平控制、薪酬比率等薪酬技术手段来控制薪酬成本。

例如，控制最高薪酬水平可以限制企业所能提供的职位的最高价值，避免企业毫无限度地开出高薪争夺人才，导致开支超过薪酬预算。控制最低薪酬水平可以为企业留住正在试用期的合格试用者，减少员工培训成本。这两者对于薪酬成本控制有很大帮助。①

四、新《劳动合同法》下企业人工成本的控制

备受关注和争议的新《劳动合同法》已经出台，新法中许多条款与现行法规有非常人的变化，如不签劳动合同就给双倍工资、期满不续约的员工也能获得经济补偿等。新《劳动合同法》自 2008 年 1 月 1 日开始实施以后，对企业的人工成本支出形成了较大影响。企业应在充分理解新《劳动合同法》的基础上，合理、合法地控制企业的人工成本。

（一）劳动合同签订与人工成本控制

用工但是不签劳动合同，广泛地存在于中国企业，尤其是中小企业当中，以前称之为“事实劳动关系”。企业的目标是通过不签订劳动合同来降低企业在社会保险费用缴纳方面的责任。但在新《劳动合同法》下，员工却可以凭工资单、介

---

① 盖勇，马愿．薪酬管理[M]．济南：山东人民出版社，2004：400.

绍信、门卡等证明存在这种合同关系，进而索要相应的权益。

新《劳动合同法》明确规定：①用工单位从用工之日开始有 1 个月的宽限期，应当在这 1 个月里签订劳动合同；②超过 1 个月没签、但是没超过 1 年，在此期间用人单位应当双倍支付员工工资(新法第 82 条)；③超过 1 年仍然没有签合同的，视为用人单位与劳动者签订了无固定期限劳动合同，即俗称的长期合同。

显然，在新《劳动合同法》下，企业企图通过雇佣临时工、农民工而不签订劳动合同来逃避社会保险税费，节约企业人工成本支出的空间将不复存在。

（二）长期合同范围扩大与人工成本控制

长期合同就是《劳动合同法》里面的无固定期限劳动合同，类似于日本企业的终生雇员。新《劳动合同法》规定，以下三种情况，都属于长期合同的适用范围：

(1) 连续服务 10 年的员工有权签订长期合同。

(2) 连续订立过两次固定期限合同的员工，不管之前是 1 年期合同还是 2 年期合同，第 3 次签约时员工都有权要求订立长期合同。

(3) 不签合同超过 1 年的，视为长期合同(新法第 14 条)。

虽然长期合同不等同于“铁饭碗”或终生雇佣，企业仍然可以在法定条件下依法解除双方的劳动关系，但显然长期合同下解雇的难度和成本将大幅度提高。这项规定可能促使企业不得不关注内部员工的成长与发展，通过对企业的内部员工进行持续的开发、培训，提高技能以适应新技术、新设备的要求。但这也必然会增加企业的人工成本支出。

（三）试用期与人工成本控制

试用期是一个法定的宽限期，因为劳动的品质不像工业商品一样可以直接测量出来，劳动具备人身性，相处一段时间才会了解是否真的“合用”。但在实践中，试用期却成了部分企业控制人工成本的有效途径，往往通过延长试用期、降低试用期工资标准，或在试用期满后借口不合适进行辞退。

新《劳动合同法》则针对上述行为进行了严格的约束和规定。

(1) 试用期包含在合同之内，只签订《试用合同》的无效。

(2) 试用期工资不低于正式薪水的 80%。没有约定正式薪水的，按照企业同工同酬的最低薪资认定。

(3) 合同不满 3 个月的，无试用期；合同不满 1 年的，试用期不超过 1 个月；合同为 1 年以上不满 3 年的，试用期不超过 2 个月；3 年以上和长期合同的，试用期不超过 6 个月(新法第 19 条)。

(4) 试用期中，除非有法定理由，用人单位不得解除劳动合同。这个和原来有些变化，企业至少要证明员工不符合录用条件，或者曾经培训和换岗还是不能胜任，有这些理由才能解除(新法第21条)。

从以上分析可以看出，新法实施之后，用人单位想与劳动者解除合同而无须支付经济补偿，基本上很难。除非是员工主动辞职，且双方无其他法定情节，则劳动合同解除，用人单位无须补偿。只有法律才能给企业以真正的自由，企业应在法律规定的空间内，合理地控制企业的人工成本支出。

第三节 薪酬支付形式与周期管理

一、薪酬支付形式管理

(一) 薪酬支付形式的内涵与特征

1. 薪酬支付形式的内涵

薪酬支付不仅是支付多少货币工资的问题，还是一个细分为外在薪酬和内在薪酬的完整体系。

如本书第一章所述，外在薪酬通常分为直接薪酬、间接薪酬和非经济性薪酬。直接薪酬的内容有基本工资、加班及假日津贴、绩效奖金、利润分享、股票期权。间接薪酬的内容有保健计划、非工作时间之给付、服务及额外津贴等。非经济性薪酬的内容甚至包括较怡人的办公条件、较宽裕的午餐时间、特定的停车位、较喜欢的工作安排、业务用名片及动听的头衔等。内在薪酬包括参与决策、负担较大的责任、人格成长机会、较大的工作自由度及裁定权、较有趣的工作、活动的多元化等内容。

2. 薪酬支付形式的特征

尽管薪酬不是激励员工的唯一手段，也不是最好的办法，却是一个非常重要、最易被人运用的方法。薪酬总额相同，支付方式不同，也会取得不同的效果。所以，如何支付才能实现薪酬效能最大化，是一门值得探讨的艺术。①

1) 薪酬支付和构成可以增强激励性因素

根据双因素理论，从对员工的激励角度上讲，可以将广义的薪酬分为两类：一类是保健性因素，如工资、固定津贴、社会强制性福利、公司内部统一的福利项

①周文，黄宝明. 薪酬福利管理[M]. 长沙：湖南科学技术出版社，2005：31.

目等;另一类是激励性因素,如奖金、物质奖励、股份、培训、职业发展等。

如果保健性因素达不到员工期望,会使员工感到不安全,出现士气下降、人员流失甚至招聘不到人员等现象。另一方面,尽管高额工资和多种福利项目能够吸引员工加入并留住员工,但这些常常被员工视为应得的待遇,难以起到激励作用。真正能调动员工工作热情的是激励性因素。如果一个组织中员工的工作热情不高、员工比较懒散,想加大激励力度,可以采用高弹性的薪酬模式,比如采用高额的季度奖金。相反,如果是一个因品牌弱小导致招聘困难的新兴公司,可以采用高稳定的薪酬模式,增加薪酬中的固定成分,让员工有安全感。

2)计酬方式可以提高激励的效果和效率

计酬方式通常包括按时计酬、按件计酬、按绩计酬等。

最缺乏激励效果的是按时计酬,其激励作用只是体现在每年调薪前后的一段时间,很难持久。但它也有明显的优点:收入稳定,给员工以安全感;便于留人和招聘,劳动力成本易于预测;不会因为强调产出数量而忽略质量等。计件薪酬对员工的激励作用十分明显,但它仅适用于产出数量容易计量、质量标准明晰的工作,对管理层的工作则很难计件。

在实际工作中,对一般职位最通常采用的是按时计酬与按绩效计酬相结合的方式。它需要事先设定具体的工作目标(指标),考核期结束时或项目完成后根据实际工作业绩的评估结果,计算浮动工资或提取佣金。业绩工资由团队业绩和个人业绩两部分所决定。对高级职位而言,企业利润常作为重要业绩指标而与薪酬挂钩。由于薪酬与可量化的业绩挂钩,因此更具激励性和公平性,但是这种方法需要有合理的目标设定方法和良好的绩效考评系统做支持。对于高科技公司里的研发人员,根据项目管理法则,可以按研发项目中的若干关键阶段设置多个“里程碑”,对按计划完成者实行奖励,而不是按工作时间行赏。另外,可将研发人员的部分薪酬与产品的销售状况挂钩,增加加薪机会,使薪酬支付更加灵敏地体现员工的业绩。

(二)薪酬支付形式的组合及其应用

薪酬支付的运用概括来说,包括三个方面:

1. 因职制宜——根据工作特点选择计酬形式

不同职位层次的员工自身存在着比较大的差异,而企业也需要不同职位类型的员工为它付出努力,不同层次的员工的预期绩效与实际绩效也存在明显的差异。

1)管理人员的薪酬支付

管理人员可以采取短期奖金和长期激励的薪酬组合形式。对于管理层来说,每月的绩效奖金属于短期奖金,这是依据对他们所在部门每月的考核而得来的;而在年终,甚至更长的时期内对他们的业绩与贡献作出肯定或奖励的话则属于长期激励。与管理层相联系的长期业绩指标一般包括股票价格、经济附加价值(EVA)、市场份额、市场占有率等,这些指标的标准取决于企业的未来发展战略与方向。管理层的基本薪酬占到其薪酬总额的40%至80%不等,具体情况取决于该管理者在薪酬组织层级结构中的位置。通常,职位越高,基本薪酬在薪酬总额中所占比重越小。

2)销售人员的薪酬支付

销售人员的业绩是构成销售薪酬结构的重要依据。但对企业来说,所选择的薪酬模式既要能调动营销人员的工作积极性,保证高业绩者高收入,同时又要满足企业工资总量水平的控制要求。

通常,对销售人员采用的薪酬模式是:基本工资+奖金+业务提成。但这里的薪酬支付主要是一种外在薪酬支付形式。对于销售人员特别是销售管理人员,仅仅依靠外在薪酬的激励是不够的。企业可以考虑每半年一次或年终为销售员工举办表彰庆典活动,鼓励员工持续为企业作贡献。或者提高他们的保健因素,增加其归属感。

3)技术人员的薪酬支付

技术人员的薪酬一般由基本工资、项目提成和技术奖励股份构成。

其中,具有长期激励功能的有项目提成和技术奖励股份。项目提成对研发人员有着明显的长期激励作用。通常,企业会采用按年销售额为基数进行递减提成。这种方式可以使研发人员分享到企业一定比例的财产所有权,把研发人员个人发展与企业发展紧紧联系在一起。

2. 因人制宜——满足员工的个性需求

1)核心员工激励

与非核心员工相比,个性强是核心员工的一个明显特点,这就要求企业管理者要全面认识核心员工的个性特点,充分与他们进行沟通,了解他们真实的需要和水平,因人而异地选择恰当的薪酬支付形式。

例如,核心员工更看重的是精神方面的满足,他们渴望取得出类拔萃的工作成绩,得到同事们的认可,注重自我价值的实现。所以,企业对知识员工的精神激励可以采取提供非常有吸引力的福利计划(如好的休假,灵活的工作时间等),提供更多的培训、晋升的机会等方式。对核心员工进行激励的终极目标在于提升企业的核心竞争力和长期价值最大化。当然,对核心员工的激励就不能仅仅考虑当前的需求,而应当把长期激励与短期激励结合起来,遏制短期行为,鼓励核心员工关注企业核心竞争力的培育。

2)不同年龄段员工的激励

员工需求在不同阶段、不同时期有显著差异。比如,年轻员工会在直接工资和晋升机会、发展机会等方面有较大期望；而随着年龄的增大，员工可能更加关注间接工资、生活质量等方面。弹性的工作时间、奖励休假、总裁或高级主管接见、设立创新奖等都是激励年轻员工的薪酬支付方式。除了给予杰出员工以高额的薪水外，应该给予年轻员工以更多培训或学习机会，如果可能，这些培训费用全由公司支付。这些措施都可以帮助企业更好地激励青年员工。而老员工应该更重视对其福利上的设计。

3）个体与团队的激励

个体与团队薪酬分配的矛盾主要是指企业薪酬分配的重点是什么，是重在奖励团队，还是重在奖励个人，以及如何兼顾团队与个体的利益等。

员工的个人激励是针对员工个人的业绩考核，报酬的支付也是一次性的奖励，并不计入基本工资。一般来说，绩效工资制使员工薪酬增长幅度在短期内是有限的。更值得注意的是，员工的个人业绩与团队或部门业绩之间并不必然一致，即个人业绩很好，并不代表部门业绩也很好，个体可能以损害团队利益为前提来获得个人收益的最大化。

因此，企业的薪酬支付在个人奖励和团队奖励之间应注意度的把握。过于奖励个人，容易引致员工过度关注个人利益而损害团队利益，过度奖励团队又容易导致平均主义。

3. 因时制宜——动态化地选择支付方式

这里的“时”主要是指企业中的短期激励与长期激励的差异。

短期激励是对员工短期内（通常为一年）业绩的肯定，有效激励员工达成阶段性目标。没有阶段性目标的实现，企业战略目标也就不可能实现。从员工角度来看，短期激励是满足个人基本生存的需要。一般来说，企业短期激励的方式主要是现金形式的货币支出。其中，固定型的货币支出有工资、津贴、住房补贴、子女教育补贴等，浮动型的货币支出有绩效奖金等。短期激励在于鼓励员工抓住机遇，关注短期绩效，推动企业的迅速发展。

长期激励关注员工在较长时间（一年以上）的业绩表现，是激励员工在努力实现短期目标的同时，时刻牢记企业的长远目标，防止员工为了实现短期目标而做出危害企业长期目标实现的行为。同时，鼓励员工长期留在本企业内服务。从员工角度来看，长期激励能满足个人职业生涯发展和个人价值实现的需要。通常，企业长期激励的方式主要是非现金形式的货币收入和非货币收入。其中非现金形式的货币收入包括股权（ESOP）、期权（ESO）、股票增值权（SARS）和留任奖金（retention bonuses）等。非货币收入包括休假、在职消费和职位提升等。长期激励在于保持核心员工队伍的稳定，为企业的可持续发展和远景规划注入源源不断的力量。

因此，企业在制定激励机制时必须考虑长短期激励的平衡，使企业员工在注重短期目标的同时能为企业带来长期绩效的改进。

二、薪酬支付的周期管理

（一）不同薪酬形式的支付周期

1. 工资类

我国《劳动法》第五十条规定："工资应当以货币形式按月支付给劳动者本人，不得克扣或者无故拖欠劳动者的工资。"

所谓按月支付，是指每月按照用人单位与劳动者约定的日期支付工资。如遇节假日或公休日，则应提前在最近的工作日支付。工资至少每月支付一次。《劳动法》规定按月支付劳动者工资，是从工资支付时间上保护劳动者的合法利益。

《劳动法》规定按月支付，主要是考虑工资制度和社会习惯两方面的因素，我国企业基本上实行月薪制，工资标准是以月为单位确定的，劳动者的生活也按月安排。对于实行小时制和周工资制的人员，工资也可以按日或按周发放。对完成一次性临时劳动或某项工作的劳动者，用人单位应按有关协议或合同规定在其完成劳动任务后立即支付工资。

实践中，许多企业在招聘高级管理人才时，均以年薪"报价"。年薪制是针对企业的经营管理者或者其他创造性人才，以一个较长的经营周期（通常为年）为单位，按此周期确定的报酬模式。年薪制以年为时间单位计量与支付薪酬的计酬方法，它与日薪制、周薪制、月薪制相同，都是计时制的具体形式之一。一般由基本薪酬和风险收入两部分组成。基本薪酬通常不与当年业绩挂钩，主要根据企业的经济效益、企业资产经营规模、利税水平、职工人数、当地的物价水平，以及本企业职工的平均薪酬水平等综合确定，一般按月发放。基本薪酬的功能是保证企业高级管理人员及其家庭基本生活的需要。风险收入则与企业年度业绩、生产经营的责任轻重、风险程度等挂钩，随业绩浮动发放，一般视经营者的经营成果分档浮动发放。也可能是负数，从基本薪酬或风险抵押金中扣除，通常以日历年为计发薪酬的单位。

2. 奖金类

奖金类的奖励周期是指核算超额劳动、支付奖金的时间单位。奖金周期的确定应视奖励指标的性质和工作需要选择。比如，对与企业整体经济效益和社会效益有关的奖励，可采取年度奖的形式；针对持续的、有规律的生产和工作设置的产量类、质量奖等，可采取月奖、季奖等形式。

1）月度、季度与年终奖金

中国企业大多数每月发奖金，往往月初发完奖金，剩下半个月时间都浪费在解决矛盾上。当然解决问题最主要的措施是设计合理的薪酬制度，加强管理，但是适当延长发奖金周期也不失为一个有效的辅助措施。可以考虑每个月进行考核，但是考核成绩与当月工资不挂钩，然后每一个季度或者半年综合计算考核成绩，以此为依据调整业绩工资的级别。比如，日本企业大多不设置以月度为周期的奖金，而只设置以半年和年度为周期的奖金。美国企业大多也不月月评奖。

2）一次性奖金

一次性奖金是一种没有累加性的绩效加薪方式，避免了工资基数增幅过快，它能比较有效地控制工资成本。在实际操作中，一次性支付的周期不用过长，可以配合绩效评价的对象、层次以及长短期进行支付。一般来说，绩效评价层次越高，（组织绩效）要求支付的周期就越长；绩效评价单位越小，一次性支付相对可以有较高的频率，如按月份或季度进行一次性的针对部门、团队的加薪等。

就激励效果而言，适当缩短常规奖励的时间间隔、保持激励的及时性，有助于取得最佳激励效果。频繁的小规模的奖励会比大规模的奖励更为有效。减少常规定期的奖励，增加不定期的奖励，让员工有更多意外的惊喜，也能增强激励效果。

3. 福利类

1）法定福利

法定福利支付形式分为短期项目与长期项目。

短期项目的支付期限一般不超过一年，包括基本医疗保险、失业保险、生育保险、工伤保险。除工伤保险外，一般都有等待期的规定，这样可以限制对保险的申请数量。其中基本医疗、医疗补助、生育保险等开支与"员工的生物性"周期的可发频率有关，因此是可以预测的，开支数额很快达到稳定点。

长期项目主要包括养老金、伤残津贴、遗属津贴等。这些项目的享受人数多、开支费用大、时间跨度长。

2）企业福利

企业福利包括福利津贴、福利设施和福利服务三类。企业福利津贴是以业缘关系为标志的，一般以普惠制向员工提供，它是工资收入的补充，不是按劳分配。福利设施主要是指企业提供的游泳池、篮球场等体育健身设施，而福利服务则一般涉及法律咨询、教育咨询与补助、公车接送等项目。

实践中，企业福利的资金来源与企业盈利相关，当企业经营效益很好时，相应的员工福利待遇也会改善；当企业处于经营困难期时，就会适当减少某些福利措施，节约成本。当然，福利不能继承或转让，几乎所有公司在员工离开企业时都会被取消享受企业福利的权利。

（二）不同企业薪酬支付周期的选择

相同的职业，可能会因为所处的行业不同，其薪酬支付形式和支付周期有很大的差异。

1. 销售人员的薪酬支付周期

保险行业、保健品行业、化妆品行业的销售人员的薪酬设计大多是采用“低固定工资＋高提成”的模式，甚至是实行纯佣金制。而在一些产品技术含量高、专业性很强、市场非常狭窄、销售周期又比较长的销售领域，在公司对营销人员的素质及其稳定性要求都很高的情况下，宜采用“高固定工资＋低提成（或奖金）”的薪酬设计模式。

在按销售提成时，营销人员在不同营销季节中的业绩经常会由于淡季或旺季的变化造成收入的差异。在营销旺季，销售提成数很高；在营销淡季，佣金很少甚至没有。对于这种情况，许多企业采取了提成分摊的方法。即将开始几个月的提成分摊到以后几个月中支付，使销售人员的薪酬稳定在一定的水平上。

2. 研发人员的薪酬支付周期

在生产制造行业、快速消费品行业、通信行业，对研发人员大多采用“高工资＋科技成果转化提成”的模式，即每月支付较高的固定工资，然后当新产品转化为商品后按实现利润逐年提成。一般按三年或者四年提成。比如，河南信阳某标准件制造厂，对转化为商品的新产品设计者，实行销售收入三年利润比例提成，该办法规定，新产品转化为商品后按实现利润第一年4%、第二年3%、第三年1%提成奖励给研发人员。还有的企业，只要一个新产品研制出来，就会给研发人员一次性奖励，然后每年再从新产品产生的利润中提固定比例作为奖金，持续奖给研发人员。

在软件行业、网络游戏行业，研发人员的薪酬模式多采用项目薪酬制。项目提成往往是在一个项目从立项、研发到最后的成功才能实现的，所以它对研发人员有着明显的长期激励作用。通常，企业会采用按年销售额为基数进行递减提成，比如规定年销售额1000万元以下提成0.2%，销售额每提高1000万元，提成比例以0.02%的幅度递减。

此外，对研发人员有长期激励作用的薪酬支付方式还包括研发人员持股。

本章重要概念

薪酬水平(compensation level)　薪酬成本(compensation costs)
薪酬预算(salary budget)　市场薪酬调查(wage and salary survey)
市场滞后型薪酬模式(market lag salary)

市场跟随型薪酬模式(market following salary)
市场领先型薪酬模式(market leadership salary)

本章思考题

一、简答题

1. 企业薪酬水平定位有哪几种策略?
2. 薪酬水平与薪酬竞争力是怎样的关系?
3. 市场薪酬调查的流程是怎样的?
4. 薪酬预算的方法有哪些?
5. 薪酬成本控制途径有哪些?

二、案例分析题:AK公司的薪酬变革失败

AK公司是一家具有十多年历史的企业,它所处的IC卡行业一度是利润率较高的行业,因此,AK公司管理粗放,业务流程、部门职责不很清晰,资源配置也不合理,产品质量控制能力很差。近年来,行业竞争激烈,营业利润由60%降到了25%以下,这时粗放经营下的高成本问题凸显出来。2006年AK公司的营业收入不足7000万元,管理费用和销售费用两项加起来却高达1500万元。

AK公司老板决定通过减薪压缩成本。他宣布两项新举措:

(1) AK公司按销售回款额6%的比率给设在全国各地的办事处提供销售费用,费用低于销售回款额6%的,节约部分归各办事处所有;超出销售回款额6%的,超出部分由办事处自己承担。

(2) 将行政、后勤、生产人员的工资“三七”开,即上述职位员工工资中,70%为固定工资,30%为浮动工资,并根据公司总体效益情况发放。

该薪酬管理决定一宣布,立即在AK公司上下引起震动。新市场和新产品的业务员普遍抱怨不公平,各地办事处甚至传言要联合起来抵制这一新举措。行政、财务、生产人员则抱怨销售人员的收入又增加了一块,并认为自己也能够胜任销售工作,只是企业内部不提供这种机会。在认为企业薪酬内部不公平进一步加大的情况下,一些高素质员工先后辞职。

分析与探讨

1. 在行业利润缩水,市场竞争激烈的形势下,AK公司提出的降低成本的思路是否正确?

2. AK公司上述薪酬改革思路哪些方面需要完善?

本章推荐阅读书目

1. 饶征.薪酬预算与薪酬总额管理[M].上海:复旦大学出版社,2008.

该书以一家虚拟企业为依托,基于我国大型企业发展的市场背景和发展战略,依据总结和提炼出的企业薪酬预算和薪酬总额管理中存在的典型性问题,系统阐述了薪酬预算从准备到监控的整个过程,为企业薪酬预算管理提供了解决之道。该书详细介绍了从企业发展战略要求出发,如何根据企业的规模、组织架构、人力资源结构进行薪酬预算管理。

2. Armstrong M.员工薪酬管理与实践手册[M].李剑锋,等译.北京:中国财政经济出版社,2008.

该书包含许多表格、图示及摘要,可读性极强。具体内容包括:薪酬管理的基础知识和概念框架;职位价值与评价;工资等级与结构;权变报酬;特殊群体的薪酬管理;员工福利与津贴;薪酬管理的程序与案例。

薪酬类别管理

本章导读

随着现代企业组织结构的发展，企业中出现了承担不同职能分工的职位类别。这里所指的职位类别包括管理类、市场销售类、技术生产类、高层经营者，以及企业的后勤辅助类职位等。不同职位类型与管理层次的职位及工作模式存在着比较大的差异。现代企业职位众多，单一的薪酬结构无法体现出职位类型的差异，企业应分析职位的层次类型，然后针对职位特征来制定具有针对性的薪酬结构，来实现对不同层次类型职位上员工的有效激励。

本章拟对企业中承担不同职能分工的职位的薪酬模式进行具体的分析、比较和探索。在本章中，要求理解和了解各类职位的工作特征及其薪酬模式的特征，掌握各类职位薪酬设计的方法和技术。

第一节 管理类职位的薪酬设计与管理

企业薪酬的本质是根据职位和员工对企业所做的贡献，包括员工已实现的绩效，付出的努力和为此占用的时间，以及相关的学识、技能、经验等所给付的回报。因此，通常情况下，企业确定各职位薪酬的前提是进行职位分析，确定职位价值，力求做到“职薪匹配”。

管理类职位是企业活动中各种生产要素的组织者与协调者。在通常情况下，企业经营业绩的高低与企业管理层的能力、意愿直接相关。从这个意义上讲，管理者的薪酬决定方式是企业薪酬决定方式中最为重要的部分，能否调动管理人员的积极性，对企业的生存与发展是至关重要的。

这里所指的管理类职位主要是指在管理部门中的管理职位，以及在非管理部门(业务部门)中从事管理工作的职位。前者比如财务部、人力资源部等的管理职位；后者如销售部门的经理、销售辅助人员职位，以及生产一线的管理职位等。

一、基层管理类职位的薪酬设计与管理

(一) 基层管理类职位的界定及其工作特征

1. 基层管理类职位的内涵与外延

企业的基层管理职位也称为一般管理职位，主要涉及在管理部门担任一般职务的普通管理职位和在非管理部门担任普通管理工作的职位。比如财务部门的会计、人力资源部门的招聘培训专员、生产部门的生产协调员、行政管理部门的助理等职位。

在实践中，基层管理职位与高层管理职位不同，前者的管理重心主要在企业内部，以执行、沟通为主，任务分派侧重于短期任务，对其绩效进行考核与评价的指标主要集中于一些短期指标和过程指标。同时，基层管理职位也不同于生产类、业务类等普通职位，其承担了一定的管理职责。

2. 基层管理类职位的工作特征

基层管理职位的工作有着不同于其他层次管理者的明显特点：

1) 基层管理职位是企业政策的最终传达者，是企业战略的最终落实者

基层管理职位贯彻政策的态度和能力决定了企业政策能否被一线员工接受，进而转变为员工的实际行动，以及能否得到顺利执行及执行的效果。因此，基层管理工作的好坏直接关系到企业生产经营的成败，关系到企业利润和效益的高低。

2) 基层管理职位是企业业务的主要执行者

企业业务能否顺利展开，业务范围能否不断扩大，效益能否提高，很大程度上取决于基层管理职位上任职者的主观努力程度，以及其能否有效地调动下属的积极性。基层管理职位任职者的稳定和高效对企业业绩起着十分重要的作用。

3) 基层管理职位的管理任务重、工作时间长且不固定

基层管理职位任职者往往需要牺牲自己的个人休息时间来完成任务，并且

相关的工作忙碌而单一，生活比较枯燥乏味，长期坚守在工作职位上接触新事物、新人群的机会比较少。

4）基层管理职位直接面对被管理者

基层管理职位直接面对被管理者，在履行管理职能时容易与被管理者发生冲突，矛盾较为集中，通常遭遇到一线员工的不满。

（二）基层管理职位薪酬制定的逻辑

在企业中，与营销类、生产类职位相比，对基层管理类职位的工作很难进行操作性的定量分析，这使得不少企业在确定基层管理职位的薪酬时显得缺乏依据。同时，管理的本质是通过人借助人把事情做好，在企业中评判管理工作优劣的基本标准就是被管理的员工的工作的好坏。① 因此，基层管理职位的薪酬制度在很大程度上具有"平均主义"性质，并往往与被管理者或一线员工的绩效紧密挂钩。

在总体上，企业对一般管理人员的薪酬制度采取以下三种处理方式：

1. 向一线员工倾斜，使基层管理职位的薪酬不同程度上低于一线员工

对部分企业来说，一线员工是从事相当脏、相当累、不太"体面"甚至是有危险性的工作，而基层管理职位则是从事较为轻松，工作环境相对较好的工作。比如建筑行业的一线员工的工作就是一项很累很辛苦的工作，采矿行业的员工是冒着生命的危险在工作等。此时，使基层管理职位的薪酬水平低于一线员工，无论从薪酬设计的公平原则，还是薪酬设计的利害相等原则的角度来说都是可以接受和公平的。

2. 基层管理职位的薪酬水平大致与一线员工持平

部分企业中基层管理职位的工作比较耗时，存在经常加班的现象，并且工作往往是同时具备创新性和重复性的特征。在这种情况下，也可以综合考虑工作专业化程度、工作强度、工作对身体健康的影响程度、工作的危险性，以及工作的内在薪酬等方面，使基层管理职位与一线员工的薪酬处于均衡状态。

3. 基层管理职位的薪酬水平超出一线员工

尽管一线人员的工作比较累、辛苦，或者他们的工作较为危险或者不太"体面"，或者需要付出更多的健康方面的代价等，但部分企业中基层管理职位的工作需要有专门的知识，或一般管理人员需要有相当高的素质等，使得基层管理职位具有相对较高的薪酬水平。

---

① 孙剑平.薪酬体系与机制设计[M].上海：上海交通大学出版社，2006：205.

（三）基层管理职位薪酬管理模式

基层管理职位大致可以拆分为基层行政管理型（财务、人事、行政、后勤等）、基层生产管理型（如生产主管、组长）、基层技术管理型（如登记员、项目主管）和基层销售管理型（如销售文员、市场策划员、大区经理等）。其对应的薪酬模式分解如下：

1. 基层行政管理型职位的薪酬模式

对于大部分企业来说，基层管理职位是与持股计划、期权计划无缘的。根据实际调查与行业惯例，通常基层行政管理型职位的薪酬模式为：基本薪酬（职位工资或基本工资）＋绩效工资＋年度奖金＋福利。四种工资形式在整体薪酬中所占的比重没有统一的标准。一般来说，在基层管理职位整体薪酬中，基本薪酬（职位工资或基本工资）占70％左右，月度绩效工资和奖金占20％左右，福利占10％左右。

其中，基层管理职位“基本薪酬”的确定可以采取职位等级工资制或宽带薪酬制，给不同等级的职位赋予不同的薪酬水平。职位等级应该要体现管理能力、管理幅度、管理责任、管理难度等。随着管理业绩的提升，基层管理人员的基本薪酬也应该相应提高。

基层管理职位“绩效薪酬”的确定往往要参考任职者本人的工作绩效、工作态度、工作能力，以及其所在部门或模块的整体工作绩效。基层管理职位的量化考核在实践中是个管理难题，一般可以采取人与人相互比较的方式，或者人与标准相比较的方式（如增量考核）确定其绩效分数和绩效工资系数的高低。难点是要作出两个管理决策：一是基层管理职位如何与一线员工薪酬水平挂钩，进而确定基层管理职位整体的薪酬水平在企业中的定位，二是如何体现基层管理职位内部的薪酬差异。

基层管理职位的年度奖金一般以其一个月的职位工资或一定比例（如60％）为基数，再综合考虑部门绩效和个人的年终考核绩效分数来确定。

基层管理职位的福利一般参照企业统一的福利政策或当地的统一政策规定执行。

2. 基层生产管理型职位的薪酬模式

基层生产管理型职位的薪酬模式一般有两种形式：一种是本身从事生产工作并兼做管理的生产主管或班组长。这类职位的工资模式一般采用“计件工资＋班组长津补贴＋福利”的方式发放。另外一种是专职做基层生产管理的职位。这类职位可以采用“职位工资＋绩效工资＋福利”的形式进行激励。其中的职位工资取决于其所在职位的价值和工作环境，绩效工资往往以其分管范围内一线员工绩效工资或计件工资平均值为基数，再乘以个人绩效和部门绩效系数来确定。

3. 基层技术管理型职位的薪酬模式

基层技术管理型职位的薪酬模式一般包括两种形式：一种是既做技术或研发又兼做管理的项目主管、项目经理。这类职位的工资模式一般采用“保底工资＋研发项目提成工资＋主管津补贴＋福利”的方式发放。另外一种是专职做基层技术管理的职位，如登记员、行政文员等。这类职位往往采用“职位工资＋绩效工资＋福利”的形式进行激励。其职位工资与其他部门的文员职位工资相一致，但绩效工资往往以技术或研发部门的平均收入水平为基数，再乘以个人绩效和部门绩效系数来确定，一般要高于人力资源管理部、财务部等其他部门相同职位的收入水平。

4. 基层销售管理型职位的薪酬模式

基层销售管理型职位的薪酬模式一般包括两种形式：一种是既做市场又兼做管理的大区主管、区域经理。这类职位的工资模式一般采用“保底工资＋销售回款提成工资＋经理津补贴＋福利”的方式发放，也可以采用提高其保底工资或增加部门可支配经费的方式进行激励。另一种是专职做基层销售管理的职位，如大区经理类职位。这类职位往往采用“职位工资＋大区绩效工资提成＋福利”的形式进行激励。其绩效工资往往以大区内所有区域经理的平均收入水平为基数，再乘以个人绩效和部门销售任务完成比例来确定。

二、中层管理类职位的薪酬设计与管理

（一）中层管理类职位的界定及其地位

中层管理职位是指在公司整个组织结构中，位于高层管理以下具体执行管理事务的管理类职位。中层管理职位往往负责一个部门或一项关键业务，是企业的中坚力量，扮演着管理者、领导者、被管理者和被领导者的角色，或更为明确地说是企业中的各个部门的领导者，包括部门经理、主任或主管等职位。

相对于企业中的高层管理职位，中层管理职位在权限、影响范围和能力上受到一定限制。就工作内容而言，中层管理职位需要负责的是组织中某一特定职能，并且需要在横向上与其他部门进行大量的沟通和协调工作。中层管理职位的任职者既需要一定的专业技术知识，又需要相当的管理知识。通常，企业是否有一个坚定的贯彻企业决策和思想的中层管理团队，是这个企业能否成功的重要因素，也是这个企业是否成熟的重要标志。

在中层管理职位上存在一种“围城效应”，即中层管理职位任职者对管理工作的酸甜苦辣有很深切的感受，甚至希望从现有的管理职位上退下来，而对一般员工来说，尤其是没有走上管理职位的员工来说，他们对担任管理工作有强烈的渴求，并认为从事管理工作更能为自己争取利益。在绝大部分企业里，中层管理职位是组织矛盾的焦点，一方面他们担任着高层决策的传达者，另一方面一线员

工认为中层管理职位是在争夺他们所创造的效益与价值，这深刻地反映了中层管理职位在组织中的尴尬境地。

企业的薪酬制度一般是由中层管理职位最终制定出来的，因此，在企业中中层管理职位的薪酬是一个较为敏感的问题，如何使员工相信中层主管人员没有以权谋私的嫌疑是一件很敏感的工作。

（二）中层管理类职位的薪酬结构

中层管理职位兼具基层管理职位和高层管理职位的部分特征，因此，对中层管理职位的薪酬激励既要有长期激励，又要有短期激励，要把二者结合起来，才能达到最好的激励效果。①

对于绝大部分企业而言，中层管理职位的薪酬结构与一般管理人员的结构相同，也是由固定工资（职位工资、基本工资）、绩效工资、奖金和福利构成，只是四者在薪酬总额中所占比重有所不同。

一般来说，中层主管人员的固定工资占到其薪酬总额的40％至80％不等，具体情况取决于该职位在薪酬组织层级结构中的位置。通常，职位越高，固定工资在薪酬总额中所占比重越小。此外，中层管理类职位的固定工资水平还要受组织盈利水平、其他员工群体的薪酬水平等多重因素的影响。

中层管理职位的可变激励收入包括月度绩效工资和年度奖金，这是从不同的角度来对中层管理职位进行的激励和约束。月度绩效工资是对中层管理职位在特定的时间段里为组织绩效作出的贡献进行补偿和奖励，其具体数额取决于中层管理职位对经营结果的实际贡献大小。一般来说，衡量实际贡献的大小来源于中层管理职位所在部门的业绩考核情况。而年度奖金往往与组织的长期经营绩效紧密相连，主要目的在于使中层管理职位和组织的经营目标保持一致，从而激励中层管理职位关注组织的长期发展。

（三）中层管理类职位的长期激励模式

在现实的企业中存在着这样两种现象：一是有些中层管理职位彻底倒向员工一边，向组织争夺利益，甚至带着下属集体威胁组织；二是有些中层管理职位则与一线员工矛盾突出，水火不容。

中层管理职位的特殊位置使其任职者既不像高层管理职位那样需要考虑企业的长期战略，费心于企业的未来走向和外部资源的获取，也不像基层职位那样承担着具体的工作任务。对中层管理职位的定位十分不明确，企业的许多改革和创新都因受中层管理职位的变相抵制而失败。因此，组织的薪酬政策必须使

---

① 盖勇，马恿.薪酬管理[M].济南：山东人民出版社，2004：312.

中层管理职位明确自己的归属问题，引导其任职者关注企业的长远发展。

典型的做法一般有两种：一是企业的股权激励计划也覆盖企业的中层管理职位，可以采用虚拟股权计划等多种方式对中层管理职位进行长期激励；二是企业的年薪制或风险收入模式也覆盖企业的中层管理职位，年终的奖励年薪或风险收入可以在当年支付，也可以延期支付。但这两种做法都容易拉大中层管理职位和基层员工的收入差距，引起内部的薪酬不公平或满意度降低。

阅读材料6-1

某企业中层管理职位的虚拟股权计划

某民营企业是一个家族企业，目前公司的项目经理出现了流失现象，而跟着这批经理的中层主管人员也纷纷跳槽，公司不得不对其产权制度进行改革，推行虚拟股份制，具体方案如下：

首先，确定公司每年发放虚拟股票的总股数。此方案设置了1000万股，每股1元，而后企业又从自己的利润分红中拿出500万股，作为对高级管理人员的虚拟股赠送。

其次，确定公司虚拟股票计划的受益人。以对企业起关键作用的高级项目经理为切入点，受益人还包括各部门的中高层管理人员。在此范围之内，再根据当年的业绩考核数据，选择绩效考核前20%的成员作为受益人。

最后，虚拟股票的兑现。规定在一定时间后逐步兑现，在不能兑现期间只有分红权，没有决策权。在工作满一定年限之后，可套现所有股权；若中途离职，则根据实际工作月份按比例套现其股权。

思考与提示

1. 该企业中层管理职位的虚拟股权计划实施后可能会出现哪些问题？
2. 该企业中层管理职位的虚拟股权计划如何完善？

第二节 营销类职位薪酬设计与管理

随着市场竞争的加剧，我国许多行业都普遍面临着生产能力过剩、有效需求不足、产品同质化严重的激烈竞争局面，而打造技术、生产规模、管理能力等竞争优势都需要长期的投入，营销恰好是短期内迅速提升竞争力的最佳途径。因此，许多企业不得不采取“先生存后发展”的短线做法，将营销领域作为迅速提升企业竞争力的主要途径。

在企业中，营销类职位的薪酬设计与管理虽然可以根据销售业绩进行量化考核和分配，但营销类职位的薪酬确定也是争议最多的。原因在于两个方面：一是营销类职位同市场有着较为密切的接触，营销类职位的工作过程大都在企业外部，对其工作过程和工作行为的监管不可能是全程的。因此，当企业提供的正式奖励不足时，营销类职位有足够的空间，如拿回扣、串货等多种方式来维护个体利益。二是在中国企业中，不患寡而患不均，如果营销类职位的薪酬制度设计不合理导致其工资水平过高时，就会影响其他职位，如生产、研发等职位的积极性。因此，在企业中，营销类职位的薪酬制度设计和完善是敏感和艰难的。

一、营销类职位工作特征及其薪酬设计

在这里，营销类职位是指在企业中承担各种具体营销业务职能的职位。包括营销副总、营销总监、市场总监，以及到中层的市场部各职能经理、各区域的销售经理、办事处主任，再到最基层的销售代表、营业员、理货员等职位。面对如此庞大的营销队伍，如何通过合理的薪酬制度来保持其工作的积极性，对每个企业而言都有着极其重要的意义。

（一）营销类职位的工作特征

营销类职位作为企业员工中相对独立的一个群体，其自身与工作过程都有独特的特点。

1．营销类职位任职者的群体特点

(1) 营销类职位任职者工作时间自由，单独行动多。

(2) 营销类职位任职者工作绩效可以用具体成果显示出来。如销售回款额、销售成本、销售目标完成比例、新客户增长率、销售利润率、累计回款率等。

(3) 营销类职位任职者工作业绩的不稳定性。营销类职位任职者的业绩除了受到自身努力程度的影响外，还要受到公司的广告支持、人员支持力度、行业供求形势，以及国家整体经济形势的影响。

(4) 营销类职位任职者工作的流动性比较大。一方面，营销类职位任职者经常想到跳槽以改变自己的收入水平；另一方面，营销类职位任职者也试图通过不断的跳槽来找到最适合自己的工作从而使自己对未来的职业生涯有所规划。

2．营销类职位管理的特性

营销类职位的管理具有松散性。营销类职位任职者独立开展销售工作，工作过程富有弹性，管理人员无法全面监督营销类职位的工作过程和工作行为。

营销类职位的工作绩效在很大程度上取决于营销类职位任职者愿意怎样付出劳动去研究和创新销售模式，很难用公式化的硬性规定来约束营销类职位的工作过程和工作行为。只有用科学有效的绩效考核制度和薪酬福利制度来作为指挥棒，才能真正规范营销类职位任职者的行为，使营销类职位任职者全身心地投入到销售工作中，提高工作效率。

3. 营销类职位工作的特性

证券分析员、外科手术医生、新产品开发研究员等职位，从事其他职位工作的人员要转换到这些职位的可能性较小，缘于其职位进入壁垒较高。而和财务人员、研发人员、生产人员、技术人员等职位相比，营销类职位的平均职位进入壁垒，即非本岗人员转换到本职位并从事本岗工作的困难程度比较低。

在实践中，从事其他工作的人员——无论是从事技术性工作还是服务人员，只要身体健康，年龄适当，就可能转到营销职位上。较低的职位进入壁垒，也使营销成为很多人的就业切入点。例如，每年的应届毕业生中有相当一部分放弃了所学专业，从事起营销工作。

（二）营销类职位的薪酬模式

营销类职位的业绩是确定销售薪酬结构的重要依据，每日、每月、每季的销售量清楚地显示营销类职位工作业绩的好坏。企业在选择营销类职位的薪酬模式时，一方面必然会涉及各种薪酬模式可能会给企业带来的人力成本；另一方面也会影响到营销类职位的工作积极性，从而影响到企业的整体经营业绩。

在我国的企业实践中，营销类职位的薪酬模式可以主要划分为以下几种模式：

1. 纯基本工资制

纯基本工资制模式下营销类职位的薪酬收入由基本工资和福利构成。

这种薪酬模式的设计是以职位为基础进行的，在企业内部同样的职位就享受同样的工资。销售部门按职位划分一般可分为销售业务员、业务经理、企业销售经理等。这种薪酬模式适合垄断型企业或营销业绩与营销人员的能力和努力程度关联不大的行业。

2. 基本工资＋奖金

这种薪酬模式是指企业按期向营销类职位支付一定数目的固定薪酬，即基本工资，也称为底薪。底薪用以保证营销类职位任职者的基本生活开销，而奖金通常是在营销类职位任职者完成既定的销售目标之后才发放的，该既定的销售目标是一定的销售额或销售利润。

企业在奖金的分配过程中，还可以考虑营销类职位任职者在新市场的开拓、客户服务质量、回款率、销售增长率、销售费用等多方面的因素来综合确定。在这种薪酬模式下，企业可以为营销类职位的总收入设立一个封顶数，也可以不设封顶数。

3. 基本工资+业务提成

这种薪酬模式是指企业按期向营销类职位支付一定数目的底薪，同时根据销售人员的销售业绩，在期末（可以按月、季或年来核算）按照一定比例发放业务提成的一种薪酬模式。在这种薪酬模式中，营销类职位享有一定的基本工资，但基本工资占其工资总额的比例非常小，一般为15%～25%。

业务提成通常以销售额一定的百分比来提取，该提成百分比的大小通常取决于企业产品的价格、销售量以及产品的销售难易程度等。一般来说，企业会为营销类职位按销售额的大小来设置相应的、递增式提成比例。

4. 基本工资+业务提成+奖金

这种薪酬模式同时利用了业务提成和奖金这两种手段来刺激营销类职位的工作积极性。但业务提成和奖金的发放依据是不同的，二者的激励目的也不同。

一般说来，业务提成是鼓励营销类职位实现更高的销售额，以便提高公司产品的市场份额或占有率；而奖金则多是与营销类职位完成销售额所能带来的超额利润或回款率挂钩，鼓励销售人员改善销售的利润率和购货款回收状况。因此，业务提成侧重于奖励营销类职位带给企业好处的“量”，而奖金则更侧重于奖励销售所带给企业好处的“质”。

5. 纯业务提成

纯业务提成模式（即佣金模式）是指营销类职位的薪酬组成中没有固定底薪部分，而全部由业务提成组成。

纯佣金计划的营销类职位承担了所有的风险，比较适合以下情况的职位（如导游）：营销类职位任职者的个人能力或态度对销售工作有很大的影响；营销类职位任职者获得的培训和专业知识很低或中等；销售周期（从开始寻找客户到成交的时间）比较短。

以上5种薪酬模式是我国企业为营销类职位设计薪酬模式时普遍采用的，具体比较见表6-1。

表6-1　营销类职位5种薪酬模式的比较

模　　式	公　　式	特　　点
纯基本工资	$P=C$	激励性不强，任职者收入稳定，有企业归属感
基本工资+奖金	$P=C+J$	任职者收入稳定且有一定的激励，有企业归属感
基本工资+业务提成	$P=C+T$	任职者收入稳定且激励性较强
基本工资+业务提成+奖金	$P=C+T+J$	任职者收入不稳定，有较强激励
纯业务提成	$P=T$	激励性非常强，任职者收入无保证

在实践中，各个企业采用的模式不尽相同，营销类职位的纯基本工资制和纯业务提成是较为极端的情况，绝大部分组织采用中间的三种薪酬模式。

（三）营销类职位的薪酬水平确定

1. 营销类职位薪酬水平的影响因素

确定营销类职位的薪酬水平时应当充分考虑企业内部与外部的多种因素。

企业的内部因素包括与企业相关的因素，如企业的远景、文化、经营状况、担负能力、薪酬政策等，也包括与营销类职位任职者个人能力相关的因素，如职位、工作能力等。外部因素则包括一些企业自身无法控制的因素，如国家的薪酬法律法规、社会经济发展水平以及劳动力市场的供求状况等。

通常，营销类职位薪酬水平主要由企业内部的相关因素决定。对于企业来说，不同的薪酬水平会产生不同的效果，在充分考虑薪酬水平外部的竞争性和内部的公平性上，企业应该综合考虑以上因素并结合下表来确定营销类职位的总体薪酬水平（见表 6-2）。

表 6-2　营销类职位不同薪酬水平的优点

薪酬水平 / 效果	高薪酬水平	平均薪酬水平	低薪酬水平
薪酬成本负担	高	中	低
激励及吸引力	有	无	无
满意及忠诚度	高	低	低
工作效率	高	中	无
利润积累	高	低	低
结论	会带来员工的高满意度及高工作效率	不能为企业降低成本，员工的高流动性和低效率是企业最大的损失	不能为企业降低成本，员工不满意及对企业不忠诚是企业的危机

2. 营销类职位薪酬水平确定的艺术

营销类职位的薪酬既要考虑到企业的用工成本，又要具有外部竞争性，同时也要尽可能地调动其他部门员工的工作热情和积极性。

如果销售人员的个人能力和态度不是决定性的，以高提成制为营销类职位的薪酬制度则是有损于公平原则。部分企业的产品销售主要靠强有力的广告支撑，依靠整合的品牌优势，或者是有相对固定的销售渠道，这样的企业一般不会采用高提成制，否则会引起组织其他部门的不满。

但如果企业处于初步发展阶段，或产品的知名度很低，营销类职位任职者的个人魅力对产品的销售起决定性作用时，较为有激励性作用的高提成制是较为理性的选择。这时一般底薪与提成的比例差距就应比较大。原因在于企业处于起步阶段，其经济实力有限，不可能为营销类职位提供稳定的，有足够吸引力的基本薪酬。同时，较低的底薪与高提成这样的组合，能降低企业的薪酬支付风险，它可以使企业在低素质营销类职位任职者的薪酬支付方面的损失较小，也能将低素质员工尽快淘汰出局，吸纳有冒险精神的高素质员工。

但显然，这类企业在初期阶段推出的“低底薪＋高提成”模式在降低对营销类职位薪酬支付风险的同时，也积累了另一类经营风险，即“低底薪＋高提成”模式往往使企业的营销系统更大程度上与个人而不是与品牌联系在一起。这时，当关键性销售员工离开公司时会使公司遭受巨大损失。所以，当企业发展到一定阶段，应该考虑营销战略和策略的转变：逐步以品牌营销取代个人魅力营销。相应地，营销类职位的薪酬制度也应该做出调整，基本方向是提高营销类职位的底薪，使底薪具有基本薪酬的性质，具有一定的竞争性，同时也适度降低提成比例。

阅读材料6-2

遭人不满的销售部门工资模式

M公司是一家从事科技产品研发与生产，以品牌著称的国有企业，其产品具有较强的导向性，即公司的信誉对产品市场的竞争起到主要作用，企业销售渠道相对固定。

在这种情况下，企业内部其他各部门对该企业的销售部门意见比较大，主要原因是与销售部门相比，其他部门的薪酬水平很低，两者相差近3倍。该企业凡在销售部门工作的所有人员都简单地按照订单的订购额采取提成制。这一制度实行的对象包括业务员、各大区经理及销售辅助人员等，并且销售费用不列入考核之中。也就是说，只要销售部门有订单有销售额，不论最后的结果如何，销售部门按照订单获取提成，销售工作到此结束。

思考与提示

1. 该企业销售部门的薪酬管理模式有哪些问题？
2. 该企业销售部门的薪酬问题如何解决？

3. 营销类职位薪酬管理模式设计

对于营销类职位薪酬水平的确定，更多的是涉及如何确定提成的问题，企业常用的做法是规定一定的销售基数，对超出部分按一定比例予以提成。因此，对于营销类职位薪酬确定的重点和难点就在于销售基数和提成比例的确定。

在管理实践中，各类企业采用的主流营销类职位销售提成模式有以下三种类型。

(1) 恒定的提成比例法。恒定的提成比例法的特征是不设定销售基数，不管业绩如何，都按固定的比例提成。这种提成方式的最大缺点就在于营销类职位缺乏足够的压力去开拓市场，尤其是在企业希望实现跃进式发展时会出现较多问题。

(2) 设定销售合同基数，递增的提成比例法。例如，企业可以设定销售合同基数，超额销售 100 万，提成 7%；超额销售 101 万～150 万，提成 8%；超额销售 151 万以上，提成比例为 9%。这种提成模式是对“恒定的提成比例法”的一个改进，基本实现了营销类职位“动力”和“压力”并存的制度目标。但缺点在于营销类职位往往会在年初与企业展开讨价还价，并利用本身对区域市场的信息优势来压低销售基数，进而获得较高的销售收入。

(3) 设定销售合同基数，递减的提成比例法。例如，企业可以设定销售合同基数，超额销售 151 万以上，提成 7%；超额销售 101 万～150 万，提成 8%；超额销售 100 万以下，提成比例为 9%。

第三种提成模式是对“设定销售基数下的递增提成制”的一种改进，值得深入分析。

由营销类职位工作过程和工作特征所决定的管理人员无法全面监督营销类职位的行为。同时，由于营销类职位掌握着市场的最原始资料，如客户需求、客户详细资料等，在某种程度上来说他们间接地控制着企业的下游。因此，容易诱导营销类职位任职者的“道德风险”和“逆向选择”行为。比如不认真履行职责或玩忽职守造成企业损失、贪赃枉法、徇私舞弊等给企业带来巨大损失等。委托代理理论则是试图解决委托人与代理人之间的由于信息不对称所带来的交易成本的增加问题的最好工具之一。在这里，企业为委托人，熟悉市场运行状况的营销人员为代理人。

在“设定销售基数下的递增提成制”模式下，通常企业与营销人员之间有一个相互讨价还价的过程。委托方（即企业）会努力地提高提成基数并压低提成比例以节省更多的成本，而代理方（即营销人员）会尽量压低提成基数并提高提成比例以获取更多的报酬。由于信息不对称，委托人无法全面了解代理人的实际行为及其结果，于是最终博弈的结果往往是“低基数＋高提成系数”，道德风险问题在委托代理关系中便产生了。

要解决信息不对称背景下企业无法全面了解营销人员实际营销能力的问题，关键是设计一种能诱使营销人员暴露其创利能力之私人信息的利益机制。联合利润基数确定法就是以经济人有限理论和信息不对称理论为前提，为防止代理人以自己的内部人地位进行信息控制而产生的损害委托人利益的行为，而设计的一种激励相容的剩余权分享机制。

具体地说，就是企业在确定提成基数时可以让营销人员提出年初自报数，为了防止营销人员借机压低基数的机会主义行为，可以把年末的实际销售额完成数与年初销售额的自报数对比，并对超额部分进行奖励，对少报现象进行惩罚，从而利用利益机制来引导营销人员在年初能够报出与其实际能力大抵接近的利润最大数。

假设某企业以超合同规定 20%提成，少报以少报额的 15%罚款。表 6-3 为某营销人员一年可实现的销售额为 100 万元为例模拟计算几种由于自报数不同而导致的营销人员个人所能得到的提成金额。从表 6-3 中可以看出，营销人员只有最真实的上报实际可实现销售额才能更多地获取奖金提成，假定所有的营销人员都是最理性的员工，那么他们会选择尽可能真实上报可实现销售额。

表 6-3　联合利润基数确定法　　单位：万元

营销人员自报数	80	90	100	120
公司要求的销售额	20	20	20	20
合同规定额（双方各 50%权重）	50	55	60	70
实现销售额超过合同规定销售额数	50	45	40	30
销售额超过合同规定销售额数的奖励（P）	10	9	8	6
少报罚款额（Q）	−3.0	−1.5	0	0
个人奖金提成＝超额奖励＋少报罚款	7	7.5	8	6

显然，按以上原则来设计的营销人员的委托代理模型中，营销人员对年终的实际完成数也只是有一个大致的估计，如在[A，B]区间内。在这种情况下，代理人通常会在区间内尽可能少报。当营销人员在年底 11 月份就已经实现了 A，那他会在 12 月份会怎么做？如果他继续努力，他会因超过基数而获得奖励，奖金额由奖励系数 P 决定；但同时，他也会因年初的少报而受罚，罚金大小由惩罚系数 Q（Q 一般要小于 P）决定。

在实际操作中，如果对员工的瞒报行为进行处罚可能会引致员工的不满意。因此，上述思路的简化模式就是“提成系数递减”，即在员工自报的合同数额内，给予较高的奖励比例（如 10%），而在超过合同数额之后，反倒给予较低的提成比例（如 5%）。从而引导员工自动报出最符合实际情况的销售基数。

显然，上述利益机制都会迫使代理人在“压低自报数以获取大额奖金但要承受少报罚款”与“实事求是报出能够完成的最大利润数”两者之间进行权衡，从而出现企业和个人双赢的局面。

二、营销业务类职位与营销管理类职位的薪酬管理差异

在这里，有必要区分营销业务类职位与营销管理类职位的薪酬差别。在实际操作中，如果销售部门内部“管理”与“业务”的薪酬管理模式类似，这对销售人员或者是企业其他职能管理部门的一般管理人员，甚至是营销管理人员自身来说都不尽公平。

（一）营销业务类职位与营销管理类职位的工作差别

区分营销业务类职位与营销管理类职位的薪酬差异最主要原因是二者的工作职责不同。薪酬是对劳动者劳动的补偿，如果二者劳动存在差异，其薪酬也必须体现差异。营销业务类职位与营销管理类职位的工作差别主要表现在以下方面：

1. 在销售过程中所起的作用不同

从客户关系管理的角度进行分析，这两类职位所起的作用存在明显差异。

一般情况下，市场信息、渠道关系、合同和技术服务管理都是销售管理类职位的职责，他们在整个客户关系管理过程中从事着售前和售后的重要工作。即使在售中的服务过程，管理人员仍然承担着发运产品、合同评审等作用。总之，销售管理类职位起着树立公司良好形象、维持同客户的良好的关系的作用。而销售业务类职位从事的则是销售过程中的联系、谈判和协调工作。可见，营销业务类职位与营销管理类职位在客户关系的价值链中共同起作用，只是分工不同。

2. 承担的责任范围不同

销售管理类职位的工作涵盖面广，承担的责任较业务员也更多，包括产品的库存管理、产品发运、合同评审、记录销售台账、回款账务处理、技术服务等一系列的工作。相应地，销售管理人员必须承担产品存货资金、应收账款、客户满意等责任。相对而言，销售管理类职位承担的是全局性的、软性的（即不易量化的）责任，而销售业务类职位承担的是说服性工作，虽然是局部性的，但是容易对结果进行量化考核。

3. 工作的目标不同

销售管理类职位往往更加重视公司长期目标的实现，比如进行市场分析、客户档案管理等。其目的在于保持公司销售的持续、长期的增长。而对于销售业务类职位，作为具体的销售执行人，当期销售量的大小是最能说明工作业绩的，所以更为注重短期的目标。

（二）由工作差异所决定的薪酬差异

从以上分析可以得出结论，营销业务类职位与营销管理类职位在销售工作中所起的作用、承担的责任范围及工作目标都不相同。这些差异必然造成二者薪酬模式的差异，主要表现如下。

1. 二者薪酬水准确定依据不同

薪酬管理类职位的薪酬水准应该以公司内部其他各个职能部门作为主要参照依据，也就是说其薪酬应与管理人员（包括基层管理类职位和中层管理职位）的薪酬系统挂靠；而销售业务类职位薪酬水准主要的参照依据是同行业的薪酬标准。

2. 二者薪酬结构不同

薪酬结构包括薪酬的组成部分以及各个部分所占比例的大小。销售管理类职位承担的责任中存在大量难以量化考核的部分，所以工资中相对固定的部分所占的比例应该较高。而销售业务类职位情况正好相反，所以工资中浮动的部分应该较高，两者不应该混合管理。

3. 业绩考核指标数量与指标权重不同

销售管理类职位的考核指标数量较多，并以基于"态度、能力、业绩"的考核指标为主。而销售业务类职位的定性考核较少，一般以销售回款额、销售成本率等量化的"增量"考核为主。

4. 业绩与薪酬挂钩办法不同

销售业务类职位一般采取提成的办法，不存在明确的工资基准。而销售管理类职位一般以完成率的方法计算挂钩系数，需要有明确的工资基准。

5. 业绩考核周期的不同

一般情况下销售管理类职位的考核周期长于销售业务类职位的考核周期。这是由销售管理类职位工作目标的长期性决定的。

6. 薪酬支付频度的不同

销售管理类职位同其他管理职位类似，一般是按月领取薪酬，而销售业务类职位的薪酬发放时间可以较为灵活，可以按月发放，也可以根据每次订单的完成时间发放。

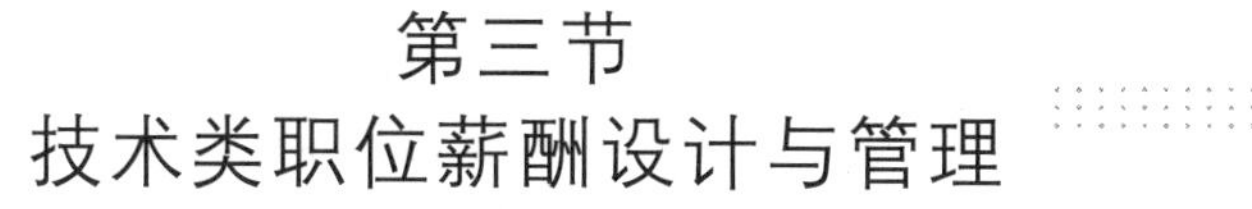

第三节 技术类职位薪酬设计与管理

在这里，将研发技术类职位和生产技术类职位通称为技术类职位。但是二者的区别就如同科技和技术的差别一样，是相当明显的。因此，二者的薪酬制度也应该相应地适应各自的特征和实际情况。

一、生产技术类职位薪酬设计与管理

（一）计时与计件工资制

目前，企业中生产技术类职位广泛适用的主要工资形式包括计时工资制、计件工资制、浮动工资制、提成工资制等。其中，计时工资制和计件工资制是基本工资形式，辅助工资形式包括奖金、津贴、补贴和福利等。

1. 计时工资制

计时工资制是根据生产技术类职位的计时工资标准和工作时间来计算工资并支付给其任职者劳动报酬的形式，生产技术类职位的工资收入是用工作时间乘以职位的工资标准得出来的。计算公式为：

计时工资＝工资标准×实际工作时间

计时工资由两个因素决定：一是工资标准；二是实际工作时间。由于计算时采用的时间单位不同，计时工资可分为三种具体形式。

(1) 小时工资制：根据生产技术类职位的小时工资标准和实际工作小时数来计付工资。

(2) 日工资制：根据生产技术类职位的日工资标准和实际工资日数来计发工资。

(3) 月工资制：按照劳动者的等级工资制的工资标准来计发工资。

生产技术类职位如果出满勤，则按月工资标准支付工资；缺勤则按实际缺勤天数或小时数减发工资。如果加班加点，则发相应的加班日工资或加点小时工资。一般来说，是按日工资标准来处理的，即以月工资标准除以平均每月法定工作天数求得。

计时工资是直接以生产技术类职位劳动时间计算报酬，简单易行，便于计算，同时由于各种劳动均可以用劳动时间来计量，所以计时工资的适应性强，实行范围广泛，任何部门、任何单位和各类工种、职位均可采用。尤其适用于那些机械化和自动化水平较高、技术性强、操作复杂，产品需要经过多道工序、多道操作才能完成，不易单独计算个人的劳动成果的行业和职位，以及生产第一线服务和从事辅助工作，其劳动量不便于用产品产量准确计量的工人和服务人员。

但随着实践的发展，计时工资制的弊端也越来越凸显，尤其是劳动时间的长短不能准确地反映生产技术类职位的劳动强度和任职者实际提供的劳动成果，容易出现“干多干少、干好干坏”一样的现象。甚至出现员工都在正常工作时间内故意拖延，而在下班后大量加班，进而获取加班费的情况。因此，往往需要把计时工资与其他工资形式有机地结合起来，以利于全面地考核生产技术类职位劳动的数量和质量，进而把其工资与其实际付出的劳动量紧密联系起来。

2. 计件工资制

1）计件工资制的形式

计件工资制本质上是按照生产技术类职位生产的合格产品的数量或完成的一定作业量，根据一定的计件单价计算劳动报酬的一种工资形式，往往由工作物等级、劳动定额和计件单价所组成。

如前面章节所述，计件工资有基本计件工资、差额计件工资制和集体计件工资等多种形式。基本计件工资是按照工人单位时间内所生产的合格品的数量和统一的计件单价计算劳动报酬的计件工资形式。即工人完成的合格产品，不论数量的多少，均用同一个计件单价计算。差额计件工资制中激励效果较强的是累进计件工资制，即工人完成产量定额部分按一般的计件单价计算，超过定额部分按更高的、累计的计件单价计算的工资形式。这种工资形式与生产任务结合密切，对员工物质鼓励作用较大。集体计件工资是按作业班组共同完成生产任务量的多少计算计件工资，然后在作业班组内将工资合理分配到个人的工资形式。

2）计件工资制的实施条件

在计件工资制下，生产技术类职位的薪酬分配是否公平取决于劳动定额和计件报酬标准这两个要件，尤其是对于累进计件工资制和集体计件工资制。

（1）劳动定额。劳动定额是指在一定的生产和技术条件下，生产单位产品或完成一定工作量应该消耗的劳动量（一般用劳动或工作时间来表示）标准或在单位时间内生产产品或完成工作量的标准。劳动定额是计算完成单位合格产品或单位工程量所需人工的依据，其理论根源可追溯到泰勒的科学管理理论。泰勒认为："要制定出有科学依据的工人的'合理日工作量'，就必须通过各种试验和测量，进行劳动动作研究和工作研究，将最快最好的动作和最佳工具组合在一起，成为一个序列，从而确定工人的'合理日工作量'，即劳动定额。"

劳动定额问题是目前许多生产性企业确定生产技术类职位薪酬的重点和难点问题。

（2）计件报酬标准。计件报酬标准往往通过标准工作量法和标准工作时间法来计算。

标准工作量法是以单位时间内应完成的工作量为计件工资的计算标准，计算公式如下：计件单价＝加工该产品的标准工资（按日或小时计算）/该产品单位时间的劳动定额（按日或小时计算）

标准工作时间法是以完成单位产品应需的工作时间为计算计件工资的标准，其计算公式如下：计件单价＝加工该产品工人的标准小时工资率×加工单位

该产品所需定额工时

比如，某种产品需甲等级工人制造，该等级工人每月标准工资是 2400 元，且该等级工人合理加工该产品需要的工时是 5 小时，那么该产品的计件单价为：

计件单价＝2400 元÷[(21.75 天×8 小时/天)]×5 小时＝68.97 元/件

但是，生产技术类职位实施计件工资制也有不可克服的局限性：一是实行计件工资制，容易出现任职者片面追求工作速度和产品数量，从而忽视产品质量的偏向，导致对机器的掠夺性使用和质量的粗劣；二是会使任职者因追求收入而过度紧张，容易出现生产事故；三是计件工资制自身不能反映物价的变化，在物价上涨时，即使劳动效率没有提高也应该调整计量单价。此外，如果企业对劳动定额的调整过于频繁，可能会招致任职者的一致抵制，或故意降低整体劳动效率。

阅读材料6-3

A 企业善变的劳动定额

A 企业下的生产车间对生产工人采用的是累进计件工资制，在劳动定额的基础上确定每个月必须完成的产量定额(150 件)，超过这个产量定额部分按累计的计件单价(150～200 件，每件 5 元；200 件以上，每件 8 元)计算个人工资。

但是令员工感觉很不满意的是部分产品的产量定额每年都在提高。企业管理层解释是由于机器设备的更新和劳动熟练程度的提高，因此必要的产量定额提高是科学合理的。然而，员工认为这种做法是变相降低工资，严重挫伤了生产技术人员技术革新的积极性，最终导致了企业产品生产技术停滞，以及供货供给不及时、成本控制不力等问题。

思考与提示

1. 企业的产量定额确定或变化的依据有哪些？
2. A 企业的劳动定额管理问题如何优化？

从以上案例我们知道劳动定额和计件报酬标准是计件工资制中影响员工工资满意度的重要因素。根据《劳动法》第三十六条、第三十七条规定，对实行计件制工作的劳动者，用人单位应该根据标准工时制度合理确定劳动定额和计件报酬标准，劳动定额应该根据各种工作的技术复杂程度、劳动繁重程度、责任大小和不同的生产设备状况等条件确定，并且当劳动定额修改时，计件单价应作相应的修改。

（二）考核下的职位奖金制

以上介绍的两种工资形式是单从生产技术类职位付出的角度来说明生产技术类员工的薪酬形式，它没有考虑整个企业层面的经营状况。但是在实际的操作中，大部分企业在发放工资的时候会有一定的奖金来激励员工，这也就是下面所要讲述的员工最终的工资额会与企业的经营状况、员工所在部门的绩效情况以及个人的工作表现等相联系。一般来说，这种奖金与考核因素有这样一种函数关系：$P=f(R,D,B,G)$。

其中，P 指员工个人所得到的奖励（包括每月奖励和年终奖）；R 指整个企业或生产部门的经营状况（如任务完成情况、生产成本控制等）；D 指员工个人所在的职位、管理幅度及管理半径等因素；B 指员工所在部门的考核情况（如节点完成率、原材料消耗等）；G 指部门对个人的考核。

上述模式的本质是将生产技术职位的收入与生产部门的整体业绩、个人业绩，以及任职者所在的职位等级挂钩。优点在于能够削弱企业的平均主义分配倾向，使任职者感受到企业来自社会、竞争对手的压力和自己在企业里的压力，能更好地将员工的命运与企业相联系，增强员工的整体意识。缺点在于这种模式对企业的绩效考核体系要求很高。同时，如果很多挂靠的企业或部门经营指标往往是生产技术类职位个体所无法影响和控制的，容易挫伤个体的积极性。

二、研发技术类职位薪酬设计与管理

（一）研发技术类职位的工作特点及其薪酬模式

在企业中，研发技术类职位属于典型的知识型员工，是“掌握和运用符号和概念，利用知识或信息工作的人”。研发技术类职位不同于传统上听从命令或按规定程序操作的一般职位，其任职者往往具备专门的知识，具有在长期的研究和实践中积累而成的技能和经验，是本领域的专家。研发技术类职位本身和所从事的科学性工作有着与其他职位不同的特征。

首先，从研发技术类职位的任职者特征分析，研发技术类职位任职者都是具有较高层次的教育背景，属于典型的知识性员工，具有较强的自主性，努力追求个人价值的实现并且流动的意愿较为强烈。

其次，从从事的工作来说，研发技术类职位的工作具有以下三个特点：①工作富有创造性和挑战性。其任职者主要依靠自己的知识、技能、天赋和灵感，创造出高价值的产品和成果，并以此推动技术的进步和产品的创新。②工作规程个性化。研发技术类职位工作自主性很强，较少受时间和空间的限制，也没有确定的流程和步骤，很难根据任职者的行为识别出他们所付出的努力，管理者也难以对其实现较低成本的有效监督与控制。③工作成果难以测量。研发技术类职位从事的工作很大程度上依赖于自身的智力投入，一些科技含量高的产品生产，往往是众多研发人员集体智慧和努力的结果，难以准确分割和考核。

根据其个性和工作特征，研发技术类职位薪酬一般采用“基本工资＋项目提成＋技术股份＋福利”的激励模式。

（二）研发技术类职位的长期激励

研发技术类职位担负着为企业开发新产品的责任，而这是一个漫长的过程，因此对研发技术类职位的薪酬设计也应该注意长期激励。上面讲到研发技术类职位的薪酬由基本工资、项目提成、技术股份和福利等构成，其中基本薪酬按能力取向型或价值取向型来确定，具有长期激励功能的则是项目提成和技术股份。

1. 项目提成

项目提成往往是一个项目从立项、研发到最后的成功才能实现的。所以，它对研发技术类职位有着明显的长期激励作用。通常，企业会采用按该产品上市后的年销售回款额或利润额为基数进行递减提成。比如企业研发技术类职位的提成比例为年销售回款额 1000 万元以下提成 0.2%，销售回款额每提高 1000 万元，提成比例以 0.02%的幅度递减。项目提成制可以促使研发技术类职位完成正在进行的项目并且起到吸引和留住科技人才的作用。

2. 持股计划

从长远发展的角度考虑，企业可以给予研究技术类职位一定的股权，使研发人员分享到企业一定比例的剩余索取权，把研发人员的个人发展与企业的发展紧紧联系在一起。

首先，可以采取干股奖励，即股份分红的奖励。主要是指科研成果在实施转化成功后，公司按该技术上市后的税后利润的一定比例（如 3%～5%）转化为技术贡献股，奖励给该技术成果的开发者和主要实施者。但是该股份所有权归公司所有，获奖者只享受该股的分红收益权，当持有人离开公司时，该股份自动消失。

其次，可以采取期权奖励，即约定股份终极所有权的奖励。通过签订期权奖励合约，在上述相同条件下由被奖励者获得公司期权，成为公司股东，享有与其他股东相同的权力。采用这种奖励办法的，需要在合约中明确规定合约的期限、期权计算比例及标准、技术成果转化净收益目标、双方的权利和义务等事项。

（三）研发技术类职位的双重职业发展通道

在多数企业中，员工的职业生涯发展阶梯过于偏重行政管理阶梯，决定员工薪酬的一个重要依据就是其所从事的职位在企业中的行政级别高低。研发技术类职位希望得到进一步的晋升和回报，唯一的途径就是进入管理型阶梯。但许多在本专业业绩突出的科技人员被提升到管理职位上后，由于工作内容与环境的差异，以及能力要求的不同而胜任不了管理工作。因此，产生了所谓的“彼得陷阱”。另一方面，一些无法提升到管理职位的科技研发人员，由于地位、薪资、发展机会等各方面均不如管理职位人员，则可能离开企业。

为解决科技研发人员事业上的困境，解决组织激励和专业激励矛盾的问题，在20世纪50年代中期，美国一些企业开发了双阶梯机制，即“双重职业生涯阶梯”模式。在“双重职业生涯阶梯”模式下，研发技术类职位任职者可以追求两种不同的薪酬增长途径：一是从从事研发工作转变为从事管理工作，从而获取更高的报酬（这是一条传统的途径）；二是继续从事专业科技研发工作，从在本领域的突破来获取报酬的增加。前者意味着拥有更多的决策权，并承担更多的责任；后者意味着具有更强的独立性，并拥有更多从事专业活动的资历。

在实践中，产生了所谓的“H形”职业生涯发展途径，即在双重职业路径的中部为研发技术类职位任职者提供了两条平行的发展道路：一条可以继续沿着技术路径发展，另一条可以转入管理路径发展。即研发技术人员可以在管理路径和技术路径之间相互移动，从而使专业技术人员的发展机会大大增加。如图6-1即为研发技术类职位的职业发展通道。研发技术人员可以在管理通道和技术通道之间转换。在最终确定职业目标以后，管理通道中的人员可能会选择转入技术通道，技术通道的人员可能会选择转入管理通道。

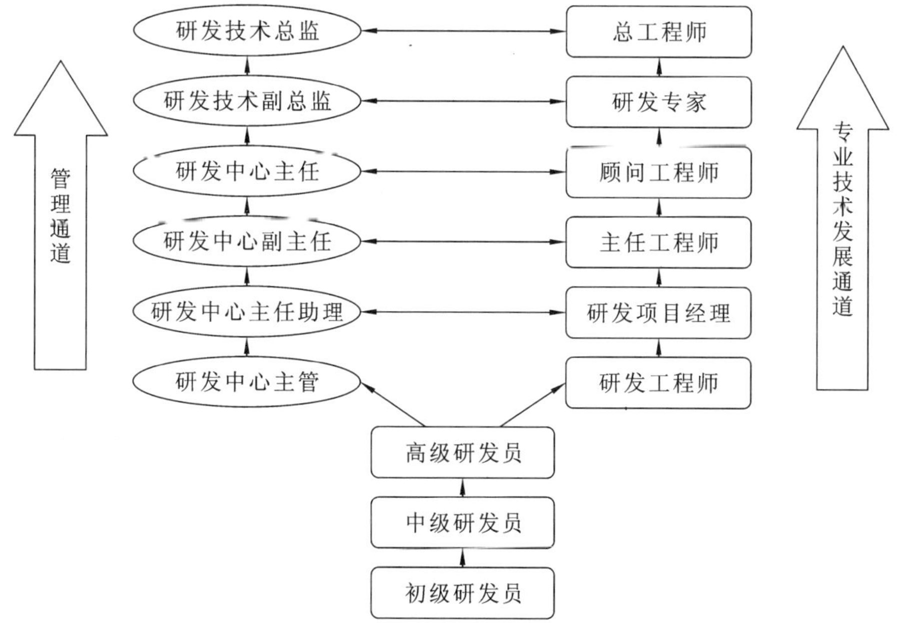

图6-1　科技研发人员的“H形”职业发展通道

第四节 经营者年薪和股票期权设计与管理

在市场经济条件下，经营者在企业的运行过程中处于中心地位，其个人能力与成就动机的高低将会直接影响企业的盛衰与存亡。而经营者能力与成就动机的形成，往往与企业的激励机制是否有效紧密相关。

一、经营者年薪制及其管理

随着现代企业规模的日益扩大与股权的高度分散，所有者不得不雇佣职业经理人代为经营管理企业，二者构成了委托—代理关系。由于代理人的自利性、有限理性和风险回避性，以及委托双方的利益目标不尽一致，代理人不会总以委托人的最大利益而行动。因此，委托人就有必要设计相应的激励约束机制，防止代理人牺牲委托人的利益而追求自身利益的最大化，经营者年薪制就是在这样一个背景下发展起来的。

（一）经营者年薪制的含义

年薪制是针对企业的经营者或者其他创造性人才，以一个较长的经营周期（通常为年）为单位，按此周期确定报酬方案，并根据个人贡献情况和企业经营成果发放报酬的一种人力资本参与分配的工资报酬与激励制度。年薪制有时也被人们理解为以年为时间单位计量与支付薪酬的计酬方法，以这种意思理解，则年薪制与日薪制、周薪制、月薪制相同，都是计时薪酬制的具体形式之一。

目前，许多企业在招聘高级管理人才时，均以年薪“报价”。这一制度通过将企业经营者的收入与其经营业绩挂钩的分配机制，体现企业经营者人力资本价值，更好地发挥企业经营者的积极性、主动性和创造性。在我国，随着市场经济的发展，企业经营者年薪制在全国各地将西方发达国家的经验与我国实际相结合而进行探索的过程中形成了上海模式、北京模式、武汉模式等，上述模式各具特色，这里不一一列举，只就经营者年薪制的基本构成及其基本形式进行论述。

（二）经营者年薪的设计

在我国，企业经营者的年薪一般包括“基本年薪”和“风险收入”两部分。

1. 基本年薪

由于基本年薪主要是为了保障企业经营者的基本生活需要，基本薪酬通常不与当年业绩挂钩。主要根据企业资产经营规模、企业经济效益、利税水平、职工人数、当地的物价水平和本企业职工的平均薪酬水平等综合确定，一般按月发放。

一般而言，企业规模越大，管理的难度越高，相应要求企业经营者的管理能力越强，付出的劳动量也越大。同时，企业经济效益反映了企业经营者以前的工作业绩和能力，而经营管理职位上的责任反映了其所承担的经营风险；上述两个指标越高，经营者的基本薪酬相应越高。此外，经营管理者的个人因素，如学历、工龄等因素也应适当考虑。但总体而言，基本薪酬的比例不宜过大。否则，会使企业经营者的报酬失去激励作用。

企业经营者基本薪酬的确定往往需要与上述系数以不同的方式挂钩计算：基本薪酬＝基础基薪×调整系数。例如，基础基薪＝本地区职工平均工资×X_1＋本企业职工平均工资×X_2。其中，X_1、X_2为具体的倍数。在实践中，也有部分企业直接把经营者的基本年薪界定为员工基本工资的多少倍。例如，国有企业一般都规定，经营者的年薪不应超过员工当年工资的40倍。当然，经营者基本薪酬的确定可以采用协议的方法，即由资产所有者与经营者协商确定其基本薪酬；也可以采用职位系数法，即由管理部门依据经营者的职位责任大小、工作条件、劳动强度等因素评价职位价值确定。

2. 风险收入

根据委托-代理理论，要把委托人利益的增加作为代理人利益增加的一个变量，让代理人成为剩余分享者，使代理人的利益随委托人利益的增加而增加。作为委托人的代理者，代理人利益主要表现在投资回报即利润上，包括短期利润和长期利润。因此，设计短期激励性的年薪制方案要将企业经营者的风险收入与企业的短期利润同向挂钩。同时，为了防止企业经营者通过牺牲企业的长期利益来谋求短期利润的增加，或通过其他不正当的手段虚增短期利润，需要设置一些调整性考核指标来对其进行约束，当然更重要的是设计一种长期激励性薪酬，如股票期权等。

从以上分析可以看出，经营者风险收入应与企业年度业绩、生产经营的责任轻重、风险程度等挂钩，随业绩浮动发放，一般视经营者的经营成果分档浮动发放。如果是负数，从基薪或风险抵押金中扣除，通常以日历年为计发薪酬的单位。

实践中，作为短期激励性薪酬的风险收入可按如下方式设计：企业经营者的风险收入总额＝超额利润×比例系数×调整性考核指标系数

显然，经营者薪酬方案设计的有效性在很大程度上取决于经营者业绩指标选择的科学性、准确性。企业业绩评价是一项复杂的工作，一个完整的企业业绩评价指标体系应该包括财务类指标和非财务类指标。从经营者的报酬角

度分析，一般较常用的是将经营者的收入与企业赢利指标挂钩，而赢利指标又可以划分为会计利润类指标和市场价值类指标。所以，通常调整性考核指标可包括资产保值增值率、净利润增长率、应收账款回收率及职工平均工资增长率等。

在我国，为了考核国有企业经营者的业绩，财政部在 2000 年按照建立现代企业制度的要求，提出了一套综合评价企业经营状况的指标体系，值得企业借鉴。具体如表 6-4 所示。

表 6-4　企业绩效评价得分总表

评价内容	基本指标	基本得分	修正指标		修正得分	评议指标（±）	评议分数	综合分数
	指标		指标	修正系数				
财务状况分析	净资产收益率 总资产报酬率		保值增值率 营业利润率 成本费用利润率			1. 领导班子素质 2. 产品市场占有能力 3. 基础管理比较水平 4. 在岗员工素质状况 5. 技术状况更新水平 6. 行业和区域影响力 7. 企业经营发展战略 8. 长期发展能力预测		
小计								
资产运营状况	总资产周转率 流动资产周转率		存货周转率 应收账款周转率 不良资产比率 资产损失比率					
小计								
偿债能力	资产负债率 已获利息倍数		流动比率 速动比率 现金流动负债比率 长期资产适合率 经营亏损挂账率					
小计								
发展能力	营业增长率 资本积累率		总资产增长率 固定资产增长率 三年利润平均增长率 三年资本平均增长率					
小计								
合计								

（三）经营者年薪制的管理

以上对经营者年薪制积极作用的分析是建立在对年薪制进行科学管理的基础上的。在实际中，实施经营者年薪制的企业越来越多，但真正能发挥年薪制积极作用的企业很少，根本原因在于借用年薪制的形式而没有理解经营者年薪制的实质意义。

对于经营者年薪制的科学管理，应该注意以下几个方面。

1. 经营者年薪制的实施对象

在我国，依据国家法规政策的规定，经营者年薪制的实施对象为中央国企的董事长、副董事长、董事、总经理（总裁）、副总经理（副总裁）、总会计师、总监等职位。在市场经济条件下，其他各类性质的企业也纷纷实行年薪制。概括起来，经营者年薪制的实施对象包括企业的经营管理者（包括中层和高层）和一些其他的创造性人才，比如科研人员、营销人才、软件工程师、项目管理人才等。这些人素质较高，工作性质也决定了他们的工作需要较高的创造力，但工作的价值难以在短期内体现。工作中需要的更多的是激励，而不是简单管理和约束。在现实中，不能为了照顾全面而无限扩大年薪制的对象。市场上有许多的企业实行年薪制，并且年薪制的对象相当的广泛，比如收入较低的中层也实行年薪，致使年薪制发挥不了其原有所期望的作用，甚至形同虚设，不仅增加企业的负担，而且容易导致基层员工的不满。

2. 经营者年薪水平的确定

传统的年薪制要求经营者年薪不但与本企业员工的收入联系起来，还要考虑当地的收入情况，这些限制条件打消了经营者的积极性，使年薪制成了变相的工资制。从理论上分析，条件成熟时，经营者年薪制的收入应该与员工的工资水平相分离，而与企业经济效益紧密挂钩，打破传统的平均主义分配倾向。

3. 年薪制对象的退出机制

如果长期持续经营不善或经营企业在市场竞争中失败，出现资不抵债等情况，这就意味着企业经营者能力低下。正常情况下，股东与董事就会动员力量更换经营者。

但在我国这样一个特殊文化背景下，企业经营者年薪制的退出机制对经营管理者的约束作用较弱，我国真正意义上的退出机制还有待于完善。大多数经营管理者是“能上不能下”，而不管其经营好坏。这种情况在国有企业是最为突出的。因此，建立企业经营者年薪制对象的退出机制也是完善科学合理的年薪制必不可少的步骤。

二、股票期权的设计与管理

(一)股票期权激励的含义及其理论依据

相对于年薪制的短期激励效应,股票期权计划则是一种具有长期激励与约束作用的薪酬方案。所谓股票期权计划,就是企业给予其经营者在未来某特定的时间按某一固定价格购买本公司普通股的权力,而且这些经营者有权在一定时期后可以将所购入的股票在市场上出售,但期权本身不可转让。在行使期权以前,股票期权持有人没有任何的现金收益;行使期权以后,个人收益为行权价与行权日市场价之间的差价。经营者可以自行决定在任何时间出售行权所得股票。

经营管理者股票期权制度的理论依据是詹森和默克林的委托-代理理论,而兴起于20世纪60年代的人力资本理论和激励理论也是管理者股票期权制度的理论基础。企业高级管理人员作为一般意义上的理性人有着更高层次的价值认可需要,但经济需要仍然是企业高级管理人员工作的重要动机之一。因此,对于经营管理者的股票期权则体现了这两方面需要的特征。

(二)股票期权激励的类型

股票期权激励最早在美国实行,以后被推广到其他国家和地区。相对来说,美国的股票期权制度较为成熟。

股票期权根据行权价及业绩考核不同可分为以下三种类型。[①]

第一,固定价格股票期权。这种期权的特点是期权行权价格在执行期(一般为10年)内固定不变。根据行权价与期权授予日股票市价的关系可分为:当期权行权价与期权授予日市价相同,则称为标准固定价格股票期权;当期权行权价高于期权授予日市价,则称为溢价股票期权;当期权行权价低于期权授予日市价,则称为折价股票期权。

第二,指数化股票期权。这种期权的特点是期权行权价格不固定,每隔一定时期根据同业指数或市场平均指数的变化进行调整。只有公司的业绩超过同行业或市场平均业绩时,期权持有者才能获得奖励报酬。

第三,一揽子指数化期权计划。这种期权计划的特点是对高层经理、一线经理和雇员采取不同激励方式的一揽子指数化期权计划。如对高层经理实施指数化期权,对一线经理和雇员则不使用股票期权,而采用与其职责相关的相应指标,如新产品入市时间、员工流动率、顾客反感率、订货发货周期等。

---

①唐未兵,张苏.西方经理股票期权理论评介[J].经济学动态,2001(1).

目前，股票期权计划发展较快而且规模较大，随着实践的发展，其他形式的长期激励也在迅速发展。以下形式就是股票期权计划的衍生品。

1. 虚拟股票

虚拟股票是指公司授予激励对象一种“虚拟”的股票，可以无偿赠与或要求高级管理人员以一定价格购买。激励对象对这些股票没有所有权，没有表决权，不能转让和出售，在离开企业时自动失效。但可以与普通股股东一样享有分红权和股价升值收益，此时的收入即未来股价与当前股价的差价。

2. 股票增值权

股票增值权是指公司给予激励对象一种权利，即经营者可以在规定时间内获得规定数量的股票股价上升所带来的收益，但不拥有这些股票的所有权，自然也不拥有表决权、配股权。它不涉及真正的股票，股票在此只是一种度量工具。股票增值权的实施可以是用现金实施，也可以折合成股票来加以实施，还可以是现金和股票形式的组合。

通过比较，虚拟股票与股票增值权的本质是一样的，都是将经营管理者的部分收益与公司股价联系起来。但是二者的区别在于虚拟股票可以分红，而股票增值权不能分红。

3. 限制性股票期权

它是专门为某一特定计划而设计的激励机制。在这一计划下，经营管理人员出售股票的权利受到限制，只有当管理人员完成预定目标、公司股价达到目标价位后，才可以出售受限制股票并从中受益。公司可以无偿地将受限制股票赠与管理人员，他们可以以远低于市场价格的价格购买受限股票，但公司有权将公司赠与的受限股票收回，或以激励对象购买时的价格回购受限股票。

4. 股票赠与

股票赠与通常在一些特殊情况下，如公司创建或公司要改变业务时才使用。公司授予雇员的股票赠与不仅是无条件或无限制的，而且是免费的。由于公司在创建时或业务转向时，公司的股票价格都比较低，对公司来说，这种方式相对来说比较廉价，可以节约成本。

5. 业绩股票

业绩股票是指公司根据被激励者业绩水平，以普通股作为长期激励形式支付给经营者。通常是公司在年初确定业绩目标，如果激励对象在年末达到预定目标，则公司授予其一定数量的股票或提取一定的奖励基金购买公司股票。业绩股票在股票赠与的基础上进行了改进，使用这种方式时，为了获得一定数量的免费股票，雇员不仅要在公司工作满一段时间，而且在期满后，公司的某个或数个业绩指标，如平均每股收益增长应达到一定比例。

6. 延期支付

延期支付是将经营管理人员的部分年度奖金，即其他收入存入公司的延期支付账户，并以款项存入当日按公司股票市场价格折算出股票数量为单位，然后在既定期限后或是经营管理人员退休后，以公司股票形式或是以现金方式支付给经营管理人员。

7. 管理者收购

管理者收购是指公司或者母公司的管理人员收购子公司。收购的动机一般分为以下几种情况：一是母公司主动将子公司剥离，比如说由于子公司的发展已经不符合母公司的行业发展战略，或是子公司的赢利能力不能使母公司满意等；二是管理层利用该种方式作为反购并的手段。

从以上形式可以看出，股票期权及其衍生形式的激励兑现期较长，具有长期合约的效果。其激励的逻辑是"提供期权激励—经营管理者努力—企业价值最大化—本企业股价上升—经营管理者行使期权"，从市价与行权价的差价中获利，从而使经营管理者的报酬与企业业绩联系起来，并通过股价充分反映出来。那么，经营管理者工作越努力，公司业绩越好，公司股价越高，经营管理者能从股票期权中获得的报酬越多。

（三）股票期权计划的实施

1. 股票期权的选择与组合

以上各种类型的股票期权计划各有利弊。在设计经营管理者股权收入方案时，不同的企业应从本企业实际出发选择适合本企业特色的股权收入类型。具体应考虑企业所有权结构、企业股权的流通性、企业所处行业、企业发展阶段以及企业人员结构特征等因素来综合选择适宜的股权收入类型。

首先，从所有权结构上来讲。国有企业历史包袱重，既要适当评价过去，又要兼顾激励和约束力度。因此，可以考虑采用直接持股、延期支付计划等方案。而民营企业则适合采用高科技企业的股权收入类型，如股票期权、股票增值权或是管理入股等。

其次，从企业股权的流通性来讲。上市公司股票可以流通，外部市场监督性较好，经营管理符合市场管理规律。因此，可优先考虑股票期权计划，并且可以采用虚拟股票及限制性股票等。而非上市公司则可采用直接持股、延期支付计划等形式的激励模式。

再次，从企业所处的行业和企业人员结构来讲。高科技企业人员素质高、人才竞争激烈，核心技术人才比重大，人力投入成本较高，适宜采用体现零成本、高风险、高收入原则的股票期权、股票增值权以及延期支付计划等类型的期权模式。而非高科技企业，如劳动密集型企业，企业业绩相对稳定，人员构成也相对稳定，适宜采用直接持股或是业绩股票形式。

最后，从企业发展阶段上来讲，可分为创业阶段、发展阶段、成熟阶段和衰退阶段。创业阶段对资金的需求量很大，风险较高并且对核心人才的依赖性很强，适宜采用力度较大的股权激励模式，如股票期权、直接持股或是管理入股等。对于发展及成熟阶段，企业业绩慢慢较为稳定，并且出现盈余，可以采用激励力度较创业期稍低的股票期权、虚拟股票以及延期支付计划等模式。到了企业衰退阶段，企业生产规模萎缩，市场竞争力下降，这时候应该采用管理者收购、延期支付计划等。

2. 股票期权的管理

企业在实施股票期权计划的实际操作中，要注意股票期权的授予主体、授予对象、行权价格、行权期限、行权数量、权利变更和丧失，以及股票来源渠道、股票期权的管理等要点。在国内外的实践中，把握好以上几个要点，对建立比较完善、彼此协调的股票期权制度至关重要。

1）股票期权的授予对象

股票期权计划应该规定受获人的范围，一般来说仅限于公司决策层、技术研发人员和对公司有特殊贡献的人员。就原则而言，股票期权的具体授予对象，应由股东会议决定。在我国的实践中，授予对象还涉及董事会成员。

2）股票期权的行权价

行权价格是指受获人购买公司股票的价格。行权价格一方面意味着股东授予受获人的股票期权，一般并非是无偿赠与的（虽然赠与现象也存在）；另一方面，行权价的高低直接影响到受获人的利益和股票期权制度的激励程度。

股票期权的行权价的确定，大致有三种方法：一是现值有利法，即行权价低于当前股价；二是等现值法，即行权价等于当前股价；三是现值不利法，即行权价高于当前股价。我国的股票市场尚不规范成熟，国有股、法人股不可流通，股票市价与公司业绩差距较大，股市投机色彩过重。在这种条件下，适宜采用现值有利法。同时，为了防止受获人利用信息降低股价，可确定股票期权价格为授出日前 30 日收市平均价的 80％。[①]

3）股票期权的行权期

行权期又称股票期权的有效期，是指受获人可行权购股日至股票期权终止日的时间间距。在行权期内，受获人可运用股东会议赋予的选择权决定是否行权购股，一旦行权购股，就不可再退股撤资；在行权期外，受获人不可行权购股。

在发达国家中，股票期权的有效期大多为 10 年左右。在我国，市场机制仍然需要完善，市场风险过高。因此，对大多数上市公司来说，行权期定得较长，变

---

① 王国刚，兰邦华. 我国上市公司经理人员股票期权制设计的几个要点[J]. 中国工业经济，2001(1).

数太多,不利于激励经理人员的积极性,较好的选择是5～6年。

4)股票期权的行权方式

股票期权的行使一般有三种方法:现金行权、无现金行权和无现金行权并出售。[①]

现金行权指个人向公司指定的证券商支付行权费用以及相应的税金和费用,证券商收到付款凭证后,以行权价格执行股票期权。无现金行权是指个人不需要以现金或支票支付行权费用,证券商以出售部分股票获得收益来支付行权费用,并将剩下股票存入受获人个人的账户。无现金行权并出售,是个人决定对部分或全部可行权的股票期权行权并立刻出售,以获取行权价与市场价的差价。

从我国实际情况来看,由于《公司法》中有关于高管持股在任期内不可转让的条款,因此国内股票期权的行权方式只能是现金行权。从鼓励经营者持股,从而对其产生约束效果的角度以及防止操纵市场角度讲,现金行权也是较好的行权方式。

5)个人股票期权的数量

从原理上说,个人的报酬水平和工作业绩是计量和决定个人股票期权数量的基本因素。然而在现实中,由于工作业绩较难判定,所以情况比较复杂。

个人股票期权数量的计量和决定的方法,主要有三种。

(1)直接决定法。即由股东大会直接规定或决定每个受获人的股票期权数量。这种方法简单明了,但是也可能会不利于合理协调各个经理人员间的股票期权利益与其工作业绩的关系。

(2)未来价值法。即依据受获人的个人年薪和股票期权到期时的市价来计算各人应获得的股票期权数量。例如,假设某公司股东向某一经理人员授予股票期权,授予日股票市价为20元,预期10年后股票期权到期时的市价将为120元。股东希望该经理在股票期权到期日能从该计划中获得相当于其年薪(10万元)的70%的收入。由此,应授予该经理人员10万元×70%/(120－20)＝700股期权。[②]

(3)现值法。即将股票的未来价值折现为当前价值,然后计算每个受获人应得股票期权的数量。

3. 股票期权激励模式的完善

值得指出的是,股票期权激励模式在本质上是一种通过资本市场对企业人力资本价值进行间接或替代计量的价格机制,它实质上并不是企业所有权的一种制度安排。由于股票价格与企业经营状况相关联的间接性和滞后性,人力资

---

① 陈英新,樊敏霞.中西方股票期权激励机制应用的比较分析[J].经济纵横,2007(4).

② 王国刚,兰邦华.我国上市公司经理人员股票期权制设计的几个要点[J].中国工业经济,2001(1).

本期权定价模型在实际运用中可能会遭遇两个困境：

一是如果存在有利的宏观经济因素（如低通货膨胀、低利率）等经营者不可控因素而使股市全面上扬，这一定价模型所确定的经营者的人力资本价值则普遍过高。

二是如果股票市场不规范，交易中投机性较高，股票市值往往与企业经营业绩相背离，则很容易引发经营者新的道德风险，即经营者的行为本身并不能保证企业价值的增长，但其可以通过操纵企业的股票市值，使之达到期权合约所要求的股价水平，从而获取过高的人力资本价值收益。

对于前者，企业可以借鉴哈尔和阿尔费德（Hull，1966；Alfred，1999）[①]提出的股票期权改进方案，将模型中的协议价格（X）指数化，即协议价格不固定，每隔一定时期根据同业指数或市场平均指数（如 S&P500 指数）的变化进行调整，只有企业的业绩超过同业或市场平均业绩时，经营者才能获得相应的人力资本价值收益。但这样做的前提是必须对人力资本定价模型进行两个方面的技术处理。

首先，因为大约只有 50%的企业经营者才能使业绩超过市场平均水平，在协议价格指数化条件下近一半企业经营者的人力资本价值可能为零，这将使期权定价模型失去应有的作用。因此，应通过对协议价格的打折来扩大受益面。

其次，指数化期权给现有的人力资本价值注入了更大的风险，经营者可能要求更大的风险溢价。对此，可以借鉴折价（discount-price）股票期权的做法，对模型中的 S 实行折价，使之低于当前股票的市价，从而提高人力资本价值的收益。对于股票市场不完善的条件下的经营者道德风险，可以通过将企业的业绩指标与股票市价的联动来加以规避。具体的思路即在企业运用期权定价模型对企业人力资本定价的同时，建立一套合理的，包括公司净资产增长率、利润增长率、收入增长率等指标在内的企业资产价值综合评价体系，并把企业实际资产价值（而非期末资本的市场价值）与企业股票市价的同方向变动作为资本价值实现的条件之一。这样，经营者进行股票市价操纵，从而使股票市价与企业实际资产价值相背离的空间大大缩小。

此外，在对经营者实行股票期权的操作中，经营者的风险规避度是另外一个值得注意的因素。因为在经营者期权收益的计量上，一般的分析都建立在布莱克-斯科尔斯期权定价模型之上，但这一模型进行收益计量时的隐含前提是任一证券组合的瞬时收益率一定与其他短期无风险收益率（risk-free rate）相等。倘若前者低于后者，持有者可以通过卖出证券组合后再用其收入购入无风险证券

---

① 魏刚．高级管理层激励与上市公司经营绩效[J]．经济研究，2000(3)．

来获取无风险收益。这样，在实施股票期权时，经营者和企业股东都将面临相同的机会成本。但在实际运作中，经营者持有的期权在到期日之前一般不能交易，即无法像布莱克-斯科尔斯期权定价模型中的套利者那样可以即时获得无风险回报。经营者在这里实质上承担了更大的机会成本和风险。经营者一般会认为布莱克-斯科尔斯期权定价模型在事实上高估了期权报酬的效用。因此，企业决定对经营者实施股票期权时，在期权的数量和价格的选择上如何合理地加入这一风险补偿因素，从而真正实现股票期权应有的功能，将是企业所有者不得不重视的又一现实问题。

阅读材料6-4

苏宁授管理人员4376万份期权①

苏宁电器2008年7月29日发布公告，推出《2008年股票期权激励计划(草案)》，计划授予公司管理人员4376万份股票期权，每份期权可认购一股苏宁股票，行权价58元。

授予对象：公司总部及地区管理中心的55名管理人员。

具体操作方法：苏宁电器此次股权激励计划在五年内分三期行权。行权条件为：第一个行权期，2008年度公司净利润较2007年度的增长率达到或超过60%，且2008年度的每股收益不低于1.60元。第二个行权期，2009年度公司净利润较2008年度的增长率达到或超过40%，且2009年度的每股收益不低于2.2元。第三个行权期，2010年度公司净利润较2009年度的增长率达到或超过30%，且2010年度的每股收益不低于2.85元。

公告显示，根据布莱克-斯科尔斯期权定价模型估算，本激励计划(草案)公告前一日，期权理论价值约为6.83亿元。由本次股权激励产生的期权成本，根据授权日期权理论价值计算，并在等待期内摊销，每年摊销的期权成本将在经常性损益中列支。

思考与提示

1. 苏宁电器管理人员的期权计划有哪些问题？
2. 苏宁电器管理人员的期权计划问题如何优化？

① 周益广.苏宁再提股权激励方案，授管理人员4376万份期权[N].21世纪经济报道，2008-07-30.

本章重要概念

基层管理类职位(basic management position)
中层管理类职位(middle management position)
营销类职位(marketing position)
生产技术类职位(production technical postion)
研发技术类职位(research and development technical postion)
经营者年薪(enterprise operator salary)
股票期权(stock option)　薪酬设计(compensation design)

本章思考题

一、简答题

1. 基层管理类职位的工作特征有哪些?
2. 基层管理类职位薪酬管理模式有哪些?
3. 营销类职位的工作特征有哪些?
4. 营销类职位的薪酬模式有哪些?
5. 营销业务类职位与营销管理类职位的薪酬管理差异体现在哪里?
6. 生产技术类职位与研发技术类职位的薪酬设计有何差异?
7. 经营者年薪与股票期权设计的形式有哪些?

二、案例分析题:央企高管 60 万年薪到底高不高①

国有企业高管收入与职工和其他社会群体收入差距久为公众苛责。2002 年,我国开始推行国有企业高管年薪制,规定高管年薪不得超过职工平均工资的 12 倍。2009 年 9 月,国家规定央企高管的年薪上限为上年度中央企业在职职工平均工资的 20 倍。这已经是 2004 年以来有关央企高管薪酬管理的第五个文件。文件年年出,但薪酬标准从 12 倍涨到 20 倍,平均薪酬更是年年高。2004 年至 2007 年,国务院国资委监管下的央企高管的平均年薪分别为 35 万元、43 万元、47.8 万元和 55 万元,年增长 14%左右。

国有企业高管薪酬到底该怎么发?与国外相比,中国国有企业高管薪酬高不高?天价薪酬到底会伤害谁?这一系列问题再度为社会热议。

先在国内比:2009 年中国城镇居民人均可支配收入 17175 元,农村居民人均

① 程惠建.央企高管 60 万年薪到底高不高?[N].国际金融报,2010-03-11(2).

纯收入5153元。60万年薪相当于城镇居民收入的35倍,相当于农村居民收入的116倍。中国经济最发达的上海市2009年最低工资标准是960元。60万年薪相当于这一数字的625倍。

再与国外比:2009年中国GDP总量33.5万亿元,按13亿人计算,人均GDP是25769元。国有企业高管的60万年薪相当于人均GDP的23倍。有专家据2008年度数据研究后发现,挪威国有企业高管工资是人均GDP的1.2倍,瑞典是1.6倍,法国是1.9倍,英国是1.4倍,美国是3.4倍,日本相对较高为4.3倍。中国央企高管工资是他们的15倍至31倍。

国务院国资委认为真正能从根本上解决国企直至其下属成员企业高管薪酬问题的办法,是逐步、循序渐进、彻底地实行价值管理。因为价值管理能有效地解决现行经营业绩考核体系中某些被高管层所"合法"操纵的弊端。并从2010年起,在中央企业全面推行经济增加值(EVA)考核与薪酬激励。

分析与探讨

1. 国有企业高管的薪酬确定需要考虑哪些因素?

2. 经济增加值考核是否能真正体现国有企业高管的业绩或贡献?

本章推荐阅读书目

1. 李莉. 薪酬管理[M]. 北京:中国人民大学出版社,2004.

该书共收录了《哈佛商业评论》发表于1993—2001年间关于薪酬管理的八篇文章,讨论的主题包括股票期权、高层管理者报酬、奖励计划、薪酬决定机制、收入制度的公开等。各篇文章侧重于在企业薪酬管理实践的基础上进行思考和分析。全书不仅提供了大量极具实用价值的实践经验,而且提出了令人耳目一新的思想和观点。

2. 曾湘泉. 薪酬管理[M]. 2版. 北京:中国人民大学出版社,2010.

该书兼顾薪酬管理基本原理和具体技术。具有以下特色:①系统性,对战略、职位、能力、市场、绩效、福利、预算、外部环境等与薪酬的关系进行了全面、系统和深入的阐述;②实用性,关注薪酬设计的具体方法,突出薪酬管理的应用技术,结合了作者多年的管理咨询经验,内容丰富且实用;③前沿性,包含国内外最新的薪酬管理理论研究成果和操作技术。

薪酬诊断管理

本章导读

薪酬满意度诊断是企业进行薪酬改革的直接依据。本章将对薪酬诊断的背景与方式、薪酬诊断的内容与方法以及薪酬诊断的操作流程等内容进行解析，并结合企业薪酬诊断与咨询中的现实案例，讨论企业薪酬体系诊断的特征，力图解决薪酬诊断中的技术性问题。本章要求了解和理解薪酬满意度的内涵、维度及其影响因素，掌握薪酬满意度诊断的技术和工具。

第一节 薪酬诊断的背景与方式

一、薪酬诊断的内涵与时机

企业薪酬的重要性和导向性非常明显，企业的薪酬制度直接为员工建立起了报酬支付的政策和程序，并且直接向员工传达了什么是有价值的、得到企业认可的行为。然而，薪酬管理一直是组织和个体所关注的焦点，原因就在于企业的薪酬制度设计几乎不可能做到让每一个员工都感到满意。一旦企业出现了员工工作积极性不高、员工流失率增加或者薪酬满意度降低的情况，企业就需要考虑进行适当的薪酬制度调整或变革。

薪酬诊断是进行薪酬管理调整或变革的前提。薪酬诊断源于人力资源管理诊断,是现代人力资源开发与管理活动中的重要内容之一。薪酬诊断是一种顾问性管理服务活动,企业通常的做法是聘请外部人力资源管理专家,针对企业薪酬管理中各个环节的实际状况进行调查,用科学的方法进行分析研究,进而提出合理意见或改革方案。

目前,我国许多中小型企业正面临着改革,自身存在着隐患,其薪酬制度要么不健全,要么不适合企业的实际需要,最终导致企业人才流失。因此,薪酬诊断与变革对于当前中国企业来说,显得尤为重要。通过薪酬诊断,可以帮助这些企业完善薪酬体系,可以指导他们如何提高员工薪酬满意度,进而更好地培养人才、吸引人才和激励人才。

(一)薪酬诊断的内涵

1. 薪酬诊断的概念

薪酬诊断是诊断人员在对企业现有薪酬管理诸环节运行的实际状况和发展趋势进行调查的基础上,评估企业薪酬理念、薪酬结构、薪酬体系、薪酬水平、薪酬支付形式以及薪酬与考核对接等一系列薪酬管理工作的性质和特点,发现其中存在的问题,提出合理意见或改革方案的过程。薪酬诊断的实质是一种顾问服务活动,通过诊断者的专业评估和意见,明确企业和员工的切实需求,确定薪酬设计的方向,促成企业员工之间、职位之间以及员工和职位之间动态地适应,提高企业薪酬管理的质量。

薪酬诊断工作是企业对新的薪酬制度进行设计的前提步骤,就如同医生给病人看病。医生根据病人的症状描述和身体检查,得出诊断建议,进而才能开出药方对病人进行有针对性的治疗。事实上,在薪酬设计的问题上,永远没有唯一正确的做法。所以,薪酬诊断的关键在于判断现行的薪酬制度是否适合企业自身特点。

2. 薪酬诊断的主体和客体①

企业在进行薪酬诊断之前,必须首先明确薪酬诊断的基本要素,以便为有效地诊断工作做好准备。而薪酬诊断的基本要素主要是指诊断的主体和客体。

薪酬诊断的主体即是诊断者,是企业薪酬诊断工作的承担者。对于企业薪酬诊断到底应该由哪些人员承担,各界人士有着不同的看法。一般来说,薪酬诊断主要是由企业主管领导派出或者聘请具有丰富薪酬管理知识和诊断经验的人力资源管理专业人士或专业机构组织对企业内部员工的薪酬制度进行诊断。从这种意义上说,企业主管领导、人力资源专业人士或专业机构组织、企业员工既是薪酬诊断的参与者也成为薪酬诊断的主体。

---

① 赵曼,陈全明,张广科. 公共部门人力资源管理[M]. 2版. 北京:清华大学出版社,2011:339.

薪酬诊断的客体即是企业薪酬设计和管理的症状，这些症状可能是薪酬制度设计本身的漏洞，也可能是隐藏在薪酬制度背后的薪酬管理过程中的问题。所以，薪酬诊断的客体可以看成是由薪酬制度和薪酬管理两大部分组成。其中，薪酬制度作为诊断客体主要包括基本薪酬制度、可变薪酬制度和间接薪酬制度三块。薪酬管理作为诊断客体主要包括薪酬体系管理、薪酬水平管理、薪酬结构管理、薪酬形式管理等模块。薪酬制度设计和管理行为中的每项具体工作都会从不同侧面、不同程度影响着企业薪酬效果。因此，与薪酬有关的每项具体工作的症状都是企业薪酬诊断的对象，即是诊断的客体。

（二）薪酬诊断在薪酬管理中的定位

1. 我国企业进行薪酬诊断的必要性

我国企业进行薪酬诊断的必要性主要根源于薪酬管理中存在较多的问题。主要包括两个方面：一是企业的薪酬系统设计本身缺乏依据或存在漏洞，或者目前的薪酬体系已不适应企业的发展现状；二是企业薪酬制度在管理过程中出现了较多的扭曲和变形。

以上两个方面的问题具体包括以下几种表现形式：

1）企业薪酬战略定位不合理，与发展战略脱节

企业的薪酬战略是企业人力资源战略的分解和细化，薪酬战略的中心是以一系列薪酬选择帮助企业赢得并保持竞争优势。但目前，我国企业在薪酬战略上不合理的现象比较普遍。一种情况是企业本身没有建立清晰的战略和远景目标，导致企业的人力资源战略和薪酬战略缺失，企业的薪酬管理体系也没有明确的方向。另一种情况是有些企业虽然建立了自身的发展战略，但企业的薪酬管理与企业战略和人力资源战略脱节。

上述因素导致这些企业无法合理判断在企业发展的不同阶段，对企业不同的职位类型，应运用何种薪酬模式和薪酬策略。例如，企业在发展初期是采用“领先型”、“跟随型”、“滞后型”薪酬策略，还是采用“综合型”薪酬策略等。或者运用了某种薪酬模式，但对该模式的精髓把握不够，出现了诸多偏差和变形。

2）薪酬的内部公平性不足

在管理基础薄弱的企业中，薪酬的内部不公平引致的问题比薪酬的外部竞争性不足引致的问题更为严重。

首先，企业一般会比较注意到薪酬管理中不同等级员工的纵向公平，即生产要素所有者所得的公平，使员工得到的薪酬与他们的相对工作价值或企业的贡献相当，而往往忽视同等级员工薪酬的横向公平。比如在企业薪酬诊断咨询中，经常会遇到一些这样的问题：“职能部门与业务部门人员的待遇如何平衡”、“销售人员与技术人员的待遇应如何平衡”、“同一行政级别的待遇都应该是一样的

吗"等。显然,造成企业薪酬内部不公平问题的根源之一就是企业中职位的价值评估不尽合理或不够量化、不够客观。

其次,企业往往注重薪酬设计结果的公平,而忽视了对薪酬界定的程序公平的关注。许多企业的薪酬管理过程都不透明,薪酬设计过程也缺乏与员工有效地互动和沟通。实际上,薪酬设计的程序公平也开始成为员工关注的焦点。例如,一些中小企业在管理制度走上正轨之前,都倾向于选择保密薪酬制度,以期减少员工与企业、员工与员工之间的矛盾。但由于员工的公平标准受制于各自的主观判定,沟通的缺乏依然可能使薪酬信息被误解,导致员工消极怠工、工作质量降低,甚至选择离职。此外,企业的薪酬管理体系是否具有战略导向性和激励性,很大程度上取决于员工对于薪酬体系的理解和认同。因此,企业在薪酬管理和薪酬设计过程中,重视与员工之间的互动和沟通是非常重要的。

3) 薪酬结构失衡

薪酬结构由各种薪酬单元组成,这些薪酬单元一般可分为固定薪酬(基本工资等)、浮动薪酬(绩效工资、奖金等)和间接薪酬等三类。实践中,薪酬结构失衡主要有两种体现:第一种是薪酬结构的失衡,致使企业的薪酬体系在运行过程中缺乏足够的灵活性,无法满足多数员工在薪酬方面的不同需求,特别是对员工的短、中、长期激励的组合效果产生影响。比如,在很多管理基础薄弱的企业中,很多企业将福利完全变成了保健因素,激励效果很差,自助福利的设计没有引起重视。第二种是各类人员的薪酬单元组合比例失调,如固定工资比例过高,绩效工资比例过低,容易导致薪酬的激励作用无法有效发挥。

4) 薪酬和绩效表现关联性不强,缺乏激励作用

在薪酬管理中,实行浮动薪酬或绩效薪酬的目的,就是让员工的薪酬与企业的经营业绩、团队业绩或者个人业绩相关联,以实现企业与员工之间风险共担、利润共享。在科学的薪酬管理中,一般会通过调整工资的等差、职位等级的级差、薪酬总额的计划比例、薪点值、考核系数来让薪酬"动"起来。

但在部分企业中,员工的薪酬和绩效没有很强的关联。员工的薪酬变得极具刚性,没有较好地体现出薪酬的激励作用。而造成薪酬静态化的一个重要原因是企业的绩效管理水平较低,没有科学的依据来让薪酬"动"起来。动态薪酬静态化最常见的一种形式是绩效工资和奖金的发放没有和绩效考核结果挂钩,导致"干多干少一个样"、"出工不出力"现象的发生,严重影响了员工的工作积极性。另外一种常见的现象是动态薪酬的发放虽然与绩效考核结果挂钩,但是绩效考核结果不是实际绩效的真实反映,使得动态薪酬的发放流于形式,无法有效发挥其激励作用。

2. 薪酬诊断的作用

企业的薪酬制度与每个员工的切身利益密切相关,对企业的经营运作也会

产生直接影响。一般来说,企业进行薪酬诊断主要有以下几个目的:

1）发现企业现有薪酬管理中的问题与原因

企业期望通过薪酬诊断行为达到的直接目的就是发现企业现有薪酬管理中的问题,可以帮助企业判断目前的薪酬体系是否切实有效,并分析原因,以及是否要对现有的薪酬制度进行改革等。

2）了解企业薪酬管理方面的潜在需求

薪酬诊断过程中的薪酬满意度调查可以帮助企业了解员工在薪酬管理方面的潜在需求。例如,企业是需要加强薪酬支付的内部公平性还是需要提高外部竞争力,是需要变革薪酬制度本身还是需要改进薪酬管理措施等。这些问题在薪酬诊断中都可以找到答案。

3）明确企业薪酬管理现状与目标之间的差距

薪酬诊断还可以帮助企业明确薪酬管理的目标,并找出现状和目标之间的差距。当企业需要做出薪酬决策的选择时,薪酬诊断的过程和结果能够为其提供有利的数据支持。同时,薪酬现状和目标之间的差距分析可以为建立新的薪酬管理体系提供依据。

4）建立和完善企业新的薪酬管理体系

薪酬诊断的结果之一是给企业建立和完善新的薪酬管理体系,最终目的是促使企业薪酬管理体系与企业发展战略相适应,同时帮助企业提高薪酬管理水平和运行效率。

（三）薪酬诊断的影响因素

薪酬诊断是一种高层次的管理活动,也是一项政策性强、技术性高的工作。薪酬诊断并不是万能的,它受到很多其他因素的制约,诊断过程和诊断结果也具有一定的局限性。一般来说,薪酬诊断的结果是否科学、合理,主要影响因素包括以下几个方面:

1. 企业战略

企业战略通常分为两个层次,即企业发展层面的战略模式和企业竞争层面的战略模式。前者确定的是企业的发展方向和发展领域问题,后者确定的是企业在既定的领域或发展方向内部采取何种策略获得竞争优势的问题。

企业的战略决策决定企业员工的类型、规模和数量结构,从而确定了薪酬的支付对象和支付规模。如企业在某个发展阶段强调以研发为战略重点,那么,研发人员所占的比重相对较大,研发人员也将成为薪酬激励的重点。此时,企业战略明确了薪酬激励的方向和重点。企业战略还决定了薪酬水平与市场工资水平的关系,即企业薪酬水平的决策类型。企业处于初创、成长、平稳发展和衰退等不同发展阶段通常会采取不同的薪酬决策。

因此，在对企业进行薪酬诊断时，明晰企业当前的发展战略是前提条件，薪酬诊断必须在企业发展战略这个大的背景下实施。如果企业的战略不明晰，或者战略出现了偏差，必然会影响企业薪酬诊断的效度和信度，以及由薪酬诊断引出的薪酬制度改革能否成功。

2. 企业类型与体制

薪酬诊断不能看成是万能法宝，需要结合不同企业类型进行“对症下药”。

例如，国有企业一般受到政策和法律环境的影响，其薪酬制度有明显的制约性，再加上薪酬管理的理念比较落后，这些都给薪酬诊断过程带来障碍。大多数民营企业人力资源管理不规范，薪酬诊断受到许多人为因素的影响，导致诊断结果不够客观。而外资企业或者合资企业自身普遍有一套比较完善的薪酬体制，对其进行薪酬诊断往往要注意其是否会产生“水土不服”的结果。

3. 领导者类型

实践中，不同的领导风格和方式会对薪酬诊断的内容产生影响。

通常来说，“家长式”领导者比较关心员工忠诚度，相应地对员工福利更重视。那么，在进行薪酬诊断时，福利政策诊断将会是考虑重点。而“创新型”领导者可能更偏重于对员工的激励，体现在薪酬诊断活动中薪酬激励将会成为重点。

4. 员工素质

员工是企业薪酬诊断的直接参与者，他们提供的薪酬信息会对薪酬诊断的准确性产生直接影响。如果员工不认同企业进行薪酬诊断，走入薪酬诊断即是要裁员减薪的误区，他们不配合诊断工作，提供的薪酬信息不准确甚至是虚假信息，都会导致薪酬诊断者对企业薪酬问题的现状分析产生偏差，得出的薪酬诊断结论也并不可靠；相反，如果员工愿意配合诊断工作，那么，薪酬诊断的准确性就越高，诊断效果也越理想。

阅读材料7-1

薪酬变革阻力分析①

薪酬变革中出现的部分问题与变革本身无关，而取决于变革策略与对策略的实践能力。哈佛大学商学院教授约翰·科特在其著作《管理变革》中对变革阻力进行了总结：

(1) 任何组织都会产生对变革的抵触，就像人体对疾病具有免疫力一样。许多变革失败都是因为领导人对变革阻力认识不足，或处理不当。所以，变革前管理者必须对变革阻力进行通盘的考虑。

---

① 王凌峰. 薪酬设计与管理策略[M]. 北京：中国时代出版社，2005：246-252.

(2) 来自企业内部的两种惰性：一是组织惯性，即业务活动惯性和管理体系惯性；二是个人惯性，即思维惯性和情感惯性。

(3) 在很多情况下，中层管理者是造成组织变革障碍的最大原因，他们是企业资源的现有控制者和现状的最大受益者，也是改革中的最大失利者。

(4) 来自普通员工的阻力也是常见的。由于处于弱势地位，员工常常会在口头上拥护变革方案，然而在实际工作中却往往是另外一番表现。

思考与提示

1. 如何看待薪酬变革策略对薪酬变革的影响？
2. 企业在实施薪酬变革时应注意哪些细节？

（四）薪酬诊断的时机

企业在什么时候需要进行薪酬诊断是一个十分复杂的问题。一般来说，外部环境、内部环境、薪酬管理的行为与过程、员工个体的态度和业绩、考核指标等任何一种因素的变化与调整都有可能要求对企业现有薪酬管理进行诊断。其中，外部环境的变化一般包括国家法规、劳动力市场供求关系、同行竞争者薪酬水平等方面的变化，内部环境变化一般包括企业发展战略改变、企业组织结构调整或大规模人事变动等。

企业若有下列情况也应该考虑进行薪酬诊断：从未作过诊断、意欲深入了解企业、迫切需要转型升级、急速投资扩张、每况愈下或蒸蒸日上者、公司政策沦为口号、员工不知公司愿景者等。

此外，还有一些客观原因会促使企业进行薪酬诊断。比如，需要上市的公司必须对现有薪酬体系进行诊断和重新设计，以符合上市公司的要求；企业并购之前或之后；面临改制的企业也必须相应地作出薪酬体系变革，以确保改制后的企业顺利发展。

二、薪酬诊断的方式及其选择

（一）薪酬诊断的方式

1. 内部薪酬诊断

内部薪酬诊断即企业选派内部员工进行自我薪酬诊断。通常情况下，首先需要公司内部的相关部门推荐称职的委员代表，需要组成一个咨询管理委员会；

其次，在必要的行政支持下，促使企业组织全体动员，接受调查和诊治，并提供最终的诊断报告。

内部诊断的最大优势在于企业拥有熟悉自身薪酬体系状况和职位业务的管理人员，可以避免企业商业机密外泄的问题，而且内部诊断费用比较低，许多中小企业较能承受。但内部诊断也存在诸多问题。一方面，企业内部诊断是一种高层次的智能活动，诊断任务错综复杂，而且存在技术上的困难。如果诊断者不够专业，会影响企业诊断的科学性和合理性。另一方面，内部诊断往往受传统习惯、人际关系等的影响，难以客观、公正地评价自己的企业。特别是有些诊断者明知部门存在的问题及其根源，也有所顾忌，很难指出问题的症结所在。

2. 外部薪酬诊断

外部薪酬诊断即企业聘请外部人员或组织机构进行薪酬诊断，他们通常是具有丰富人力资源管理知识和诊断实践经验的专业人士或组织机构。此时，企业是薪酬诊断的组织者，外聘专家或机构是薪酬诊断的实施者。作为第三方，外部诊断专业人士或组织机构能够避免“当局者迷”的困境，容易发现企业薪酬管理中的问题，并“对症下药”。

因此，外部薪酬诊断机构出具的薪酬诊断报告能公正客观地反映企业薪酬管理的现状，提供的薪酬改革方案也更加专业。但是，外部诊断的最大问题在于诊断者获得的企业薪酬信息不够全面，可能导致诊断者对企业实际薪酬现状的判断产生偏差。造成这种情况的原因可能是企业管理者碍于各方面压力没有提供完整的薪酬资料，也可能是员工不认同企业进行薪酬诊断而故意提供不真实的薪酬信息。此外，聘请专家或机构承担企业薪酬诊断工作，时间上不灵活，且费用较高等。

（二）薪酬诊断方式的选择

企业薪酬诊断方式的选择取决于时间、可行性、相应的费用等诸多因素。

一般而言，选择内部诊断方式的企业，往往是进行不定期的专题诊断。在正常的控制活动以及制度化的定期诊断中，常常可以发现一些共性问题，这些问题大部分由高层管理人员提出。在高层管理人员的倡导和提议下，可以就此问题组织专人进行诊断。同时，诊断必须按规定的程序和要求进行。当然，当企业选择内部诊断方式时，对企业人力资源的管理基础会有一定要求。例如，人力资源制度比较健全、管理基础比较坚实的企业，自行进行薪酬诊断的效果会相对好些。

而选择外部诊断方式的企业，一般是需要进行薪酬全面性诊断。此时，仅凭企业内部的管理能力、专业化知识以及人才储备是难以承担薪酬诊断任务的，需要考虑聘请外部人力资源专家或组织机构给予专业上的支持。薪酬改制在企业中是一项比较敏感的行为，企业内部可能会出现不同的利益相关者相互不信任的情况，在这种情况下显然不适合采取内部诊断的方式，而通过外聘专家或机构才能给出中立、客观的诊断结论，从而使内部不同的利益相关者达到某种程度上的和谐。

第二节 薪酬诊断的内容与方法

一、薪酬诊断的内容

薪酬诊断的内容在范围上可以划分为两大类：整体薪酬诊断和薪酬分项诊断。

（一）整体薪酬诊断

这类诊断站在一定的高度上，对企业薪酬诊断所应涉及的方方面面进行了一个整体的梳理，所罗列的要点基本上涵盖了薪酬体系构成的各个内容层面。目前，国内外有关整体薪酬诊断内容的研究成果主要包括“薪酬体系自我诊断表”、“尼旁（NIPPON）顾问公司人事诊断项目中的薪酬诊断”，以及“成功薪酬体系特征”等。

整体薪酬诊断经常使用的判断词语是“是否”，通过评估薪酬体系所必备关键要素的完备性，提醒企业需要考虑哪些方面，从而实现对整个薪酬体系的查漏补缺。这是一种宏观层面的诊断，旨在对企业薪酬全局有一个总体上的认识。

“薪酬体系自我诊断表”、“尼旁（NIPPON）顾问公司人事诊断项目中的薪酬诊断”，以及“成功薪酬体系特征”等三大类方法的基本内容如下：

1. 薪酬体系自我诊断表

这是在国内最为常见的一个诊断表。它从管理性、明确性、能力性、激励性和安定性五个方面提出了薪酬体系诊断建议，以是或否为备选答案。具体见表7-1。

表 7-1 薪酬体系自我诊断表示例[①]

诊断性质	诊断指标
管理性诊断	① 是否设有专门负责薪酬管理的人员 ② 是否每年举行一次薪酬调查 ③ 薪酬管理委员是否定期听取员工对薪酬问题的意见 ④ 是否定期修订、检讨薪酬制度
明确性诊断	① 是否有明确的薪酬表 ② 是否进行人事考核 ③ 大部分员工是否会计算本人应得薪酬 ④ 薪酬规章制度是否完备 ⑤ 是否制订长期薪酬计划
能力性判定	① 是否导入职务薪酬或职能薪酬 ② 是否进行职位分析与评价 ③ 是否按照技能测验、资格考试、考核制度决定职级 ④ 是否设置有职务评价委员会、职务分析委员会、薪酬委员会 ⑤ 是否设定各职务的最高任职年限
激励性判定	① 是否设定个人能力薪酬与团体能力薪酬 ② 是否根据目标业绩、利益额设定薪酬 ③ 是否设定以奖励为主旨的全勤津贴 ④ 奖金是否采取利益分配与业绩奖励的方式
安定性判定	① 现行薪酬制度是否符合生活水准 ② 企业现行薪酬标准是否达到或高于市场平均水平 ③ 过去 5 年中，企业基薪增加的比率是否与市场平均水平持平 ④ 多年来，薪酬的增长率是否高于劳动生产率的增长

2. 尼旁(NIPPON)顾问公司人事诊断项目中的薪酬诊断

尼旁顾问公司成立于 1956 年，是日本三大顾问咨询团体之一。尼旁顾问公司的人事诊断项目中有对各项人事制度的诊断，其中对于薪资制度的核心诊断包括[②]：

① 薪资体系的状态(能力与业绩的体现程度)；

② 薪资结构是否简洁明了；

---

① 王长城．薪酬构架原理与技术[M]．北京：中国经济出版社，2003：283．

② 黄志超．NIPPON——人事诊断高手[J]．中国人力资源开发，2000(3)．

③ 基本工资在整体工资中的比重；

④ 级差是否合理；

⑤ 考核与薪资的配合情况；

⑥ 升级比例；

⑦ 津贴是否合适；

⑧ 运行中的其他问题。

值得一提的是，在 NIPPON 的人事诊断项目中，专门设有一项是对规章制度的诊断，包括规章制度的执行情况、员工的理解程度、规章制度是否及时完善等。

3. 成功薪酬体系的特征

实践中，一个成功的薪酬体系应具有以下特征。

(1) 从企业战略、支付能力、人力资源需要看，它是合理的。

(2) 它能够被所有员工充分理解并视为合理，具有内部一致性、外部竞争性和管理连续性。

(3) 它必须基于整体的薪酬政策、战略环境审视的基础之上，能够回答企业的目的是什么、想吸引与保留何种类型和层次的员工等问题。

(4) 它必须基于一个变化的环境，精心设计，能够允许不断地适应因为管理调整、工资定价调整和员工沟通所带来的变化等情况。

(5) 它必须有一定的弹性，能够在特殊情况下采取某种特殊的措施。但是必须明确界定这类特殊情况，以免造成整个薪酬成本的上扬。

(6) 如果它在运行，企业必须能够吸引和保有企业所需层次和类型的员工。有可能的话，与其他的一个或多个激励计划相配合，就能够有效地激励、识别和奖励那些提高产量和质量水平的创新行为。

(二) 分项薪酬诊断

分项薪酬诊断是指对企业薪酬模块中的某一部分或某一方面的诊断或评估。如薪酬理念诊断、薪酬体系诊断、薪酬结构诊断、薪酬水平诊断、薪酬支付形式诊断和薪酬与考核对接诊断等。

1. 薪酬理念诊断

薪酬理念实际上是企业向员工传递的一种战略规划信息，通过鼓励与公司长远发展相适应的行为、态度及业绩，从而引导员工共同实现企业战略规划。薪酬理念直接影响到薪酬体系的方方面面，其中包括组织对内部公平性、外部竞争性、薪酬等级、可变薪酬，甚至福利等的不同看法。公司在薪酬分配中，应遵循企业“人力资源价值链”的创造过程进行处理。企业应该明确“奖励什么(与战略对接)，不奖励什么，奖励多少(收入差距)，如何奖励(保密还是公开，随机还是制度化)”，并实现薪酬管理的制度化、流程化、标准化。

例如，如果企业目前提倡“增量”、创新或品牌经营，则在考核和薪酬管理中就应该重点奖励“增量”、创新或品牌经营的行为。而上述行为与销售部门关联最大，企业也确立了销售部门是一线部门的理念，就应在考核标准（销售增量达到的难度）、奖励标准（提成系数的阶梯增长）、综合激励配套（降低人工成本）等方面进行系统的设计和思考，不能出现在口号或战略上重视销售，但销售人员的平均工资却低于职能部门工资的自相矛盾的现象。

通常，企业薪酬战略理念缺乏的具体表现形式包括：①薪酬无法完全体现企业的战略意图；②企业缺乏一个核心价值理念统领；③薪酬理念在日常薪酬管理中没有落实到位，流于形式等。

2. 薪酬体系诊断

在前面章节我们提到，基本薪酬、奖金和福利共同组成了薪酬体系这个整体。对企业薪酬体系的诊断必然涉及对这三个组成部分的诊断。但是，在对这三部分诊断之前我们首先应从企业战略需要和薪酬满意度两个方面进行总体诊断，看看企业现行的薪酬体系是否有理可循。因此，对企业的薪酬体系进行判断可以按照这样的思路，参见图 7-1①。

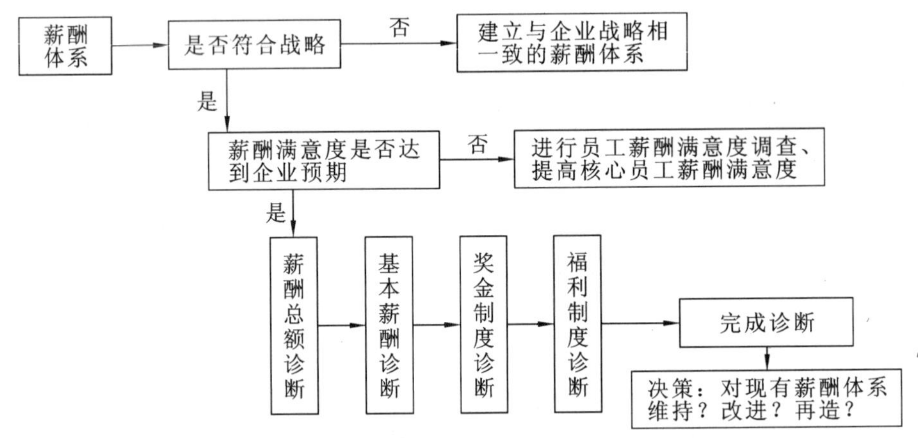

图 7-1　企业薪酬体系诊断思路

1）企业的薪酬体系是否符合企业战略需要

企业的人力资源制度、薪酬体系都是为实现企业战略而服务的。企业战略决定了企业的人力资源结构与规模，进而决定企业薪酬体系和薪酬战略。因此，应该建立与企业战略相一致的薪酬体系。

企业的薪酬体系与企业战略是否匹配，主要从以下几个方面诊断：如薪酬战略是否与企业战略匹配，薪酬策略是否与企业战略一致，薪酬模式是否与企业战

① 文跃然. 薪酬管理原理[M]. 上海：复旦大学出版社，2005：297.

略一致，薪酬制度是否与企业战略一致等

2）薪酬满意度诊断

长期以来人力资源管理理论和实践认为，诊断企业内部薪酬满意度如何应该重点放在薪酬体系本身设计是否满意、员工对于日常薪酬管理是否配合等方面，而不是简单地关注对薪酬本身是否满意。

一般可以通过员工薪酬满意度调查来判断员工对目前的薪酬体系设计和薪酬管理是否满意。进行薪酬满意度调查时需要注意以下几个方面：

首先，调查重点是员工对薪酬体系设计和薪酬管理制度，以及与同类企业同类职位进行比较的满意程度，而不是对绝对薪酬水平和满意程度。

其次，调查员工特别是核心员工离职原因中与薪酬相关的比例。不能笼统地讨论员工对薪酬的满意度，要将核心员工满意度和一般员工满意度区分开来讨论。

再次，调查结果一定要向员工反馈，让员工感到自己的意见受到企业的重视。

3）薪酬总额诊断

薪酬总额诊断涉及对基本工资、奖金、津贴、福利等企业支付给员工的全部费用的管理，其核心问题是判断企业的工资总额是否适当。薪酬总额诊断是根据企业内部环境（企业规模、经营状况、支付能力）和员工的生活成本变动，并考虑一般的劳动力市场行情，结合企业的财务报表，分析企业薪酬总额管理的状况、问题和原因，提出改进方案。

薪酬总额诊断主要从以下几个方面进行。

（1）薪酬总额是如何确定的，是根据什么方法计算得来。通常来说，工资总额预算方法主要有人力成本比率法、劳动分配率法和盈亏平衡点基准法（具体操作可参见第五章）。

（2）总体薪酬水平是否合理。常用的衡量指标有两个，即薪酬平均率与上年度的加薪幅度。

（3）是否考虑企业支付能力，主要根据企业经营状况和流动资金来衡量。

（4）薪酬总额预算时，是否参考一般劳动力市场行情。

（5）决定薪酬总额时是否应该由员工参与，与员工进行有效沟通。

4）基本薪酬诊断

基本薪酬是以员工劳动的熟练程度，复杂程度、劳动强度及工作责任为基准，在充分考虑员工工龄、职务、技能、学历和基本生活费用的基础上，按照员工实际完成的劳动定额、工作时间或劳动消耗而计付的劳动报酬。基本薪酬诊断则是对现行基本薪酬水平和内容构成进行诊断，具体情况需要根据企业所选择的基本薪酬制度来确定。

通常情况下，不同企业基本薪酬制度的组合构成包括以下几种类型：等级薪酬制(职位薪酬制、技能或能力薪酬制)、职位技能薪酬制、年功序列薪酬制和协议薪酬制等。

基本薪酬诊断主要从以下几个方面进行:

首先,基本薪酬制度是否合理。例如,是否既考虑了学历、工龄,也考虑了职位级别等因素。一般来说,以职位为基础的"基本工资+职位工资+效益工资"的薪酬结构比较通用。

其次,基本薪酬由哪些要素构成,各自在薪酬总额中占的比重如何。

再次,职位的素质要求是否与职位的工资待遇匹配。

企业中有些职位的技能水平与经验知识水平要求较高,需要从其他职位挑选优秀的员工才能胜任,但是该职位的职位工资水平低于原职位的职位工资水平。这一问题的存在导致了目前在某些职位招不到符合要求的人员,即使是那些被挑选来的技术过硬、经验丰富的人员在调离原职位后,职位工资水平比原职位还低,造成无法留住人才、人员流动性大的局面。

最后,职位工资是否能反映目前职位的责任与贡献。

实践中,企业内部一些职位的职位责任、工作内容往往随着企业的发展而发生变化(或者扩大或者缩小)。如果其对应的职位工资水平并没有发生相应的变动,这必然导致员工对职位工资的不满,或者对工作责任与内容的疏忽与懈怠。合理科学的职位工资必须能够体现该职位所要求的技术、知识水平、职位责任、工作环境等因素,否则即使职位工资水平足够高,也不能提高员工的薪酬满意度。

5) 奖金制度诊断[①]

奖金也称奖励工资,是为员工超额完成了任务或取得优秀工作成绩而支付的额外薪酬。奖金制度诊断的目的在于对员工进行更充分的激励,促使其继续保持良好的工作势头。

奖金制度诊断主要从以下几个方面进行。

(1) 奖金总额的决定方法和奖金的分配机制是否妥当。诊断重点在于奖金的标准是否固定。一般而言,奖金计划所依据的标准应该是固定的,即应规定什么情况下这样的标准有效;奖金标准还必须明确,而且在一定时期内必须保持一致。

(2) 员工的努力程度是否与奖金有直接的关系。成功的奖金制度标准之一就是使员工相信可以通过自己努力获得相应的奖励。这个标准必须是科学合理的,如果奖励标准过高,员工没有信心,便失去了奖励的导向性;反之,如果奖励标准过低,每位员工能很轻松完成任务,便失去了奖励的激励性。也就是说,这

---

① 文跃然. 薪酬管理原理[M]. 上海:复旦大学出版社,2005:298.

个量的标准应该建立在严格的工作分析和劳动定额基础之上。员工对于整个工作过程应该是自己可以控制的，自己的努力程度越高，工作绩效也相应提高，这样才能鼓励员工提高工作效率。

(3) 奖励是否对员工具有吸引力。奖金计划必须有针对性，由于奖励对象不同，必然导致员工的差异化需求。比如，核心员工更看重的是精神方面的满足，他们渴望取得出类拔萃的工作成果，得到同事们的认可，注重自我价值的实现。所以，企业对知识员工的精神激励应当把长期激励与短期激励结合起来，如提供更多的培训、晋升的机会等。

(4) 奖励制度是否透明，易于计算。奖励制度的透明度对于员工的激励作用更加直接有效。很多时候，员工除了关心自己的奖金收入外更关心同事的奖金收入情况，尤其是和自己处于同类职位同等级别的同事。横向的公平对他们来说更能提高薪酬满意度。比如，对于一个大区的销售经理来说，如果奖励制度透明且易于计算，他可以明确地知道自己的销售团队可以拿到多少红利。同时，按照同等标准，也能计算出其他销售团队的奖金收入。如果本月可能超额完成销售任务，他就会动员团队成员加快进度，提高效率，以便拿到更多的奖金。

6) 福利制度诊断

企业的福利制度一般包括国家法定福利和企业补充福利两部分。对企业福利是否健康的判断主要从以下几个方面进行。

(1) 企业现有的福利制度是否符合国家法定福利的要求。国家对于法定福利的标准、种类和比例都有一个明确的规定。因此，企业的法定福利体系需要严格按照国家法定福利的各个环节、各个项目与具体制度确定。如法定福利项目和标准的确定、法定福利待遇的发放、对法定福利活动的监督等。

(2) 企业的补充福利部分是否切实有效。企业在实施补充福利诊断的过程中，首先应当诊断企业补充福利总额和预算计划是否合理，能否与员工需求相匹配。其次，应诊断企业是否让员工清晰了解实施补充福利项目的性质、设施或服务起始和执行时间及受益对象。最后，应确认相应员工直接受惠项目和生活配套项目，以便有效评价其措施效果。

(3) 福利成本是否可控。在诊断中，应该关注企业是否把福利项目纳入人力成本核算之中，并以投入和支出作为会计的核算和分析内容。从发展趋势来看，企业应当注意两个方面：一是更加注重员工福利支出的效益和福利成本的控制问题；二是从更长远的利益、更宏观的层面，关注员工福利及组合方式的演进，把握其综合效应。

3. 薪酬结构诊断

1) 企业的薪酬体系是否具有内部公平性

根据公平理论，企业不仅要考虑薪酬水平的外部竞争力与内部公平性保持一致，还要重视在同一个组织内部那些承担相同工作或者具有相同技能水平的员工之间的薪酬关系问题。因此，对企业薪酬体系是否具有内部公平性的诊断，就是要检查一个企业在以职位价值为基本的工资支付基础时，职位价值评估是否准确、公正。

薪酬内部公平性主要可以从以下几个方面诊断。

(1) 企业是否采用了正确的评估方法。职位价值评估主要有四种评估方法：职位排序法、职位分类法、要素比较法和要素计点法。不同的方法适用于不同的企业，企业应该根据自身的特点选用正确的评估方法。例如，职位排序法适用于职位设置比较稳定、规模小的企业；职位分类法适用于各职位的差别很明显或者大企业的管理职位；要素比较法适用于能够随时掌握较为详细的市场薪酬标准的企业；要素计点法适用于职位设置不稳定、对精确度要求较高的企业。同时，在选择评估方法时应该考虑组织规模、职位数量和差异、组织结构、企业发展周期、行业性质、企业文化等几个方面的因素。

(2) 企业是否选择正确的评估指标。企业选择评估指标时应遵循一些基本原则。具体包括：①全面性原则，即职位价值评估指标应能全面反映所有待评价职位的工作特性；②适用性原则，即必须从企业生产和管理的实际出发，提高职位评价的应用价值；③独立性原则，即指标之间应该相互独立，避免交叉和重复评价；④可评性原则，主要是指能够制定统一的评价标准来评定或测定评价指标；⑤经济性原则，即职位评价所投入的成本不应该超过由此给企业带来的收益。

(3) 评估指标的权重是否正确。指标权重通常可以从四个方面考虑：行业性质、企业需要、职位工作内容和各评价指标的含义。为各指标确定权重的方法主要有以下两种：

一是排序法，即先选定一个最为重要的指标，然后直接判断其他各个指标对该指标的相对价值，最后计算出各个指标的权重。

二是矩阵法，即先对相同层次上的各个评价指标的重要性做两两配对比较，并根据其对重要性的差异程度赋予两个比较指标不同的得分，可以得到一个得分矩阵，然后计算该矩阵，最后得到该层次上各个指标的相对价值，即权重。

2) 工资差别是否合理

对于企业工资差别是否合理的诊断，主要是诊断企业的工资主要有哪些差别，工资等级的重叠是否合理等。一般包括以下内容。

(1) 不同职位之间的收入差距是否公平。例如，是否存在不同部门增量考核基准不同，导致不同类别职位之间实际收入差距过大。

(2) 相同职位之间的收入差距是否合理。企业相同职位类别之间收入差距的不公平感要远远高于公司不同职位类别之间收入差距的不公平感，需要企业特别关注。

(3) 企业是否根据实际工作的复杂程度、强度、责任和环境状况等划分出不同的工资等级。

(4) 在对各种劳动或工作进行分析评价的基础上，是否是以劳动质量的差别确定工资分配的差别；同时，能够客观反映各等级劳动或工作之间的平均劳动质的要求和标准的差别。

(5) 工资等级制度化方式是否根据阶段性的技术和专业，以及员工素质水平确定。

(6) 相邻的两个收入等级之间重叠的部分是否合理等。

4. 薪酬水平诊断

对企业薪酬水平的诊断实质上是对企业薪酬外部竞争力的诊断。薪酬水平诊断主要是对组织中各部门、各职位及整个企业平均薪酬数额或者水平的诊断，主要从以下几个方面进行。

1) 企业薪酬外部竞争力诊断

企业根据组织战略和薪酬外部市场调查结果，确定本组织合适的薪酬战略和薪酬水平定位，以此来保持组织对核心员工以及外部优秀人才的吸引力。诊断的内容一般包括以下几个方面。

(1) 在正确的薪酬调查数据的基础上，将企业的薪酬水平与市场工资率进行比较。主要包括企业工资率的数据是否都准确、企业的工资政策与市场工资率数据的关系如何等。通过对企业现有的薪酬政策与市场工资率的比较，可以判断企业的薪酬制度是否具有外部竞争力。

(2) 企业在做薪酬调查时，是否对企业应该调查到的主要方面进行了调查，并且获得了正确的信息。一般来说，薪酬调查涉及的范围主要包括行业、区域和竞争对手。

(3) 企业是否选择了正确的薪酬决策类型。不同的薪酬决策类型影响着组织实现不同目标的能力，这种能力反过来又会影响组织的效率。例如：领先型策略最大的优点在于吸引员工，减少员工在薪酬方面的不满；追随型策略没有独特的优势；滞后型策略的优势在于控制成本；而综合型策略则把薪酬扩大到非货币范畴，关注的是员工获得的总体报酬对员工产生的心理效用，用灵活的组合来替代简单的薪酬水平差别。当然，不适当的薪酬决策类型可能造成操作方面的困难，进而导致员工的不公平感。

2) 薪酬水平定位是否具有差异化

即针对不同类型的员工是否采取不同的薪酬决策类型。具体来说，是否对核心员工采取领先型的薪酬策略。根据薪酬管理中的“80/20 效率法则”，薪酬分配应向企业中相对少数关键员工倾斜，对支撑企业运作的核心人员要给予富有吸引力的报酬。但是，这种“倾斜”要把握一个度。如果与非核心员工的薪酬水平差距过大，会造成企业内部不公平感。显然，薪酬设计没有完美可言，不可能有人人都满意的薪酬方案，只要关键员工和多数一般员工在大体上达到满意与和谐即可。

3）薪酬水平诊断还需要判断企业是否具有正常的薪酬增长机制

（1）企业是否有正常的工资总额增长机制。包括是否建立系统化、规范化工资总体增长机制（如与总利润增长率挂钩，2～3年调整一次等），以及个体非晋升情况下的工资增长制度，并且明确相应的调整依据和原因。在对薪酬水平的诊断过程中，员工往往遇到这样的难题：企业利润总额上升，工资成本增加，员工却没有感到工资水平提高。结果是导致员工薪酬满意度低，工作积极性降低，企业效益下降。导致这种情况的原因，除了企业缺乏合理的薪酬总额增长机制外，也与企业业绩上升，高管薪酬增长较快，中层管理人员薪酬也会相应增加，导致基层员工薪酬与企业发展及财务指标关联性不强，以及企业效益好了，人员基数增长较快，提拔员工过多，工资成本增加等两大因素相关。

（2）个体薪酬总额是否存在正常的增长机制。个体的薪酬总额增长主要与个体的学历、资历、业绩等挂钩。当然，如果仅仅只是每年增长十几元的工龄工资，员工的积极性会不高，激励力度也是有限的。对于那些结构扁平、垂直晋升层次不多、对职位技术要求较高、员工的灵活性和创造性对企业影响较大的企业，我们推荐建立基于宽带薪酬的员工工资正常晋升通道。

4）企业的薪酬预算、控制方式以及合理避税等方面是否合理

有效的薪酬预算和成本控制可以帮助企业控制和评估人力资源合理的投入和产出，也能帮助企业有效地控制人力资源开支，确保在预算期内支出受到一定程度的协调与控制。

（1）在预算的过程中，企业是否考虑外部市场环境和企业的内部环境。前者主要是指劳动力市场的相关企业的薪酬水平和薪酬结构方面的信息；后者主要取决于企业的财务状况、人力资源战略和组织既有的薪酬决策。比如，人员流动问题、招募新员工计划和市场领先型薪酬策略等。这些因素对薪酬预算都会带来种种影响。

（2）薪酬平均率的数值是否接近1。如果越接近1，则实际平均薪酬越接近于薪酬幅度的中间数，薪酬水平越理想。

（3）企业的年度加薪幅度是否控制在合理的范围内。如果年度加薪幅度过大，说明企业的总体人工成本增长得越快，要注意适当地加以控制，使其保持在企业所能承担的范围内。

（4）企业是否有效地控制薪酬成本。薪酬成本控制主要是劳动力成本的控制，即控制企业的人力成本，主要包括控制雇佣量、调整薪酬结构、利用薪酬技术

等手段。

5. 薪酬支付形式诊断

薪酬形式管理往往需要决定总薪酬的各个组成部分的支付形式和支付周期。薪酬支付形式诊断主要从以下两个方面进行。

1）薪酬是以什么样的形式支付

是货币、股票，还是实物、培训、带薪休假或健康保险，不同层次（高层、中层、基层）的员工对此需求的排序存在重大差异。薪酬支付形式诊断的关键是判断企业是否解决好薪酬分配中的两类矛盾。

（1）企业是否解决好薪酬分配中老员工与新员工的矛盾。这种矛盾的表现形式有二：一是老员工收入大大超过新员工，二是新员工收入大大高于老员工。第一种矛盾表现形式的根源在于企业创业初期，必然是投入多，收入少，往往通过股票期权的方式激励员工。企业发展起来后，老员工可以通过员工持股等形式分享更多的企业剩余。最终老员工可以用股票收入养老，不求有功但求无过，甚至压制了新员工的成长和上升通道。第二种矛盾表现形式的根源在于企业为了吸引部分高素质人才或“空降兵”，往往通过协商工资的形式确定其得到的薪酬待遇，而这种分配方式却会打破企业原有薪酬体系的均衡，进而引发老员工不满。

一般来说，青年员工对工作的安定性需求不大，不喜欢具有约束力的工作制度，希望及时得到肯定，重视个人的成长机会。因此，弹性的工作时间、奖励休假、更多培训或学习机会等措施都可以帮助企业更好地激励青年员工。而老员工则更看重保障性强的福利，如弹性退休制度、返聘制度、股票期权等方式都能满足老员工的需求。

（2）企业是否解决好薪酬分配中个体与团体的矛盾。个体与团队薪酬分配的矛盾主要是指企业薪酬分配的重点是什么，是重在奖励团队，还是重在奖励个人，以及如何兼顾团队与个体的利益，对团队的绩效考核以及价值分配是否存在问题。

例如，团队激励中往往存在社会惰性和“搭便车”现象，即团队中某些成员付出很少，却能拿到和其他人同样的报酬，造成团队成员都向偷懒者看齐，严重影响了组织的整体绩效。而员工的个人激励计划是针对员工个人的业绩考核，报酬的支付也是一次性的奖励，并不计入基本工资。如果过于突出个人奖励，则会对团队造成一定的负面影响，它可能导致团队内成员的竞争和怨恨，从而导致团队破裂。

2）薪酬支付的周期是否合理

薪酬支付的周期主要涉及是周薪、月薪，还是半年发放或年薪制等内容。组织中的不同类型的员工对此的需求也存在一定的差异。

(1) 企业是否解决好薪酬分配中长期与短期的矛盾。一般来说,企业短期激励的方式主要是现金形式的货币支出,企业长期激励的方式主要是非现金形式的货币收入和非货币收入。

但薪酬是企业成本的重要构成部分之一,如果在短期内企业的薪酬水平过高,虽然有利于吸引高素质人才,但必然会给企业的现金流构成较大的压力,甚至影响企业的长远发展。但如果企业在短期内的薪酬水平过低,缺乏竞争力,必然不利于企业人才的引进与激励。因此,企业的薪酬支付必须注意长期、中期和短期的利益均衡,注意工资、福利等现期支付与股票、企业年金等长期激励形式的均衡。处理不好,企业虽然付出了薪酬成本,却可能没有激励甚至弱化了其所期望的员工行为和公司业绩。

(2) 企业工资发放是否及时。通常,企业的基本工资和职位工资发放比较及时,员工满意度也比较高,但效益工资的发放周期较长。许多企业效益工资实行季度考核、半年发放一次,无法体现及时激励原则。企业应尽可能地缩短效益工资的发放周期,并规定部门负责人有义务向员工解释其效益工资的升降情况,形成由“绩效考核”到“绩效管理”的良性循环。

6. 薪酬与考核对接诊断

在人力资源管理的诸多环节中,薪酬管理与绩效考核的联系最为密切,是对绩效考核结果的直接运用和强化,但也最容易在对接方面出现问题。如果组织考核体系中的考核指标、考核主体、考核权重、指标标准、考核过程等方面不尽科学或流于形式,出现考核结果“失真”的情况,则薪酬体系、结构再完善,薪酬水平再高,员工对薪酬的满意度也会比较低。

目前,大多数企业在薪酬与考核对接上主要出现三种误区:一是薪酬与考核没有挂钩;二是薪酬与考核乱挂钩;三是薪酬与考核挂钩比例过高。

薪酬与考核对接可以从以下几个方面诊断:

1) 工资与绩效是否联动,对员工是否有激励作用

“为了考核而考核,为了量化而量化”的绩效考核现象在企业中普遍存在,导致员工完成了工作任务也意义不大,而且动力不足,存在相应的人浮于事的现象。

在这种情况下,企业想奖励的行为和想处罚的行为,因为企业内部的差距较小,而无法真正起到作用。随着绩效系统的细化,企业应进一步扩大收入差距和奖惩力度。

2) 绩效考核体制是否健全

由于大部分企业现有的绩效考核体系还不健全,并且缺乏有效的激励机制,这种情况要么导致企业的高级技术人员、管理者的工作缺乏持续动力,要么引出一些不规范的操作手段,使企业核心资产体外循环,从而出现了“穷庙富方丈”的畸形现象。

3）效益工资设计是否合理

在部分企业中，存在所谓的“负向激励”，即员工在期初就知道，无论怎么努力，期末肯定会被扣工资。企业的初衷是设计效益工资来激励员工努力工作，但较高的考评指标会导致员工从一开始就放弃努力。因此，对企业各类员工应当根据各个职位的不同要求做不同的考评，突出少数几个“关键指标”，不宜面面俱到、高不可攀。

（三）薪酬诊断的几个参考指标

1．人员变动状况的指标

人员变动状况主要是指新员工入职和现有员工的离职情况。一般而言，企业的薪酬制度不合理的一个直接表现就是企业的人员变动比较频繁。具体的衡量指标包括以下几个：

（1）就职率＝新就职人数/员工总人数；

（2）员工增长率＝（本年度员工人数－上年度员工数）/上年度员工数；

（3）离职率＝每年离职人数/员工总人数；

（4）离职增长率＝（本年度离职人数－上年度离职人数）/上年度离职人数；

（5）员工固定率＝（月底员工数－该月离职总数）/月底员工数；

（6）人员流动率＝（第一次就职人数－中途离职人数）/第一次就职人数。

2．薪酬总体状况指标

薪酬总体状况主要是指企业薪酬的总量水平，常用人均薪酬来反映企业薪酬水平的高低。主要包括：

（1）人均薪酬＝年薪酬总额/员工总数；

（2）人均工资差异率＝（人均工资－当地平均工资）/当地平均工资，或者人均工资差异率＝（职级人均工资－其他部门相同职级人均工资）/其他部门相同职级人均工资，

（3）工资费用率＝工资总额/总支出费用（包括工资、奖金、福利、办公费等）；

（4）薪酬费用比率＝薪酬费用总额/销售额＝（薪酬费用总额/员工人数）/（销售额/员工人数），根据薪酬费用比率推算合理的薪酬费用总额是常见的人工成本控制方法；

（5）人工成本利润率＝（利润总额/人工成本总额）×100％。

薪酬支出是企业人工成本的主要构成部分。人工成本利润率则是企业人工成本结构性指标之一，反映了企业人工成本投入的获利水平。该指标表明，在企业新创造价值当中，从业人员直接和间接得到的全部报酬与企业利润之间的关系。在同行业企业中，人工成本利润率越高，表明单位人工成本取得的经济效益越好，人工成本的相对水平越低。

3. 薪酬结构指标

薪酬结构指标可以反映人工成本投入构成状况与合理性，主要包括：

(1) 基本工资占工资总额的百分比＝基本工资/工资总额；

(2) 奖金占工资总额的百分比＝奖金总额/工资总额；

(3) 福利开支占工资总额的百分比＝福利项目的开支/工资总额。

二、薪酬诊断的方法

以上是从薪酬设计的各个模块来分析薪酬诊断的内容，但系统、科学的薪酬诊断还需要运用一定的分析技术作为支持。一般来说，分析方法分成两类：定性分析法和定量分析法。

(一) 定性分析法

常用的定性分析法包括清单法、问卷调查法、德尔菲法、关键员工面谈法等。

1. 清单法①

清单法(checklist)是一种定性分析方法，一般先将常见问题列成清单，根据这些问题设计出可以用“是”或者“否”来回答的调查问卷，组织相关部门或人员填写，并据此得出定性化评价结论，如优、良、中、差等。从本质上讲，清单法是一种评价“应该做什么”和“做到什么程度”的方法。这种方法被用来确定一些重要的活动是不是被企业认识到了，以及这些活动是否正在开展并卓有成效。

运用清单法分析企业薪酬状况的可靠性取决于两个环节，即问题的设计和清单的填写。问题的设计越详细、越准确，评价结论越可靠；清单的填写越真实、越认真，评价结论越可靠。问题中回答“是”的问题越多，评价就越高；“否”的回答表明这些方面的活动还需要进一步努力，以增强薪酬管理的效果。具体见表 7-2。

表 7-2 常见的薪酬问题清单示例

问　　题	是	否
(1) 是否具有完善的薪酬体系？ (2) 薪酬规章制度是否完备？ (3) 是否制定了长期薪酬计划？ (4) 是否定期修订、检讨薪酬制度？ (5) 是否进行职位分析与评价？ (6) 是否根据目标业绩、利益额设定薪酬？ (7) 现行薪酬制度是否符合生活水准？		
合　计		

① 赵曼，陈全明，张广科. 公共部门人力资源管理[M]. 2 版. 北京：清华大学出版社，2011：356.

清单法是一种内部评价工具，不能用在两个企业的比较之上。

2. 问卷调查法

问卷调查是薪酬诊断最常用的方法之一，即通过问卷了解目前企业的薪酬状况与员工的薪酬满意度。依据不同的薪酬诊断目的，可以设计出调查对象不同、结构不同、调查内容不同的问卷，进而对调查结果进行加工、分析、核对后制定出相应的改革措施。

薪酬诊断问卷的设计与薪酬外部市场调查的问卷设计在原理上类似，具体内容在本书第五章中已经涉及，在此不再赘述。

3. 德尔菲法

德尔菲法也称德尔菲催化法，它既是一个诊断工具，也是一项数据收集工作。实际上，它的基础是邀请组织内部或（和）外部专家回答一系列基本问题，这些问题可能是与行业、部门或一项技术紧密联系的问题。

按照 Markham(1991)的解释，这种工具的运用常常包括三种阶段性行为：获取对一个初始开放性问题的反应；确定这些反应之间的相对权重；解释专家观点同传统观点显著不同的原因。专家的答案通常采用定量的方法进行衡量，但是也可以从定性的角度进行评价。

德尔菲法的基本思路是：由诊断人员对企业有关薪酬管理方面的数据或抽样样本进行分析，并以不记名的方式对几个主要方面的问题做出初步诊断报告；再将可供选择的诊断结果制成一览表，发送给企业有关薪酬决策人员和参与人员，要求对此提供反馈或不同意见。如此经过多次反复，直到诊断人员的诊断结果基本一致时为止。这个基本一致的结果便是最终的诊断结论。

4. 关键员工面谈法

如果问卷调查再配以关键员工面谈，薪酬诊断的效果会更好，有助于提高数据的质量和有效性。在双方面谈的过程中，被调查者提供的信息可能是问卷中所遗漏的问题，而这些情况又往往是企业薪酬问题的关键所在，同时调查人员还可以就一些特殊问题直接征求被调查者的看法。一般来说，优秀的诊断者只需要与少数关键人物进行面谈，即可对企业运转状况有较准确的认识，并对整个薪酬体系有全面的概念。

（二）定量分析法

常用的薪酬诊断的定量分析方法主要包括相关分析、回归分析、统计分析等。

1. 相关分析

薪酬诊断过程中，诊断者常常需要知道变量之间的相关关系和程度。相关分析就是度量两个或两个以上变量之间的相关程度。对于我们所研究的总体，两个相互联系的变量的相关系数称为总体相关系数，通常用 ρ 表示，总体相关系数 ρ 可以用下式计算：

$$\rho=\frac{\mathrm{Cov}(X,Y)}{\sqrt{\mathrm{Var}(X)\mathrm{Var}(Y)}}$$

其中，$\mathrm{Var}(X)$ 是变量 X 的方差；$\mathrm{Var}(Y)$ 是变量 Y 的方差；$\mathrm{Cov}(X,Y)$ 是变量 X 和 Y 的协方差。

多个变量之间的线性相关程度，则需要用复相关系数和偏相关系数去度量。

例如，员工受教育程度和薪酬所得之间是否存在着相关关系？一般来说，在员工受教育程度和薪酬所得之间存在着高度的正相关。

在运用相关分析时必须谨慎，因为不反映因果关系的相关性是靠不住的，变量之间也可能存在着较高的相关，但没有经济意义。薪酬诊断者应该注意这种潜在的问题，防止将决策建立在错误的解释上。

2. 回归分析

回归分析是薪酬诊断中利用率很高的工具，回归分析的目的是利用两个或两个以上变量之间的关系，用已知的变量来推断未知的变量。

在薪酬诊断中应用回归分析时，一些可能的因变量包括员工薪酬满意度、薪酬内部公平性、薪酬外部竞争力、员工工作效率等。可以作为自变量的有薪酬支付形式、薪酬水平、薪酬结构、薪酬体系、薪酬与绩效对接、薪酬政策制定等。

诊断者试图通过回归分析来寻找影响员工薪酬满意度与工作效率的自变量。这些变量建立起来的回归模型有助于管理者改进现有薪酬状况，从而改进薪酬决策。

如前面第二章所论述，现代企业中影响员工薪酬管理满意度的因素多种多样。企业的薪酬满意度管理也应该包含“薪酬水平满意度”、“薪酬体系满意度”、“薪酬结构满意度”、“薪酬支付满意度”、“考核与薪酬对接满意度”、“薪酬沟通满意度”等各个维度的管理。并且，上述任何一个方面的不满意，都可能转化为或外化为对整个薪酬体系和制度的不满意。

在明确了企业薪酬管理目前的问题所在及其影响因素之后，需要进一步地分析上述因素是如何影响企业薪酬管理满意度的，影响的程度如何，这将会决定企业薪酬管理体系改革的方向、程度和先后顺序，也是企业调整人力资源管理政策的基本依据。

3. 统计分析

统计分析即对企业提供的薪酬信息以及通过薪酬调查获得的薪酬数据，用频率分析、平均数分析、中位数分析等数理统计方法进行分析，揭示某方面的变动趋势。统计分析法最大的优点在于分析手段比较直观，得出的数据也较有说服力。

第三节
薪酬诊断的实施

一、薪酬诊断的程序

薪酬诊断是一项复杂的工作，因为薪酬制度本身就没有统一的标准，根据不同的企业类型和行业性质，可能会有不同的薪酬管理方式，也可能会有不同的诊断标准。为此，这里只能介绍薪酬诊断的一般程序，旨在为企业薪酬诊断提供一定的分析思路。

薪酬诊断具体行为虽然千差万别，但是概括起来薪酬诊断程序一般分为三个阶段：诊断预备阶段、诊断实施阶段、诊断落实阶段。如图 7-2 所示。

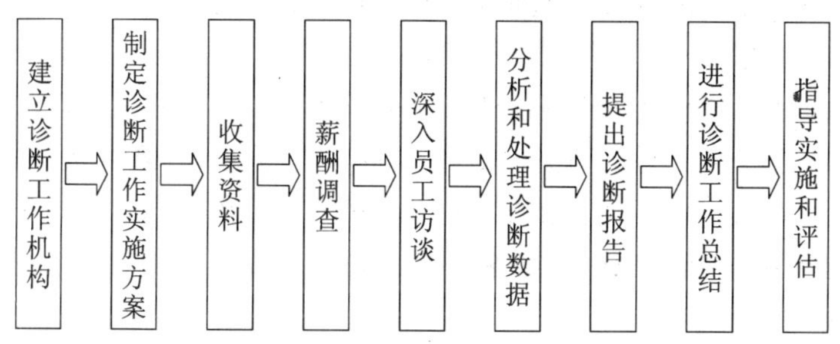

图 7-2　薪酬诊断的基本程序

（一）诊断预备阶段

诊断预备是为诊断实施做准备的，根据诊断的具体企业情况，准备工作会有不同的侧重点。

1. 建立诊断工作机构

薪酬诊断是一项高层次、专业化、技术性很强的工作，无论自行诊断或外聘诊断，都应组成专门领导机构或组织实施。

(1) 组建诊断小组，即确定薪酬诊断小组的成员。诊断小组的规模一般根据企业的状况、规模等实际情况而定，诊断小组的成员构成主要包括企业领导、人力资源部主管、专业诊断人员。需要指明的是，即使是外聘诊断方式，企业方也必须指派相关领导或员工参与诊断小组，保证企业诊断过程的参与权与知情权。

(2) 明确主要职责。诊断小组全面负责薪酬诊断工作的政策方向指导、组织实施协调等主要工作。具体包括:制定企业薪酬诊断工作方案;收集、审核诊断基础资料及数据;实施具体的诊断操作;提出改善企业的薪酬现状的建议方案;撰写薪酬诊断报告;诊断后续指导工作;其他相关工作等。

2. 制定诊断工作实施方案

方案应确定具体诊断目的、诊断对象、诊断方法、诊断时间进度、工作要求等。实施方案最少包括以下几项:

(1) 诊断目的。这是开展薪酬诊断工作的前提。为此,首先应该明确本次诊断的目的,即要针对什么问题,解决什么难题,使各项具体工作围绕诊断目的有序进行。

(2) 诊断对象。主要指进行诊断首先需要明确针对的对象与范围,是企业薪酬的全面性工作,或是薪酬的某一方面的工作,或者是主题式的——仅诊断企业外部薪酬竞争力,在诊断前必须明确。

(3) 诊断方法。即拟用的诊断方法与工具。具体的诊断方法上一节已经介绍,在此不再赘述。

(4) 诊断工作计划。指实施诊断工作的具体工作步骤和预期时间进度。工作计划应该根据企业诊断具体需求制定,要程序化、清晰化,但不应太过细化。

(5) 工作要求。这主要是指诊断实施过程中的工作守则。比如要保护诊断企业的商业机密;要虚心听取企业各方意见,防止主观片面等。

3. 收集资料

根据不同的诊断对象,对所收集资料的内容及要求也不一样。如企业进行全面性薪酬诊断时所需要收集的资料主要包括基础数据资料(如企业基本情况、人员结构、经营战略、人力资源理念等)、现有薪酬资料(如企业目前实施的薪酬制度、薪酬体系、薪酬结构、薪酬支付情况等)以及同行业及其他类似企业的相关资料。

企业内外资料的收集,一方面要求有时间上的延续性,至少三年以上,以便把握变化趋势,提高诊断的前瞻性,另一方面要求尽可能准确、详细,提高诊断的可靠性。

(二) 诊断实施阶段

诊断实施阶段是整个薪酬诊断活动的主体部分,通常会有一定的时间延续性,一般采取有针对性地深入调查与集中分析相结合的方法。

1. 薪酬调查

(1) 设计薪酬调查问卷(表)。

(2) 开展薪酬调查。

2. 深入员工访谈

如前所述,深入访谈主要是针对关键员工,如果问卷调查再配以关键员工面谈,薪酬诊断的效果会更好,有助于提高数据的质量和有效性。

在双方面谈的过程中,被调查者提供的信息可能是问卷中所遗漏的问题,而这些情况又往往是企业薪酬问题的关键所在,同时调查人员还可以就一些特殊问题直接征求被调查者的看法。

3. 整理和分析诊断数据

首先,要核实确认基础资料数据的全面性、真实性以及指标口径的一致性。当发现资料数据不实或前后口径不一致时,应根据有关规定进行调整核实,并征求有关领导意见。

其次,在核实资料的基础上进行分析研究,运用定性分析和定量分析的方法与工具进行分析。可以参照上一节介绍的薪酬诊断方法,最后做出正确判断结论,确认症结所在。

4. 提出诊断报告

诊断小组在完成工作后,应向被诊断企业提交诊断报告。这是一份说明诊断目的、程序、标准、依据、结果及治理方案的文件。诊断报告应由封面、正文和附录组成。

诊断报告正文除写明诊断对象、诊断依据的资料来源、诊断指标体系及方法、诊断责任外,还应该包括对企业薪酬管理的现状、问题描述和分析;同时,对影响企业薪酬水平的外部条件、因素和重要事项也应披露,对目前弊病治理方案、企业未来薪酬趋势的预测也需要给出意见。

撰写诊断报告要做到真实、准确地反映被诊断企业的薪酬状况,诊断小组成员对诊断的结论和有关结果应进行充分的分析与讨论。在撰写时应注意做到:

(1) 有明确的诊断结果;

(2) 语言简洁规范,思路清晰;

(3) 依据充分,表达准确,避免使用模糊、容易产生歧义的文字描述。

报告完成后由项目负责人签字(盖章)。

如果薪酬诊断是由企业自行组织进行的,其报告不一定按上述要求进行。通常将诊断问题、问题描述、问题诊断、问题治理等列示清楚即可。

阅读材料7-2

某企业薪酬诊断报告大纲

1. 企业薪酬管理的现状及问题

(1) 企业薪酬管理体系满意度较低。

(2) 薪酬结构与功能有待优化。

(3) 薪酬内部公平满意度不高。

(4) 企业职位工资系数缺乏合理性。

(5) 企业奖金基数与系数的确定亟须改进。

(6) 中层年薪制度问题凸现。

(7) 工资与绩效不联动,导致薪酬对员工没有激励作用。

2. 企业薪酬管理完善的思路

(1) 加强薪酬沟通,提高薪酬政策制定的科学性和客观性。

(2) 完善战略指导下的薪酬管理与政策体系。

(3) 建立"基本工资+职位工资+效益工资"的薪酬体系。

(4) 根据薪酬调查、内部薪酬结构,调整各职位薪酬水平。

(5) 完善薪酬与考核结果的挂钩方法。

思考与提示

1. 该企业的薪酬诊断报告大纲涉及了薪酬管理的哪些方面?

2. 该报告中的对策能否解决该企业薪酬体系存在的问题?

(三) 诊断完善与落实阶段

这一阶段主要是根据诊断实施阶段调研得到的数据和撰写的诊断报告书,向企业方的主要领导者与人力资源部主管进行说明,交换意见并进行修改完善。当方案得到落实后,做好后续指导和评估工作。

1. 进行诊断工作总结

薪酬改革方案最终定稿前,诊断者需要和企业方的主要领导者及人力资源部主管进行反复磋商,交换意见。同时,对薪酬诊断前两个阶段的工作做一个总结。因此,需要经过以下几步。

(1) 诊断人员内部协商,对各类调查分析结果进行汇总、讨论、综合,然后就全面改革方案的归纳、总结进行协商。

(2) 与企业主要领导者面谈,主要讨论改革方案的内容及构想,双方相互交换意见、反复讨论研究。其目的是,既使企业方了解薪酬管理工作中的主要症结和改革方案，又补充、修改方案的不完善地方。

(3) 举行诊断报告会，让企业中层以上管理人员、员工代表和诊断人员共同参加，加深全体人员对改革方案的理解，以促进薪酬改革的顺利实施。

(4) 总结诊断经验。评价薪酬诊断过程，将诊断方法、工具等进行提升，将薪酬诊断作为案例进行归类、归档，推广薪酬诊断经验，并警示同类企业避免出现类似的薪酬管理问题。

2. 指导实施和评估

薪酬改革方案在企业实施的效果不仅取决于方案本身是否科学合理，还取决于方案在落实过程中的实施方式和执行力度。这就需要诊断方指导方案实施的具体操作步骤，企业方也需要随时关注改革进行中各方利益相关者的动态以及改革的整体效果，定期与诊断人员沟通方案落实情况，并请诊断人员给出专业指导和相关评估，以便达到薪酬诊断的预期效果。

二、薪酬诊断的注意事项

以上介绍的薪酬诊断的程序主要是针对外部诊断方式，如果企业采取内部薪酬诊断，必须注意以下几点：

首先，应客观、公正地评判自己企业的薪酬状况。个体难免有本位主义，往往容易忽略本企业或本部门的欠缺，而给予较高的评价。只有消除这种心态，才能正确地判断企业目前的薪酬状况，采取有效的措施。

其次，必须消除过分消极的心态。有些企业盲目地认为企业自身的薪酬水平较外部市场偏低，常常消极地强化自己企业中的欠缺，导致不能客观冷静地分析薪酬管理中具体是哪方面出现了问题。

最后，应尽量避免偏颇的判断。不要自恃自己的经验及知识，独断地加以评判。应该结合同行业竞争对手的状况，并咨询人力资源管理专业人士的意见，在对企业自身做一番彻底了解的基础上，采取中立、客观、冷静的立场，从各方面来诊断企业薪酬制度的优劣。

如果企业领导者在内部诊断过程中，产生以上偏差，就无法对症下药，真正解决企业的问题，导致薪酬诊断流于形式，最终对企业的发展埋下隐患。

本章重要概念

薪酬理念诊断(compensation concept diagnosis)

薪酬体系诊断(compensation system diagnosis)

薪酬结构诊断(compensation structure diagnosis)

薪酬水平诊断(compensation level diagnosis)

薪酬支付形式诊断(compensation payment diagnosis)

本章思考题

一、简答题

1. 薪酬诊断的影响因素有哪些？

2. 薪酬诊断的内容有哪些？

3. 薪酬诊断的时机如何选择？

4. 薪酬诊断的量化诊断方法有哪些？

5. 薪酬诊断的流程是什么？

二、案例分析题:M 公司的薪酬管理困境

M 公司是我国一家大型民营企业，处于快速发展阶段。因忙于开拓市场，一直未能重视公司的薪酬体系的规范化建设，公司每年人工成本支出很大，但员工意见也很大。

(1) 公司中下层员工工资主要按照在公司的管理层级和工作年限来确定，中下层员工一直抱怨工资太低。

(2) 公司中高层经理的工资，主要由公司董事长、总经理协商决定，标准和依据不好统一。

(3) 公司的创业元老和公司的“空降部队”之间也存在薪酬上的矛盾，二者相互攀比，公司工资支出总额直线上升。

(4) 员工抱怨在公司缺乏正常的工资提升通道，除非进行职位调整。

公司人力资源部近期进行的员工满意度调查结果显示，员工对企业薪酬分配方面的抱怨进一步加剧，部分员工已经离职……

分析与探讨

1. M 公司的薪酬管理主要存在哪些问题？

2. 应该从哪些方面进行薪酬改革，以及建立什么样的薪酬体系才能进一步提高企业的竞争力？

本章推荐阅读书目

1. 赵曼，陈全明，张广科. 公共部门人力资源管理[M]. 2 版. 北京：清华大学出版社，2011.

该书分为四个部分。第一部分构建了公共部门人力资源管理的结构系统；第二部分阐述了公共部门职位分析、人员甄选与录用、培训与开发、人员流动等环节的内容；第三部分展示了公共部门职业生涯管理、绩效管理、薪酬管理、社会保险与福利等环节的内容；第四部分对我国公共部门人力资源管理的发展趋势进行了探讨。

2. 李宝元. 薪酬管理:原理・方法・实践[M]. 北京:清华大学出版社,2009.

该书突破传统薪酬管理只注重外在狭义薪酬的视界局限,将薪酬管理放在组织"战略性广义薪酬整合激励"层面上去宏观把握,在"历史的与逻辑的相统一"的方法论基础上,形成了一套理念明晰、逻辑自洽、切合实际的完整薪酬管理理论体系。

3. 董福荣. 薪酬管理[M]. 北京:机械工业出版社,2009.

该书共分九章。具体内容包括薪酬概述、薪酬理论、薪酬设计、薪酬结构、薪酬的支付与日常管理、员工福利管理、不同职位的薪酬设计、发达国家企业的薪酬管理和企业薪酬管理的新趋势等内容。

[1] Lawler,Edward E. Pay and Organizational Effectiveness:A Psychological View[M]. New York:Mcgraw Hill,1971.

[2] Heneman H G. Compensation in Organizations[M]. San francisco:CA Jossey,2000.

[3] Brian C Twists. Managing Technological Innovation[M]. London:Pitman Publishing,1992.

[4] Barry Gerhart,Sara L Rynes. 薪酬管理——理论、证据与战略意义[M]. 朱舟,译. 上海:上海财经大学出版社,2005.

[5] 约瑟夫 J 马尔托奇奥. 战略薪酬管理[M]. 5 版. 北京:中国人民大学出版社,2010.

[6] 米尔科维奇·纽曼. 薪酬管理[M]. 9 版. 北京:中国人民大学出版社,2008.

[7] Armstrong M. 员工薪酬管理与实践手册[M]. 李剑锋,等译. 北京:中国财政经济出版社,2008.

[8] 刘昕. 薪酬管理[M]. 北京:中国人民大学出版社,2002.

[9] 刘昕. 薪酬管理[M]. 3 版. 北京:中国人民大学出版社,2011.

[10] 李严锋,麦凯. 薪酬管理[M]. 大连:东北财经大学出版社,2002.

[11] 孙剑平. 薪酬体系与机制设计[M]. 上海:上海交通大学出版社,2006.

[12] 赵曼,陈全明,张广科. 公共部门人力资源管理[M]. 2 版. 北京:清华大学出版社,2011.

[13] 赵曼,陈全明. 公共部门人力资源管理[M]. 北京:清华大学出版社,2005.

[14] 王长城. 薪酬构架原理与技术[M]. 北京:中国经济出版社,2003.

[15] 文跃然. 薪酬管理原理[M]. 上海:复旦大学出版社,2005.

[16] 饶征,欧阳晖. 职能工资设计[M]. 北京:中国人民大学出版社,2003.

[17] 财政部统计评价司. 企业绩效评价问答[M]. 北京:经济科学出版社,2000.

[18] 赵曼,陈全明. 公共部门人力资源管理[M]. 武汉:华中科技大学出版社,2007.

[19] 王凌峰. 薪酬设计与管理策略[M]. 北京:中国时代出版社,2005.

[20] 王学力. 企业薪酬设计与管理[M]. 广州:广东经济出版社,2001.

[21] 黄超吾. 薪酬制度的制定与管理实务[M]. 北京:中国劳动社会保障出版社,2008.

[22] 黄任民. 薪酬制度与薪酬管理[M]. 北京:中国劳动社会保障出版社,2006.
[23] 彭剑锋. 人力资源管理概论[M]. 上海:复旦大学出版社,2003.
[24] 周文,黄宝明. 薪酬福利管理[M]. 长沙:湖南科学技术出版社,2005.
[25] 刘军胜. 薪酬管理实务手册[M]. 2 版. 北京:机械工业出版社,2005.
[26] 康士勇等. 薪酬理论与管理实务[M]. 北京:中国经济出版社,1998.
[27] 康士勇. 薪酬设计与薪酬管理[M]. 北京:中国劳动社会保障出版社,2005.
[28] 李志畴. 薪酬体系设计与管理实务[M]. 南京:凤凰出版社,2012.
[29] 李中斌. 薪酬管理[M]. 北京:科学出版社,2012.
[30] 蒋伟良. 任职资格管理与宽带薪酬设计[M]. 北京:企业管理出版社,2011.
[31] 饶征. 薪酬预算与薪酬总额管理[M]. 上海:复旦大学出版社,2008.
[32] 曾湘泉. 薪酬管理[M]. 2 版. 北京:中国人民大学出版社,2010.
[33] 李莉. 薪酬管理[M]. 北京:中国人民大学出版社,2004.
[34] 李宝元. 薪酬管理:原理·方法·实践[M]. 北京:清华大学出版社,2009.
[35] 董福荣. 薪酬管理[M]. 北京:机械工业出版社,2009.
[36] 盖勇,马恩. 薪酬管理[M]. 济南:山东人民出版社,2004.
[37] 麻艳如. 企业薪酬体系诊断维的研究——基于薪酬调查诊断数据获取模式的思考[D]. 北京:首都经贸大学,2005.
[38] 唐未兵,张苏. 西方经理股票期权理论评介[J]. 经济学动态,2001(1).
[39] 张先治. 股票期权理论及在公司激励中的应用研究[J]. 会计研究,2002(7).
[40] 王国刚,兰邦华:我国上市公司经理人员股票期权制设计的几个要点[J]. 中国工业经济,2001(1).
[41] 陈英新,樊敏霞. 中西方股票期权激励机制应用的比较分析[J]. 经济纵横,2007(4).
[42] 魏刚. 高级管理层激励与上市公司经营绩效[J]. 经济研究,2000(3).
[43] 周益广. 苏宁再提股权激励方案,授管理人员 4376 万份期权[N]. 21 世纪经济报道,2008-07-30.
[44] 黄志超. NIPPON——人事诊断高手[J]. 中国人力资源开发,2000(3).
[45] 郑强. 盘点薪酬管理六大硬伤[J]. 人力资源,2007(5).
[46] 边长勇. 年底加薪不公,一半白领会跳槽[N]. 北京:第一财经日报,2006-12-18.
[47] 张广科. 涨声下的企业薪情[J]. 中外管理,2008(2).
[48] 王斯多,余慧. 企业薪酬内部公平与外部公平对接研究[J]. 科技创业月刊,2011(4).

教学支持说明

“21世纪薪酬管理专业本科系列规划教材”系华中科技大学出版社“十二五”规划重点教材。

为了改善教学效果，提高教材的使用效率，满足高校授课教师的教学需求，本套教材备有与纸质教材配套的教学课件(PPT电子教案)。

为保证本教学课件及相关教学资料仅为教师个人所得，我们将向使用本套教材的高校授课教师免费赠送教学课件或者相关教学资料.烦请授课教师填写如下授课证明并寄出(发送电子邮件或传真、邮寄)至下列地址。

地址：湖北省武汉市珞喻路1037号华中科技大学出版社营销中心

邮编：430074

电话：027-81321902

传真：027-81321917

E-mail：yingxiaoke2007@163.com

证　　明

兹证明________________大学________________系/院第________学年开设的____________课程，采用华中科技大学出版社出版的____________编写的____________作为该课程教材，授课教师为________，学生共计________个班共计________人。

授课教师需要与本书配套的教学课件为：

授课教师的联系方式

联系地址：________________________

邮编：________________________

联系电话：________________________

E-mail：________________________

系主任/院长：________(签字)

(系/院办公室盖章)

________年________月________日